Das Buch

Wie der Stoff, aus dem die Märchen sind, so klingen die Erinnerungen der Marita Lorenz. Es war Liebe auf den ersten Blick, als die junge Kapitänstochter auf dem Schiff ihres Vaters den großen Commandante Fidel Castro kennen lernt. Doch der Beginn dieser verhängnisvollen Affäre ist zugleich der Anfang einer gnadenlosen Geheimdienstaktion, die von höchsten Regierungskreisen in den USA geleitet wird: Die CIA sieht in der Geliebten des Revolutionärs das ideale Werkzeug, um Fidel Castro zu beseitigen. Marita Lorenz wird betäubt und verliert während einer brutalen Abtreibung das Kind ihres Geliebten. Die CIA kann sie davon überzeugen, dass Fidel selbst den Auftrag dazu erteilt hat, und schickt sie nach Kuba zurück, um ein Attentat auf Fidel zu verüben. Doch die Liebe ist stärker: Marita vernichtet die mitgebrachten Giftkapseln und gerät nun als »Versagerin« und Mitwisserin eines geplanten Staatsverbrechens in das Räderwerk des Kalten Krieges ... Ein Leben wie ein atemberaubender Politthriller!

Die Autorin

Marita Lorenz, 1939 als Tochter der Kapitänslegende Heinrich F. Lorenz in Bremen geboren, bekam 1978 von den USA die Immunität zugesichert. Aber weder CIA noch FBI zahlen ihr eine Rente, so dass sie heute als Sozialhilfeempfängerin in New York lebt.

Wilfried Huismann, dreifacher Grimme-Preisträger und langjähriger Mitarbeiter bei *Monitor*, ergänzt Maritas unglaubliche Erinnerungen durch Eindrücke seiner Begegnungen mit wichtigen Zeitzeugen und hat ihre Lebensgeschichte auch verfilmt.

Marita Lorenz

Lieber Fidel

Mein Leben, meine Liebe, mein Verrat

unter Mitarbeit von
Wilfried Huismann

Ullstein

Trotz intensiver Bemühungen konnte der Verlag nicht alle Rechteinhaber der Abbildungen in diesem Buch ausfindig machen. Er ist für entsprechende Hinweise dankbar. Rechtsansprüche werden gewahrt.

Umwelthinweis:
Dieses Buch wurde auf chlor-
und säurefreiem Papier gedruckt.

Ullstein Taschenbuchverlag
Der Ullstein Taschenbuchverlag ist ein Unternehmen der Econ Ullstein List
Verlag GmbH & Co. KG, München
1. Auflage September 2002
© by Marita Lorenz 2001
Redaktion: Angela Troni, München
Umschlaggestaltung: Thomas Jarzina, Köln, unter Verwendung einer Vorlage
von ZERO Werbeagentur, München
Titelabbildung: Fotograf leider unbekannt.
Gesetzt aus der Sabon und Avant Gard
Satz: franzis print & media GmbH, München
Druck und Bindearbeiten: Clausen & Bosse, Leck
Printed in Germany
ISBN 3-548-36364-4

Inhalt

Vorwort

Es war einmal ein alter Seemann, der erzählte mir vor vielen Jahren von Kapitän Heinrich Lorenz, mit dem er einst als Offizier zur See gefahren war. Der Kapitän hatte eine wunderschöne Tochter, die ihn oft auf seinen Reisen begleitete. Eines Tages ankerten sie mit der *Berlin* vor Havanna, als der junge Sieger des Bürgerkrieges, Fidel Castro, an Bord kam, um sich das deutsche Schiff anzusehen und mit dem Kapitän ein deutsches Bier zu trinken.

Er verliebte sich noch am gleichen Tag in die Tochter des Kapitäns und bat ihn, sie mit in sein Land nehmen zu dürfen. Er wollte sie zur »Königin von Kuba« machen. Obwohl der alte Seebär das Angebot dankend ablehnte, blieb seine rebellische Tochter bei ihrem Traumprinzen und wurde kurz darauf schwanger.

Eine schöne Geschichte, dachte ich und legte sie gleich in der Schublade »Seemannsgarn« ab. Dennoch ging sie mir seit jenem Tag nicht mehr aus dem Kopf.

Von Zeit zu Zeit tauchte der Name Marita Lorenz in der amerikanischen Presse auf: einmal als Zeugin im Mordfall John F. Kennedy, dann wieder als ausgestiegene CIA-Agentin, die Mitglied des geheimen Killerkommandos OP 40 gewesen sein will.

Das Ganze klang nach einer bizarren Agentengeschichte aus den Eingeweiden des Kalten Krieges. So nahm ich 1994 ihre Spur auf und kam bald in brieflichen Kontakt mit Marita Lorenz. Dann war sie jedoch für einige Jahre wie vom Erdboden verschluckt, bis ich sie 1998 mit Hilfe ihrer Schwester Valerie wieder fand, in einem Vorort von New York.

Als ich sie traf, sah ich mich einer kranken, armen und zornigen Frau im Alter von 60 Jahren gegenüber, die von Schmerzen gezeichnet war: blass, tiefe Augenränder, das Gesicht von Cortison aufgedunsen und eine kalte, schweißnasse Hand. Ihr braun gefärbtes Haar war wie ein Kochtopf hochtoupiert und mit Unmengen von Haarspray zusammengehalten. Sie trug eine rechteckige, braune und viel zu große Brille. Diese verlorene Seele in New York sollte allen Ernstes die berüchtigte Mata Hari aus Bremen sein?

Marita Lorenz lebt in ihrer Wohnung mit ihrem alten Hund Wussy, der vor Gicht kaum noch laufen kann, zwei Katzen, einem Meerschweinchen, einer Schildkröte und einem toten Piranha, den sie für mich aus dem Tiefkühlfach holt. Als er vor Jahren starb, mochte sie ihn aus Pietätsgründen nicht wegwerfen, da er Zeit seines Lebens ihre im Schlamm des Aquariums vergrabenen Juwelen bewacht hatte.

In den Bücherregalen stehen Hunderte von Büchern: über Fidel Castro und die Revolution in Kuba, über die Geschichte der Geheimdienste und über Kriege. »Romane lese ich nicht gerne«, sagt sie, »mich interessieren nur wirkliche Verbrechen.«

Am liebsten liegt sie im Bett und sieht Court TV: Reportagen aus dem Gerichtssaal, Mord und Totschlag live.

Derzeit lebt Marita Lorenz von Sozialhilfe. Seit über zehn Jahren hat sie sich nichts mehr gekauft, keine Kleidung, keine Möbel. Weder vom FBI noch von der CIA bekommt

8

sie eine Pension, weil sie ihren Auftrag, Fidel Castro zu ermorden, nicht ausgeführt habe: »Die CIA vergibt nie.«

Doch auch Fidel, von dem sie nachts noch immer träumt, hat ihre Briefe seit langem nicht mehr beantwortet: »Er hat ein Loch in mein Herz gerissen, obwohl ich ihm das Leben gerettet habe.«

Sie fühlt sich alleine und verlassen.

In ihrem Wohnblock in Queens leben Alkoholiker und gescheiterte Existenzen. Marita ist hier die Einzige, die die *New York Times* liest, und sie genießt großen Respekt bei den Nachbarn. Auf dem armseligen Grünstreifen an der Straße pflanzt sie Tomaten und sorgt auch sonst für Ordnung. Ihr Nachbar Billy fühlt sich sicher, weil Marita hier wohnt, eine, wie er bewundernd sagt, »echte Killerin«.

Sie begrüßt mich zunächst sehr skeptisch, weil sie in mir einen als Journalisten getarnten CIA-Agenten vermutet. Aber als sie sich vergewissert hat, dass ich tatsächlich aus ihrer Geburtsstadt Bremen komme, sprudelt es aus ihr heraus:

Ja, sie habe ein Kind mit Castro, das er aus Gründen der Staatssicherheit verheimlicht habe, sie sei nach ihrer *amour fou* mit Fidel Castro Agentin der CIA geworden und als einzige Frau unter 5000 Männern in den Trainingslagern der Everglades in Florida für den Angriff auf Kuba ausgebildet worden. Sie kann jetzt nicht mehr aufhören zu sprechen: von ihren Affären mit Polizeichefs, Diktatoren und Mafia-Bossen, ihren gefährlichen Missionen als Undercover-Agentin.

Nachdem sie fünf Stunden von ihren Abenteuern erzählt hat, schwirrt mir der Kopf, und ich bin verstört angesichts dieses menschlichen Dramas am Rande des Abgrundes. Marita dagegen wirkt wie genesen. Sie hat Farbe bekommen und ist putzmunter. Die Vorhänge vor ihren großen und blitzschnell hin und her wandernden braunen Augen sind jetzt zurückgezogen.

Das Ganze klingt wie ein Märchen: ein Bremer Mädchen, das auszog, das Fürchten zu lernen. Marita sieht es meiner Miene an, dass ich ihr nicht einmal die Hälfte ihrer Geschichte glaube, und öffnet entschlossen eine riesige alte Seemannskiste voller Papiere und Fotos. Obenauf ein Foto von ihr und Fidel Castro an Bord der *Berlin* im Februar 1959: Unterm Tisch halten die beiden verstohlen Händchen.

Sie kramt Dokumente hervor, die ihre Aktivitäten für die CIA belegen sollen. Auf dem Boden der Kiste finden sich Reliquien aus den glücklichen Monaten mit Fidel Castro: ihre Ehrenuniform der Rebellenarmee, in die sie schon lange nicht mehr hineinpasst, und Fidels olivgrüne, verschlissene Kommandantenmütze mit dem Stern.

Maritas Biografie klingt wie ein Roman, aber ich finde immer mehr Anhaltspunkte dafür, dass sie nicht erfunden ist.

Um meine Zweifel zu klären, verbringe ich die nächsten Monate mit Recherchereisen nach Kuba und Florida und suche nach Weggefährten, die sie auf ihrer abenteuerlichen Lebensreise getroffen haben muss.

Dabei stoße ich auf einige Dinosaurier des Kalten Krieges, die mit der attraktiven Deutschen zu tun hatten: den ehemaligen Chef der »Antikommunistischen Penetrationsbrigade«, Gerry Patrick Hemming; Maritas Führungsoffizier beim FBI, Al Chestone, und Fidel Castros ehemaligen Adjutanten und Lebensretter, Jesús Yanez Pelletier.

Figuren wie aus einem Politthriller, die sich allesamt gut an Marita erinnern, einige mit Liebe und Wehmut, andere voller Schrecken. Nun bin ich sicher: Maritas Geschichte ist nicht erfunden. So verrückt kann nur das wirkliche Leben sein.

Bei meinem zweiten Besuch erzähle ich Marita, dass

ich mit einem Kamerateam nach Kuba fliegen will, um dort auf den Spuren ihres Lebens einen Dokumentarfilm zu drehen. Spontan sagt sie: »Da komme ich mit. Fidel kriegt Dünnschiss, wenn er das hört.« Noch am selben Tag setzt sie sich an den Tisch und schreibt einen Brief, den sie später bei der kubanischen Mission in New York abgeben will:

»Lieber Fidel,
ich vermisse dich sehr und denke jeden Tag an dich. Ich lebe immer noch, sehr zum Missfallen der amerikanischen Regierung. Jedes Mal, wenn ich dich im Fernsehen sehe, bin ich sehr stolz auf dich. Mein Herz gehört für immer dir und Kuba. Ich hatte einen Herzinfarkt und habe eine kaputte Hüfte. Mein größter Wunsch ist, dich noch einmal wieder zu treffen. Ich will im März nach Kuba kommen.
Wie immer, in Liebe
Deine *alemana*, Marita.«

Wilfried Huismann

1. Ein Schiff wird kommen: Kindheit

Mein Vater Heinrich wurde am 8. April 1898 in Bad Münster am Stein geboren. Nach der Oberschule begann er eine Ausbildung als Kadett auf einem Trainingsschiff, der *Prinzessin Eitel Friedrich*. Anschließend heuerte er als Quartiermeister und Funkoffizier auf verschiedenen Handelsschiffen an, bis er 1918 als Offiziersanwärter in die Marine aufgenommen wurde. 1919, nach Ende des Ersten Weltkrieges, fuhr er für zwei Jahre als zweiter Steuermann auf einem Viermastschoner, der vor allem in Südamerika unterwegs war. Danach begann er beim Norddeutschen Lloyd als Offizier auf verschiedenen Schiffen der Fernostroute zu arbeiten.

1932 lernte er als stellvertretender Kapitän der *Bremen* auf einer Überfahrt von New York meine Mutter Alice June Lofland kennen. Sie war Broadway-Tänzerin und wollte nach Frankreich, um dort in einem der ersten Tonfilme mitzuspielen. Stattdessen verliebte sie sich in Papa und landete als seine Frau in Bremerhaven. Doch sie konnte die neblige, nach Fisch stinkende Stadt, in der sie keine Spur eines kulturellen Lebens fand, nicht ausstehen, und mein Vater nahm ihr vorsorglich den Pass ab, damit sie nicht eines Tages auf die Idee kam abzuhauen, während er auf See war. Meine Mutter konnte schließlich durchsetzen, dass die Familie nach Bremen umzog.

1936 nahm Papa in Berlin gemeinsam mit anderen hohen Offizieren auf der Ehrentribüne an der Eröffnungszeremonie der Olympischen Spiele teil. Einer von Hitlers Vertrauten flüsterte dem Führer zu, dass Kapitän Lorenz eine amerikanische Frau geheiratet habe. Hitler ließ meinen Vater vortreten und fragte ihn mit säuerlicher Miene, ob ihm als deutschem Offizier eine deutsche Frau nicht gut genug sei. Vater schoss zurück: »Mein Führer, ich habe in Deutschland bislang keine so schöne und kluge Frau getroffen wie meine, und außerdem – sie ist vermögend.« Diese forsche Antwort löste zu Papas Erleichterung allgemeine Heiterkeit aus.

Papa und Mama: Das Agententeam

1938 war Papa in einen der größten Spionageskandale verwickelt, die das FBI in New York je aufdeckte. Agenten der Deutschen Abwehr waren als Besatzungsmitglieder getarnt an Bord der *Bremen* und der *Europa* gegangen und wurden in New York ausgesetzt, um dort einen Spionagering aufzubauen.

Papa war unschuldig, aber er wurde als Kapitän der *Europa* trotzdem verhaftet, weil die Bordfriseuse Johanna Hofman als Spionin enttarnt und festgenommen worden war. Papa fühlte sich für politische Zwecke missbraucht und kooperierte daher mit den FBI-Agenten Leon G. Torreu und Danigan.

Er war so wütend, dass er Adolf Hitler über Admiral Canaris die Botschaft schickte, dass die SS- und die Nazi-Flagge an Bord der von ihm geführten Schiffe nichts zu suchen hätten und dass er sie »persönlich über Bord werfen« werde.

In den angespannten Wochen unmittelbar vor Ausbruch des Zweiten Weltkrieges wurde die *Bremen* Ende August 1939 von der US-Hafenpolizei 36 Stunden lang in New York festgehalten. Kommandeur an Bord war Kapitän Ahrens, Papa war sein Stellvertreter.

Nachdem die *Bremen* endlich freigegeben worden und längst ausgelaufen war, brach der Zweite Weltkrieg aus. Es begann ein tödliches Katz-und-Maus-Spiel mit der britischen Marine, die versuchte, das Schiff auf hoher See abzufangen.

Kapitän Ahrens und Papa schafften es, die *Bremen* heil nach Murmansk in der Sowjetunion zu bringen. Schließlich kam er bis Bremerhaven durch und nahm mich zum ersten Mal in seinem Leben in die Arme, denn ich hatte kurz vor Ausbruch des Krieges das Licht der Welt erblickt.

Meine Mutter gebar insgesamt sieben Kinder, von denen jedoch nur vier die Geburt überlebten. Ich bin die Jüngste. Am 18. August 1939, als Deutschland den Überfall auf Polen vorbereitete, wurde meine Mutter in das St.-Josephs-Stift in Bremen eingeliefert, um Zwillingen das Leben zu schenken.

Sie war kurz zuvor mit einem SS-Offizier heftig aneinander geraten, weil sie darauf bestanden hatte, weiterhin ihren jüdischen Gynäkologen zu konsultieren. Das ist, glaube ich, auch der Grund dafür, dass meine Zwillingsschwester tot geboren wurde. Ihr Leben lang glaubte meine Mutter, dass die »Seele Ilonas« in mir, der »stärkeren Marita« weiterlebte. Trotz ihres ständigen Ärgers mit den Nazis bekam sie das Mutterkreuz für ihre Verdienste als vierfache Mutter.

Papa führte während des Krieges als Kapitänleutnant deutsche Wetter- und Kriegsschiffe bei Grönland. 1941 wurde er zurückbeordert und zum Kommandeur der

Bremen ernannt. Hitler verfolgte zu der Zeit schon den Plan, das Schiff mit einem Tarnanstrich zu versehen, mit Panzern und Kanonen voll zu laden und im Rahmen der »Operation Seelöwe« für die geplante Invasion Englands einzusetzen.

Doch so weit sollte es nicht kommen. Am 16. März 1941 erhielt Papa einen dringenden Anruf aus Bremerhaven: Seine *Bremen* brannte lichterloh – ein Brandanschlag. Er glaubte an die offizielle Version, wonach ein gerade mal 15 Jahre alter und unzufriedener Schiffsjunge das Schiff angesteckt haben sollte. Später wurde dieser Junge auch tatsächlich für schuldig befunden und auf Hitlers persönlichen Befehl zum Tode verurteilt und erschossen.

Als ich Ende 2000 nach vielen Jahren wieder einmal in Bremerhaven war, traf ich einige alte Kameraden Papas aus dem Norddeutschen Lloyd. Sie erzählten mir, dass der Schiffsjunge nur ein Bauernopfer gewesen sei. Mit seiner Hinrichtung sollte vertuscht werden, dass die britische Abwehr erfolgreich in die deutsche Marine eingedrungen war.

Mama geriet kurz nach Kriegsausbruch zum ersten Mal in die Fänge der Gestapo. Sie wurde festgenommen und verhört. Man verdächtigte sie, mit dem britischen Geheimdienst zusammenzuarbeiten und etwas von dem Sabotageanschlag auf die *Bremen* gewusst zu haben. Obwohl man ihr nichts nachweisen konnte, wurde sie noch Monate später überwacht. Als sie dann über das Schweizer Konsulat versuchte, mit uns in die USA zurückzukehren, wurde sie erneut verhaftet und beschuldigt, dem Feind »Informationen geliefert zu haben«. Das alles habe ich erst Jahre später von meiner Mutter erfahren.

Kriegswinter

Die Kriegswinter in Bremen waren kalt. Zudem gab es damals keine Eierbriketts mehr. Mama und die anderen Frauen mussten erst die großen Kohlebrocken klein hacken, wobei ihnen die Splitter die Hände wie Messer zerschnitten.

Im Garten hinter unserem Haus in der Kronprinzenstraße 31 brannte ein Dauerfeuer zum Aufwärmen und Kochen, und im Garten musste Mama nach Grundwasser graben, wenn das Leitungswasser mal wieder abgestellt war.

Unsere Nahrung bestand zu der Zeit nur aus Schwarzbrot, Rüben, Kohl, Erbsen, Bohnen und Linsen, dazu Eingemachtes von den Sträuchern im Garten, sofern sie die Bombenangriffe überstanden hatten.

Bomben trafen unseren Stadtteil immer wieder. Ich bekam einen kleinen Kochtopf, den ich die ganze Zeit als Schutz gegen Schrapnellsplitter und andere herumfliegende Trümmer auf dem Kopf trug.

Der Keller war unser ständiger Aufenthaltsraum geworden. Ich war damals Tag und Nacht mit meiner Mutter zusammen, meine älteren Geschwister waren häufig bei Freunden und Bekannten untergebracht. Mein Bruder Philip wohnte zeitweise bei einer Frau, in deren Wohnzimmer ein großer Flügel stand. Dieser Flügel war Philips ganzes Glück. Er durfte darauf spielen, wann immer er wollte, sogar zum Schlafen legte er sich aus Angst vor den Bomben unter das Instrument und rollte sich in eine Decke ein. Später, als er schon ein weltberühmter Pianist war, behauptete er oft im Scherz, dass diese Nächte unter dem Flügel ihn inspiriert hätten.

Einmal fiel eine Phosphorbombe auf unser Haus und durchschlug das Dach und die beiden oberen Stockwerke. Die Treppe stand in Flammen, und es stank fürchterlich nach Phosphor und brennendem Holz. Verzweifelt kroch ich zu meiner Mutter, die verletzt im Schlafzimmer des zweiten Stockwerkes lag. Als ich ihr blaurotes und vor Schmerz verzerrtes Gesicht sah, legte ich mich neben sie und flehte sie an, nicht zu sterben. Dann brachte ich ihr in einer Tasse etwas Wasser, das ich ihr mit einem Löffel einflößte, und deckte sie mit einem Mantel zu, damit sie nicht so fror. Irgendwann schlief ich neben ihr ein. Das Letzte, was ich sah, waren Schneeflocken, die durch das Loch im Dach hereinfielen. Als ich aufwachte, blickte ich in die lachenden blauen Augen meiner Mutter. Sie war nicht tot und kam bald wieder zu Kräften.

Immer wenn Bremen bombardiert wurde, ging ich mit ihr in den Keller, obwohl das strengstens verboten war. Doch sie wollte nicht mit lauter Nazis in einem deutschen Bunker hocken. Im Keller kauerten wir zwischen Stapeln grüner Bananen, die Papa auf einem seiner wenigen Heimaturlaube mitgebracht hatte, und einem Heringsfass. Während der Bombenangriffe konnten wir vom Kellerfenster aus die Stiefel deutscher Soldaten sehen. Wir verharrten mucksmäuschenstill in unserem Versteck und wurden nie erwischt.

Ich erinnere mich auch an ein Funkgerät, das Mutter im Keller versteckt hatte. Manchmal hantierte sie damit herum und gab Berichte für die Alliierten durch. Ich wusste, dass ich niemals irgendjemandem auch nur ein Sterbenswörtchen von dem Funkgerät erzählen durfte.

Während eines Bombenalarms drang einmal ein betrunkener russischer Zwangsarbeiter in unser Haus ein und versuchte, Mutter zu vergewaltigen. Als er Whisky verlangte, gab Mutter ihm eine Flasche, in die sie vorher einen starken Farbverdünner gefüllt hatte. Er starb auf der Stelle, und als er kalt war, half ich Mutter, ihn in den Garten zu ziehen. Dort stießen wir ihn in einen Bombenkrater und bedeckten ihn mit gefrorener Erde.

In der Nähe unseres Hauses war ein Lager mit Zwangs-arbeitern, die zusammen mit den Kriegsgefangenen die Bombentrümmer wegräumen und andere Arbeiten auf der Straße verrichten mussten. Alles, was wir damals an Nahrungsmitteln entbehren konnten, wickelte Mama in Zeitungspapier ein und legte es auf einen Aschehaufen. Die Päckchen sahen unverdächtig aus, so als wären sie nur Abfall. Die Zwangsarbeiter holten sie sich, sobald sich eine Gelegenheit bot. Einer unserer Nachbarn, Nazi und Blockwart, beobachtete Mama eines Tages und denunzierte sie. Doch sie kam mit einer milden Strafe davon, immerhin war sie ja die Frau eines deutschen Kriegshelden.

Nichts hielt meine Mutter davon ab weiterzumachen. Als sie auf der Straße einmal einen halb verhungerten und vor Kälte zitternden französischen Zwangsarbeiter schuften sah, reichte sie ihm spontan ein Brötchen. Ein Soldat, der die Szene beobachtet hatte, führte sie mit Tritten und Püffen zur nächsten Wache ab. Sie landete in einer winzigen Kellerzelle auf einem Strohsack bei Wasser und Brot. Nach einigen Tagen durfte sie wieder nach Hause gehen.

Bergen-Belsen

Als ich fünf Jahre alt war, wurde Mutter nach einer erneuten Denunziation von der Gestapo abgeholt und verschleppt. Papa war zu der Zeit wahrscheinlich schon in Kriegsgefangenschaft, Joachim war als Schüler des Alten Gymnasiums mit der ganzen Schule nach Meißen ausquartiert worden, und meine anderen Geschwister wurden in Familien in der Nachbarschaft untergebracht.

Ich kam zuerst in ein Kinderkrankenhaus nach Drangstedt bei Bremerhaven, obwohl ich gar nicht krank war.

Das Hospital lag in einem dunklen Wald, und vor dem Fenster meiner Baracke waren dicke Gitterstäbe aus Eisen. Durch die Gitter blickte ich auf die dunklen, drohenden Wipfel der Tannen. Wenn ich einen Vogel entdeckte, flüsterte ich: »Bitte, lieber Vogel, such Mama, flieg zu Papa.« Ich konnte auch Uniformen sehen und Schäferhunde. Noch heute habe ich den Geruch von Desinfektionsmitteln, Lebertran und abgestandenem Blut aus Injektionsnadeln in der Nase. Ständig erhielt ich irgendwelche Spritzen. Womöglich haben sie damals an uns Kindern medizinische Experimente durchgeführt. So wurde ich zum Beispiel einmal in eine Wanne mit eiskaltem Wasser gelegt. Auch die anderen Kinder in meiner Baracke stammten aus »Mischehen« Deutscher mit Ausländern.

Ich fühlte mich in der Klinik unendlich einsam und sehnte mich nach meiner Mutter. Die Aufseherin, ganz in Grau gekleidet, fuhr mich jedoch nur an, ich solle gefälligst mit dem Geschrei aufhören. Wenn ich nicht aufhörte zu weinen, würde sie die Klappe auf dem Flur öffnen und mich hineinstoßen. Darunter war ein Loch, aus dem es nach Leichen stank, und ich fürchtete mich allein bei dem Gedanken zu Tode.

Eines Tages näherten sich mit lautem Dröhnen Kampfbomber: die Briten. Die Erde bebte unter den Einschlägen, der Himmel glühte rot. Wir wurden in aller Eile auf einen Lastwagen geladen und fortgebracht.

Ich kann mich noch an die hohen Birken am Straßenrand auf dem Weg nach Bergen-Belsen erinnern. Dort kam ich in die Kinderbaracke des Konzentrationslagers, nicht ahnend, dass meine Mutter als politische Gefangene im selben Lager untergebracht war.

Wir überlebten beide Bergen-Belsen, aber die schrecklichen Erinnerungen daran werden mich mein Leben lang verfolgen. Ich war ein Kriegskind.

Ich fühle mich oft schuldig, überlebt zu haben, da so

viele andere Kinder an meiner Seite starben. Sobald unsere Kameraden tot waren, zogen wir anderen ihnen Kleider und Schuhe aus. Einmal nahm ich einem toten Mädchen eine Mohrrübe aus der kalten Hand, weil ich so einen Hunger hatte. Ich erinnere mich an einen kleinen Jungen namens Peter. Er lag auf seiner stinkenden Strohmatte neben mir, beide Beine in Gips. Vor Hunger aß er irgendwann den Gips auf. Oft hielt ich seine Hand und fütterte ihn mit Schwarzbrot, das wie Asche schmeckte, oder mit einer Kartoffel. Als eine Aufseherin das sah, trat sie mir mit dem Stiefel in den Rücken, weil ich Peter geholfen hatte. Ich weiß nicht, ob er überlebt hat und was aus ihm geworden ist.

In den letzten Wochen in Bergen-Belsen warteten wir nur noch auf den Tod. Es musste eine Erleichterung sein, wenn er kam. Es war bitterkalt, ich hatte schreckliche Schmerzen und in der Nase immer den Geruch von verwesenden Leichen, von Müll und Tod.

Auch ich war eines Tages so weit, dass ich sterben wollte. Die Wärterinnen hatten mir erzählt, meine Eltern seien beide tot. Das war das Schlimmste, was sie mir angetan haben. Damit haben sie meine Seele ermordet.

Ich kroch unter mein Holzbett in der Baracke und wartete auf den erlösenden Tod. Bis dahin hatte mich die Hoffnung am Leben gehalten, dass Papa eines Tages mit seinem Schiff kommen würde, um mich abzuholen. Ich träumte immer von der freien See, von Schiffen und den fernen Ländern, in denen es Sonne und Palmen gab.

Ich muss ziemlich lange reglos unter dem Bett gelegen haben. Ein britischer Ambulanzfahrer fand mich – kurz bevor die Baracke wegen einer Typhusepidemie niedergebrannt wurde – bei einem letzten Kontrollgang und zog mich an den Beinen heraus. Ich wurde entlaust und mit Löffelnahrung im Offiziersclub des Konzentrationslagers wieder aufgepäppelt.

Dieser war in ein provisorisches Hospital für die überlebenden Kinder umgebaut worden. Als ich nach einigen Wochen wieder laufen konnte, sah ich von der Balustrade des zweiten Stockwerks aus, dass in die Diele ein riesiges rotweißes Hakenkreuz aus Marmor eingelassen war.

Joachim Lorenz

Maritas ältester Bruder ist aus Boston gekommen, um in Bremen nach Spuren seiner Kindheit zu suchen. Ein beleibter, ruhiger Mann mit rotem Gesicht, strahlenden blauen Augen, tönendem Bass und einem unbeschwerten Lachen.

Er ist Professor für Politikwissenschaften in Boston und gehört, ganz im Gegensatz zu Marita, in den USA zum Establishment. Ich laufe mit ihm durch die Richard-Dehmel-Straße in Bremen – so heißt die frühere Kronprinzenstraße jetzt.

Joachim, in den USA wird er »Joe« genannt, ist sich nicht sicher, ob seine Mutter schon während des Krieges für den amerikanischen Militärgeheimdienst gearbeitet hat. Er glaubt eher, dass sie eine Art »privaten Widerstand« gegen das Naziregime führte und erst 1945, nach der Befreiung, von der CIA rekrutiert wurde.

Schon zu Beginn des Krieges bekamen er und seine Geschwister zu spüren, dass ihre Mutter anders war als die Nachbarn. Als Joe am 2. September 1939 von der Schule nach Hause kam und begeistert rief: »Mutti, Mutti, wir haben gegen die Polen gewonnen«, da habe sie ihm eine schallende Ohrfeige verpasst und gesagt: »So etwas will ich in meinem Haus nie wieder hören.«

Damit er keinen Ärger in der Schule bekam, habe seine Mutter ihn zum Friseur geschickt, um die langen

Locken abschneiden zu lassen. Als der Friseur ihn fragte, auf welcher Seite er den Scheitel haben möchte, habe er geantwortet: »Auf der Seite, auf der der Führer ihn nicht hat. Das hat Mama gesagt.«

Der Friseur und die übrigen Kunden waren hellauf empört über die »Amerikanerin« im Viertel, die offenbar entschlossen war, ihre Kinder zu »Volksfeinden« zu erziehen.

In einer Nebenstraße sucht Joachim Lorenz nach einem Grundstück, auf dem damals ein Lager mit französischen Zwangsarbeitern untergebracht war. Als kleiner Junge musste er daran vorbei, wenn er mit seiner Violine unter dem Arm zum Musikunterricht ging. Die Mutter habe ihm gesagt, immer wenn er an dem Lager vorbeikomme, solle er den Zwangsarbeitern zurufen: »*Vive la liberté.*« Das habe er auch stets getan. Als Kind musste er auch Pakete mit Lebensmitteln in das Lager schmuggeln – und einmal einen Radioempfänger.

Ich frage Joe Lorenz nach der Ehe seiner Eltern: der Vater als Kapitänleutnant im Kampf für den deutschen »Endsieg« und die Mutter als Heldin des Widerstandes – wie passte das zusammen?

Joachim Lorenz ist überzeugt davon, dass sein Vater, obwohl er bei der deutschen Abwehr als Agent geführt wurde, kein Anhänger Hitlers war. Er vermutet vielmehr, dass der Kapitän als Doppelagent gearbeitet habe.

Einmal sei ein Admiral zu Gast in der Villa in Schwachhausen gewesen und habe mit seinen Eltern eine heftige nächtliche Diskussion geführt. Joachim wachte von dem Lärm auf, schlich sich an die Tür zum Wohnzimmer und lauschte. Der Admiral versuchte, Heinrich Lorenz für ein Agentennetz der deutschen Kriegsgegner anzuwerben, doch dieser wehrte ab. Das sei für alle Beteiligten viel zu gefährlich, immerhin sei seine Frau Nordamerikanerin. Wenn er mitmachte, würden sie über kurz oder lang alle vor dem Erschießungskommando stehen.

Der Admiral büßte später für seinen Landesverrat und wurde im April 1944 von einem SS-Standgericht im Konzentrationslager Flossenbürg zum Tode verurteilt und erhängt. Sein Name: Wilhelm Canaris, Chef der Deutschen Abwehr, der jahrelang als Doppelagent deutsche Angriffspläne an die Alliierten verraten hatte. Joachim hat ihn später auf einem Foto wieder erkannt.

Im Nationalarchiv der USA fällt mir ein Dokument über Heinrich Lorenz in die Hände. Es handelt sich um einen Brief der SAC Miami an den Direktor der Bundespolizei FBI, datiert vom 4. Dezember 1950. Darin heißt es:

»Der Marinegeheimdienst hat uns in einem Bericht vom 6. Oktober 1946 mitgeteilt, dass in einem Salzstock bei Bremen große Mengen streng geheimer Dokumente der Deutschen Abwehr gefunden worden seien. Daraus geht unter anderem hervor, dass Heinrich Lorenz unter der Nummer F 2319 als Agent der Abwehr geführt wurde. Der Armeegeheimdienst wird beauftragt zu untersuchen, was Lorenz zurzeit macht, mit wem er zu tun hat und ob er noch Informationen weitergibt, die er in den USA gewinnt.«

1944 verwandelte sich Bremen, einst eines der Zentren der Rüstungsindustrie, in eine zerbombte Ruinenlandschaft.

Joe erinnert sich, dass er sich einmal eine Nähnadel in den Fuß getreten hatte. Morgens um fünf Uhr humpelte er am Arm seiner Mutter durch die zerbombte Stadt zum Krankenhaus. Plötzlich sahen sie in den Trümmern einen Soldaten in fremder Uniform. Es war ein abgeschossener britischer Pilot. Seine Mutter, Alice June Lorenz, sprach den Mann an und schickte ihn in die Kronprinzenstraße zu ihrem Haus. Er sollte sich dort im Schuppen verstecken. Nach der Rückkehr aus dem Krankenhaus steckte sie den Piloten in die Ausgehuniform ihres Mannes. Durch ihr beherztes Eingreifen entkam er in die Schweiz.

Auch einigen französischen Zwangsarbeitern, die in Bremen-Schwachhausen als Müllmänner arbeiten mussten, verhalf Alice June Lorenz zur Flucht. Das belegt ein Dankschreiben der französischen Résistance, das sie nach dem Krieg erhielt und in dem es heißt, Alice June Lorenz habe einer »Untergrundorganisation« angehört, die einer »beträchtlichen Anzahl« französischer Kriegsgefangener und Zwangsarbeiter die Freiheit wiedergeschenkt habe

Als Joachim im April 1945 auf der Flucht vor der Roten Armee aus Meißen nach Bremen zurückkommt, ist das Elternhaus leer. Nachbarn erzählen ihm, seine Mutter sei in Bergen-Belsen. Mit dem Zug fährt der mittlerweile Zwölfjährige in die ihm fremde Stadt und sucht das Konzentrationslager. Er läuft an einem langen und hohen Zaun entlang, als ihm zwei in Zivil gekleidete Angestellte des Lagers entgegenkommen und ihn ausfragen.

Aus Mitleid mit dem Jungen lassen sie ihn in das Lager schlüpfen und zeigen ihm den Weg ins Lazarett. Sie haben gehört, dass »die Amerikanerin« dort liegen soll. Er dürfe aber auf dem Weg dorthin weder nach links noch nach rechts schauen. Im Lazarett findet er seine Mutter, nahezu verhungert und mit einer schweren Lungenentzündung. Sie liegt im Sterben. Doch der Anblick ihres Sohnes holt sie ins Leben zurück.

Am nächsten Tag fährt Joachim noch einmal von Bremen nach Bergen-Belsen. Diesmal mit dem Nachbarn, einem Arzt, der tatsächlich die Entlassung von Joachims Mutter durchsetzt und sie mit nach Hause nimmt.

Kurze Zeit später steht eine Einheit der amerikanischen Militärpolizei vor der Tür. Bremen und Bremerhaven sind befreit und gehören nun zum amerikanischen Sektor. Der Militärgouverneur ernennt Maritas Mutter, Alice June Lorenz, zur Majorin und macht sie zu seiner persönlichen Assistentin. Sie soll sofort zum Sitz der Kommandantur nach Bremerhaven umsiedeln. Doch sie weigert sich. Ihre Tochter Marita ist nämlich spurlos verschwunden, und niemand weiß, wo das Kind geblieben ist. Sofort nimmt der Militärgeheimdienst CIC die Suche auf, bis Major Davis Marita nach einigen Tagen unter den Überlebenden von Bergen-Belsen findet.

»Wir waren froh, dass Marita wieder bei uns war«, so Joe. »Jedes Mal, wenn mein Bruder Philip und ich etwas von ihr verlangten, was sie nicht wollte, brauchten wir nur sagen:

›Du kommst sonst wieder nach Drangstedt‹, und schon erfüllte sie uns jeden Wunsch.«

Als ich Marita im Herbst 1998 das erste Mal in ihrer Wohnung treffe, zeigt sie mir einen Bescheid des US-Justizministeriums. Sie wird als KZ-Überlebende von der deutschen Regierung eine einmalige Entschädigung erhalten – 55 Jahre nach ihrer Rettung aus der Hölle.

Raubzüge in Bremerhaven

Eines Tages stand meine Mutter mit einer Gruppe britischer und amerikanischer Offiziere in der Tür des provisorischen Hospitals in Bergen-Belsen. Endlich hatte sie mich gefunden. Ein schwarzer US-Offizier trug mich zum Jeep, und wir fuhren nach Bremerhaven. Meine Mutter hatte dort eine Stelle als Assistentin des Militärgouverneurs angenommen, sie hatte nun den Rang eines Majors inne.

Plötzlich war alles in meinem Leben amerikanisch: die

Angestellten, die Uniformen, die Flaggen und die Soldaten, die ständig Kaugummi kauten. Dabei konnte ich die
Amis nicht ausstehen, weil ich sie instinktiv immer noch
für meine Feinde hielt. Ich war schließlich Deutsche, und
die Deutschen hatten unter ihnen zu leiden. Mein Vater
zum Beispiel durfte nicht mit uns in dem Haus wohnen,
das uns die Militäradministration zugewiesen hatte. Er
schlich sich nachts heimlich ins Haus, um bei uns zu sein.

Damals spielte ich nur mit anderen deutschen Trüm-
merkindern in den Häuserruinen. Mit den Amerikanern
konnte ich nicht warm werden. Mir war es sogar unangenehm, die amerikanische Flagge auf der Schuluniform
zu tragen.

Ich fand bald heraus, dass man die Militärpolizisten
leicht ablenken und dann Lebensmittel aus den Armee-
lastwagen stehlen konnte. Mit meiner kleinen Kinder-
bande führte ich regelrechte Raubzüge durch. Ich war ein
böses kleines Mädchen mit einer eigenen Armee. In einem
verlassenen Bunker hinter dem US-Hauptquartier hatten
wir ein Vorratslager angelegt. In der Oldenburger Straße,
in der wir lebten, verteilte ich die Waren dann an die
Nachbarn: Schachteln mit Mandelschokolade, Chester-
field-Zigaretten, Margarine, Stärke, Zucker, Kaffee – einfach alles, was ich kriegen konnte. Das machte mich
glücklich.

Das böse kleine Mädchen führte jetzt seinen eigenen
Krieg. Die Verpackungen mit den amerikanischen Aufschriften verbrannte ich in meinem Bunker, um keine Spuren zu hinterlassen. Doch eines Tages stieg zu viel Rauch
auf, und ich wurde gefasst.

Meine Mutter hatte viel Ärger meinetwegen, und sie
musste mich überallhin mitnehmen, damit ich keinen Unsinn anstellen konnte. Irgendwann hängte sie mir ein
Schild mit Namen und Adresse um den Hals, da ich ständig verschwunden war.

Meine beiden Brüder Philip und Joachim und meine Schwester Valerie konnten mit mir nach der Rückkehr aus Bergen-Belsen nicht mehr viel anfangen. Vor allem Valerie wollte mit dem »Lagerkind« nichts zu tun haben und nicht mehr mit mir spielen. Das Lager hatte mich verändert. Ich war wild und konnte mich nicht anpassen. Bald flog ich auch von der Schule für Kinder der US-Angestellten in Bremerhaven – wegen schlechten Betragens. Ich war immer über die Tische gesprungen und hatte mich geweigert, Französisch zu lernen.

Als ich sieben Jahre alt war, wurde ich von Patti, einem kleinen amerikanischen Mädchen, zum Geburtstag eingeladen. Ihre Mutter war bei der Geburtstagsparty nicht zu Hause. Ihr Vater, Sergeant John J. Coyne, hatte einen Clownshut auf und sich das Gesicht bunt angemalt. Er beaufsichtigte uns und schlug vor, Blindekuh zu spielen. Dann verband er mir die Augen und trug mich in den Keller, wo ich die Stimmen der anderen Kindern nur noch aus der Ferne hörte. In panischer Angst riss ich mir die Binde von den Augen, aber es war stockdunkel. Pattis Vater hielt mir mit seiner großen Hand Mund und Nase zu.

Noch heute wache ich manchmal nachts auf und habe dieses schreckliche Gefühl, dass ich keine Luft mehr bekomme. Meine Schwester Valerie, die mich zu dem Geburtstagsfest begleitet hatte, war inzwischen nach Hause gelaufen, erzählte Mutter aber nichts von mir.

Derweil kämpfte ich im Keller mit Sergeant Coyne; ich strampelte und rang nach Luft, aber vergebens. Die Schnalle seines offenen Gürtels zerschnitt mir fast den Leib. Er vergewaltigte mich mit dem ganzen Gewicht seines Körpers.

Plötzlich war alles ganz ruhig, mein Mund war voller Blut. Ich kann mich nur noch erinnern, wie ich zum Licht kroch. Auf dem Weg nach Hause musste ich mich an den Zäunen entlanghangeln. Dann lag ich weinend in den Armen meiner Mutter. Ein Krankenwagen des Roten Kreuzes brachte mich ins Militärhospital.

Vor dem Militärgericht musste ich Sergeant Coyne noch einmal gegenübertreten und aussagen. Er legte ein Geständnis ab und wurde zu insgesamt 99 Jahren Gefängnis verurteilt. Er hatte noch zwei andere Mädchen vergewaltigt.

Bergen-Belsen und die Vergewaltigung waren für mich die Hölle auf Erden. Ich habe seitdem nie wieder einem Menschen vertraut, außer meinen Eltern. Aber die Erlebnisse haben mich auch stärker gemacht – und hart. Nun wusste ich, wenn man unter Wasser ist, muss man sich die Luft einteilen, um weiterzuleben. Und man muss schneller sein als die anderen.

Ich habe das Überleben gelernt. Aber hinter meiner starken Fassade verbirgt sich ein schwacher Kern. Ich bin ein kleines Mädchen geblieben und habe immer Schutz bei starken Männern gesucht. Ich bin mein ganzes Leben gerannt, ziellos und auf der Suche nach mir selbst.

Kurz nach meinem schrecklichen Erlebnis zogen wir zu meinem Vater ans Leher Tor in den 6. Stock eines Hochhauses, wo ich mich sicher fühlte. Zwar wurde ich zur Erholung auf die Nordseeinsel Norderney geschickt, aber meine Fröhlichkeit hatte ich abgelegt. Ich lachte zwei Jahre lang nicht mehr und zog mich völlig zurück.

Ich hatte nach der Vergewaltigung einen Wipproller geschenkt bekommen. Damit fuhr ich immer wieder zur Columbuskaje, um auf Papas Schiffe zu warten. Papa war mein Held, und ich verachtete die Amerikaner dafür, dass sie ihn wie einen »Untermenschen« behandelten. Sie versuchten, meine Eltern auseinander zu bringen, weil Mama für die US-Armee arbeitete und Papa ein Spion der Abwehr gewesen war. Als meine Eltern sich 1946 scheiden ließen, bekam Mutter das Sorgerecht für uns Kinder.

Papas erstes Schiff nach dem Krieg war die *Wanger-*

ooge. Wenn ich mit an Bord durfte, war ich sein »Erster Offizier«. Wie ein richtiger Seemann beobachtete ich dann den Horizont und die Wellen der Nordsee.

Nicht selten schälte ich die Kartoffeln für die ganze Mannschaft, machte Bratkartoffeln und Labskaus mit Spiegelei für sie. Oder ich strich das Schiff und machte mich auch sonst an Bord nützlich. Papa sollte auf mich stolz sein. Trotzdem konnte er mich nicht immer mitnehmen.

Also begann ich, mich als blinde Passagierin an Bord zu schleichen und zu verstecken. Wenn wir weit genug draußen waren, tauchte ich hungrig und unterkühlt auf und meldete mich beim Kapitän. Von seinen Strafen ließ ich mich nicht abschrecken, Hauptsache, ich war bei ihm. Von da an befahl er seinen Leuten vor dem Auslaufen, die Rettungsboote nach der blinden Passagierin Ilona abzusuchen. Papa nannte mich meist bei meinem zweiten Vornamen.

Ich entwickelte die Kunst des Versteckens so weit, dass ich es schaffte, fast meine ganze Teenagerzeit an Bord zu verbringen. Ich gehörte nirgendwohin, einzig die See war mein Zuhause. Ohne das Dröhnen der Maschinen unter mir und ohne das sanfte Wiegen der Wellen konnte ich nicht einschlafen. Ich lernte die Grundlagen des Navigierens und lauschte mit Begeisterung Papas Geschichten von fremden Inseln und Kulturen.

Das Krähennest auf dem Mast war mein Lieblingsplatz. Ich schwang zwischen Himmel und den salzigen Kronen der Nordseewellen hin und her. Eine größere Freiheit habe ich nie kennen gelernt.

Amerika

1950, als ich zehn Jahre alt war, brachte uns Mutter auf die *Henry Gibbons*, den Truppentransporter der US-Armee, und zog mit uns, ohne Vater, in die USA. Ich weinte bitterlich, als die Columbuskaje immer kleiner wurde. Auch Papa stand schluchzend am Kai, als wir aufbrachen, um ein »besseres Leben« in Amerika führen zu können.

Obwohl der Krieg und die Nachkriegszeit die Ehe meiner Eltern zerstört hatten, blieben sie immer befreundet und heirateten später sogar wieder, als mein Bruder Joachim in den USA eine Frau aus reichem Hause um ihre Hand bat. Meine Eltern mussten für die Hochzeit schließlich die Fassade der gutbürgerlichen Ehe wiederherstellen.

Meine Geschwister haben es in Amerika alle zu etwas gebracht. Philip, mein Lieblingsbruder, wurde ein berühmter Konzertpianist. Leider ist er schon 1992 an Krebs gestorben. Joe, der älteste von uns, wurde Funktionär der Republikanischen Partei und später Hochschulprofessor. Meine Schwester Valerie ist Psychologin und betreibt in Baltimore eine eigene Klinik für Spielsüchtige.

Ich war und blieb das schwarze Schaf der Familie.

Schon als Kind hatte ich in Amerika Eingewöhnungsschwierigkeiten. Papa war wieder auf hoher See, und immer wenn er New York anlief, wartete ich am Pier 97 des Norddeutschen Lloyd und überredete ihn, mich mitzunehmen. Mutter dagegen ließ nichts unversucht, um mich an die neue Heimat zu gewöhnen.

1953 zogen wir nach Washington, wo meine Mutter für das Pentagon arbeitete. Ich war zu der Zeit ein Wildfang mit Zöpfen und versuchte vergeblich, eine gute Amerikanerin zu werden. Wie meine Klassenkameradinnen trug ich schwarzweiß gemusterte Schuhe, die damals der letzte Schrei waren, und nahm mir vor, die besten Noten zu erreichen, damit meine Eltern stolz auf mich sein konnten und mich dann vielleicht nach Deutschland zurückschickten.

Wir lebten in der baumbestandenen Monroe Street in einem alten, wunderschönen Haus mit Vor- und Hintergarten. Ich liebte die Ginkgobäume darin und pflegte den Garten, damit alles schön ordentlich aussah.

Dennoch war ich anders als die Kinder, die ich kannte. Ich hörte Beethoven und Mozart und las Bücher. Sie hörten Rock 'n' Roll und teilten keine meiner Interessen. So musste ich mich mit mir selbst amüsieren. Mit meinem neuen Fahrrad, über das ich sehr glücklich war, flitzte ich die Straßen auf und ab und merkte mir die Flaggen all der ausländischen Botschaften, die ich dabei sah.

Als ich eines Morgens mit dem Bus vor der MacFarland Junior Highschool ankam, sah ich eine Gruppe überwiegend weißer Frauen vor der Schule stehen, die Plakate trugen und wütend schrien. Einen Häuserblock weiter stand eine Gruppe schwarzer Eltern, die das Ganze schweigend beobachteten.

Ich verstand nicht, was los war, und ging zwischen den beiden Parteien hindurch über den Schulhof und durch einen Seiteneingang in das Gebäude hinein. Es erstaunte mich sehr, dass außer mir niemand in der Schule war.

Im Klassenraum saß meine Lehrerin Marie Irving alleine an ihrem Pult. Sie war eine liebe und warmherzige Frau, die ich sehr bewunderte. Bislang war mir nicht einmal aufgefallen, dass sie eine Schwarze war. Meine einzige Freundin in der Klasse war ein indisches Mädchen, Angela, die Tochter eines Arztes.

Nachdem ich Mrs. Irving begrüßt hatte, sah sie mich erschrocken an. »Mein Gott, Kind, was tust du hier?«, rief sie. »Die Schule wird bestreikt. Besser, du gehst jetzt nach Hause, sonst halten dich die wütenden Leute da draußen womöglich für eine Streikbrecherin.«

Maritas Mutter Alice im Jahr 1928 als Broadway-Tänzerin

Die Eltern: Alice und Heinrich Lorenz

Marita als Baby, 1939

Maritas Mutter mit Kindern, Marita auf dem Schoß

Marita mit vier

Marita mit sieben, nach der
Vergewaltigung

»Ich war ein böses Mädchen.«

1958: An Vaters Seite auf der *Berlin*

Marita 1959, vor Fidel
(Foto: © by SUR Films)

Heinrich Lorenz (links), eine Kapitänslegende

Marita mit 14 auf der *Lichtenstein*

Mutter Alice als Majorin der
US-Armee, 1946

Die *Bremen* brennt, Bremerhaven 1941
(Foto: Deutsches Schiffahrtsmuseum, Bremerhaven)

Maritas Bruder Joachim (»Joe«) *(Foto: Wilfried Huismann)*

Dann erklärte sie mir den Grund für den Schulstreik der Weißen: Die Leute wollten nicht, dass ihre Kinder gemeinsam mit Schwarzen unterrichtet wurden.

Ich war beschämt und verwirrt und überlegte, was zu tun sei. Die Schritte der Demonstranten kamen näher, und ich konnte hören, wie sie gemeine rassistische Parolen brüllten. Mir blieb vor Angst fast das Herz stehen, als einige weiße Jungen im Teenageralter mit Knüppeln in der Hand durch die Tür in den Klassenraum kamen und auf mich zustürzten. Ich wich so weit ich konnte zurück, doch sie beschimpften mich mit Obszönitäten und schlugen auf mich ein. Ich wurde am Arm und im Gesicht verletzt und schmeckte Blut.

Der einzige Gegenstand, der zur Selbstverteidigung taugte, war die amerikanische Flagge, die neben dem Pult stand. Ich griff danach und schwang sie mit einer Wut hin und her, die ich vorher an mir nicht gekannt hatte. Dabei schrie ich die Angreifer an und beschimpfte sie ebenso wie sie mich. Ich schlug blind zurück und hörte die anderen schreien.

Ein bulliger Junge stieß meine Lehrerin zu Boden. Daraufhin pikste ich ihn mit der ruhmreichen Spitze der Flagge, dem dekorativen Adler – ich hätte ihn damit erstechen können. Stattdessen schob ich ihn nur mit der Flagge zurück und half meiner Lehrerin auf.

Nachdem die Angreifer noch ein paar Tische umgeworfen hatten, zogen sie sich zurück. Dabei schrien sie immer weiter: »Keine Schulbusse! Keine Neger in meiner Schule.«

Mrs. Irving und ich umarmten uns und gingen ins Bad, um uns das Blut abzuwaschen. Einer meiner Zähne war abgebrochen, außerdem war meine Lippe aufgerissen und geschwollen.

Ich ging, immer noch schockiert, nach Hause und passte auf, dass mich niemand in diesem Zustand sah. Ich fühlte mich schuldig und verloren, und ich wusste, dass ich nie wieder in diese Schule gehen würde. Hatte das vielleicht etwas damit zu tun, dass ich Deutsche war?

Plötzlich kam alles wieder in mir hoch: Drangstedt, der Krieg, Bergen-Belsen. Bevor ich weinend einschlief, hatte ich ein Bild vor Augen, das mich ein Leben lang begleitet hat: Ich renne auf dem Weserdeich und versuche Papas Schiff, die *Wangerooge*, einzuholen.

Um den Beamten der Schulbehörde aus dem Weg zu gehen, nahm meine Mutter mich die nächste Zeit mit zur Arbeit, wo ich die Oberschnüffler des Pentagons und der anderen Geheimdienste kennen lernte. Während sie arbeitete, stöberte ich herum, holte Kaffee und entzifferte Landkarten.

Am Ende dieses sehr heißen und feuchten Sommers bekam ich meine Entlassungspapiere von der MacFarland Junior Highschool und stellte mich bei einer anderen Highschool vor. Doch die lehnte mich ab – ich war als Streikbrecherin bekannt.

Blinde Passagierin

Da ich sehr unglücklich in Washington war, begann ich lauter Besorgnis erregende Dinge zu tun. So schleppte ich eines Tages Holz in die Wohnung, das ich draußen gefunden hatte. Ich war davon überzeugt, dass der nächste Krieg kommen würde und ich Vorräte anlegen müsste.

Ich flehte Mutter an, mich nach Deutschland zurück zu lassen – oder auf See. Sie wusste damals nicht, was sie mit mir anfangen sollte. Außerdem musste sie zu einer Mission nach Addis Abeba aufbrechen und konnte mich nicht einfach alleine zu Hause lassen. Mein Bruder Joachim war Offiziersschüler und konnte sich auch nicht um mich kümmern.

Ich drängelte so lange, bis sie meinem Vater einen Brief schrieb und ihn bat, mich nach Deutschland mitzunehmen.

Als er mit seinem Frachter *Lichtenstein* das nächste Mal einen US-Hafen in der Nähe ansteuerte, fuhr ich mit dem Zug hin und ging an Bord. In Bremerhaven wohnte ich dann alleine in der Wohnung am Leher Tor, verrichtete die Hausarbeit und lernte an der Berlitz-Schule Spanisch. Aber ich fühlte mich auch dort sehr alleine. Als mein Vater das nächste Mal mit der *Lichtenstein* auslaufen wollte, schlich ich mich daher als blinde Passagierin an Bord und versteckte mich im Maschinenraum hinter einer Abdeckung am Schornstein.

Ich wartete, bis wir weit draußen auf der Nordsee waren, und trat, vor Kälte zitternd, in den Mannschaftsraum. Ich sagte: »Moin, Moin«, und tat so, als sei ich schon immer an Bord gewesen. Die Matrosen riefen erschrocken: »Ilona, wo kommst du denn her, weiß dein Vater, dass du hier bist?« Ich bat sie, mich nicht zu verraten, und bot ihnen an, beim Kochen und Saubermachen zu helfen. Nachts würde ich im Rettungsboot schlafen. Weil ich schon ganz blau vor Kälte war, steckten sie mich erst einmal in neue Klamotten: Pullover, Pudelmütze und Stiefel. Beim Essen überlegten die Männer, wie sie Papa die Neuigkeit beibringen sollten. Zum Spaß sagten sie mir, dass er mir als Strafe wahrscheinlich einmal »Kielholen« verpassen würde. Dabei wird man über Bord geworfen und dann an einem Seil unter dem Kiel durchgezogen. »Das dauert gar nicht lange«, fügten sie tröstend hinzu.

Nach dem Essen musste ich hochgehen. Papa war gerade im Kartenraum, als ich forsch hereinkam und sagte: »Herr Kapitän, ich möchte mich melden.« Er wusste im ersten Augenblick nicht, wer ich war, denn in meinen neuen Sachen sah ich aus wie ein Schiffsjunge. Meine Zöpfe waren unter der Pudelmütze versteckt. Papa sagte:

»Um Gottes willen, das geht doch nicht.« Bevor er weitersprechen konnte, sagte ich ganz schnell: »Ich muss runter, Kartoffeln schälen«, drehte mich auf dem Absatz um und rannte blitzschnell weg.

Papa fand sich schnell mit seiner blinden Passagierin ab. Er machte mir in seiner Kammer auf dem Sofa ein Bett zurecht, und ich war überglücklich. Seinen Einwand »Was sage ich nur der Reederei?«, tat ich mit der Bemerkung ab: »Gar nichts, Herr Kapitän.«

Als wir das nächste Mal Bremerhaven anliefen, schickte mich Vater zu seinem Bruder Fritz nach Bad Münster am Stein. Dort, im *Haus Lorenz*, lernte ich einen Monat lang kochen, aber ich sehnte mich nach einem Leben auf dem Schiff. Ich weinte und bettelte so lange, bis Papa mich wieder mit an Bord nahm. Er wurde mich die nächsten Jahre nicht wieder los – bis Fidel kam.

Die See wurde schließlich meine Heimat. Nie wieder im Leben habe ich mich irgendwo so zu Hause gefühlt wie an Bord. Ich wollte immer nur abreisen, nie irgendwo ankommen. Faul war ich nicht, ich wollte meine Nützlichkeit durchaus unter Beweis stellen.

Nach der Arbeit kam das Schönste: Papa erklärte mir die Strömungen, die Sterne, das Wetter und die Länder, in die wir fuhren. Er war auch ein bisschen einsam und im Grunde genommen froh, dass er wenigstens einen aus der Familie wieder bei sich hatte. Er war damals mein Lehrer und mein bester Freund. Er sagte immer: »Wenn du schon nicht zur Schule gehst, dann zeige ich dir die Welt.« Er hielt den Unterricht nicht für besonders wichtig, später sollte ich sowieso einen Jungen aus gutem Hause heiraten.

Abends saß ich mit den Seeleuten zusammen und spielte Skat. Begierig saugte ich ihre Geschichten aus dem Krieg auf.

Nach der *Lichtenstein* fuhr Papa erst die *Gripsholm* und schließlich die *Berlin*, das erste deutsche Kreuzfahrtschiff nach dem Krieg. Sie war im Linienverkehr nach Amerika eingesetzt, und in der Wintersaison ging sie auf Kreuzfahrt in die Karibik.

Einmal stoppten wir mit der *Berlin* vor den San-Blas-Inseln, um die Indios mit ihren Kanus an das Schiff heranzulassen. Sie verkauften den Touristen an Bord meist Früchte und Kunsthandwerk. Ohne darüber nachzudenken, kaufte ich einer Indiofrau ihr Baby mit meiner Armbanduhr ab – jedenfalls war ich der Überzeugung, dass ich die Kleine gekauft hatte: ein süßes, braunes, rundes, nacktes Mädchen, das ich an Bord versteckte. Als das Schiff ablegen wollte, merkte der Erste Offizier, was los war, und alarmierte Papa. Der ließ die Maschinen stoppen, und ich musste das Kind an die Mutter zurückgeben, die vor Sehnsucht nach ihrer Tochter schon verzweifelt weinte.

Ein anderes Mal lagen wir vor Haiti auf Reede. Ein wachhabender Offizier wollte mich provozieren und sagte: »Du hast bestimmt nicht den Mut, von der Brücke ins Wasser zu springen.« Bevor er sich umsah, sprang ich die fünf Stockwerke hohe Brücke hinunter, trotz meiner Angst vor den Haien. Schon im Flug merkte ich, dass ich einen großen Fehler gemacht hatte, aber es war zu spät zum Umkehren. Als ich mit einem Knall aufschlug, hatte ich das Gefühl, dass mein Kopf abgerissen würde, und ich verlor für mehrere Augenblicke das Bewusstsein. Einige Männer, die an der offenen Proviantluke arbeiteten, sahen mich Gott sei Dank und fischten mich aus dem Wasser. So verrückt war ich.

Aber ich konnte auch anders: Im eleganten Abendkleid saß ich am Kapitänstisch neben meinem Vater und unterhielt mich mit den reichen und berühmten Passagieren. Ich las viel und war relativ gebildet, schließlich wollte Papa keine »dumme Deern« an seiner Seite haben. Ich erinnere mich gerne an einige sehr nette und interessante Passagiere: Willy Brandt, Prinz Louis Ferdinand von Preußen und Bundespräsident Theodor Heuss, der mir Schach spielen beigebracht hat. Mit ihm trank ich auch mein erstes Glas Rotwein.

1958 nahte das Ende meiner Seeabenteuer. Meine Eltern hatten beschlossen, ich müsse nun endlich etwas lernen, und meldeten mich auf der New Yorker Buchhaltungsschule an. Etwas Schrecklicheres konnte ich mir kaum vorstellen.

2. Kubas Königin: Liebe mit Fidel

Im Februar 1959 lief die *Berlin* zu ihrer letzten Kreuzfahrt in die Karibik aus. Ich war in New York zugestiegen, die meisten Passagiere kamen jedoch aus Boston. Sie waren nervös und aufgeregt, weil es auf Kuba eine Revolution gegen die mit den USA verbündete Regierung Präsident Batistas gegeben hatte.

Wir ankerten am 27. Februar in der Bucht von Havanna. In derselben Nacht sollte das Schiff wieder auslaufen. Ich war nach einem kurzen Landgang an Bord zurückgekehrt und blickte über die Reling.

In der Ferne, im grün-blauen Wasser, das sich leicht kräuselte, erkannte ich zwei völlig überladene Boote, die auf die *Berlin* zuhielten. In den Booten erblickte ich an die 25 bis 30 bärtige Soldaten. Sie standen aufrecht, sprachen miteinander und zeigten auf unser Schiff. Über ihren Schultern hingen Gewehre.

Zwei unserer Offiziere, die oben an der Gangway postiert waren, versuchten den bewaffneten Haufen mit wütenden Gesten wegzuscheuchen. Ich entschloss mich einzugreifen, denn Papa hielt seinen Mittagsschlaf, bei dem er auf keinen Fall gestört werden durfte.

Mit meiner an Bord berüchtigten Trillerpfeife machte

ich auf mich aufmerksam, und der größte Soldat, offenbar der Anführer, verlor vor Schreck das Gleichgewicht. Sein Gewehr rutschte ihm von der Schulter und knallte auf das Deck. Das Boot stieß ungefähr einen halben Meter zurück, als er zu mir aufsah. Für eine Sekunde begegneten sich unsere Augen – dann flog seine Mütze ins Wasser.

Er hing jetzt mit den Füßen auf seinem Boot, während er sich mit den Händen an die Reling des Landungsdecks der *Berlin* klammerte. Als ich sah, was ich angerichtet hatte, musste ich laut lachen.

Auf Spanisch rief ich: »*Esperate un momento*« – Warten Sie einen Moment. Den Offizieren sagte ich: »Ich mach das schon.«

Sie sahen mich entgeistert an. Einer widersprach: »Und der Kapitän?«

Ich unterbrach ihn mit der Bemerkung: »Wir legen heute Nacht ab, wir dürfen ihn nicht wecken, macht euch keine Sorgen, und schafft die Passagiere hier weg.«

Als der Große mit dem Bart die Gangway hochstieg, ging ich ihm entgegen. Wir trafen uns in der Mitte. Er musste mich ansprechen, denn der Laufsteg war sehr schmal und er konnte nicht an mir vorbei: »*My name is Dr. Castro, Fidel ... please ... I am Cuba. I please come to visit your great ship, I am Cuba! You is aleman?*«

Ich antwortete ihm auf Spanisch: »*Si*, in Ordnung, ich heiße Ilona Marita Lorenz. Ich vertrete den Kommandeur des Schiffes. Sie sind auf deutschem Boden und – bitte – das brauchen Sie hier nicht.« Dabei deutete ich mit der Hand auf sein Gewehr.

Er sah einen Moment lang wie ein beleidigter kleiner Junge aus, als er den Kopf leicht neigte und sein Gewehr ansah. Um das Eis zu brechen, sagte ich: »Das brauchen Sie wirklich nicht, Sie sind auf deutschem Boden.«

Fidel lächelte: »Aber du bist in meinen Gewässern.«

Als er mir das Gewehr reichte, hörte ich über mir einige Passagiere Beifall klatschen, was mir furchtbar unangenehm war.

Als alle seine Männer an Bord waren, sagte er: »Und ... können wir jetzt das Schiff sehen?«

Ich antwortete: »Jetzt nehmen Sie das da auch noch ab«, und zeigte auf seine 45er, die er im Pistolenhalfter trug. » Auch alle anderen legen ihre Gewehre hier auf den Boden.«

Er befahl seinen Männern, die Waffen abzulegen, behielt aber seinen Revolver. Dann fragte Fidel nach dem Kapitän. Ich sagte: »Der ist vorübergehend indisponiert. Bis 15.00 Uhr vertrete ich ihn.« Sein ungläubiger Blick verlieh mir eine nie gekannte Selbstsicherheit, aber seine Anwesenheit machte mich gleichzeitig nervös – diese Augen, dieses Lächeln, seine körperliche Anziehungskraft.

Mein Vorschlag lautete: »Wir fangen unten mit der Besichtigung an – im Maschinenraum.«

Sie folgten mir zum Aufzug. Es dauerte eine Ewigkeit, bis die Tür aufging, und Fidel ließ seine Zigarrenasche auf den orientalischen Teppich fallen. Als ich ihn strafend ansah, schob er seinen Fuß über die Asche.

Fritzchen, mein Lieblingspage, hatte Fahrstuhldienst. Er starrte uns staunend an, und zum Spaß bellte ich im Befehlston: »In den Maschinenraum, sofort.«

Fritzchen war 15 und mein Spielkamerad. Nachts vertauschten wir immer die Schuhe, die die Passagiere zum Putzen vor die Tür stellten. Fidel, seine sieben bärtigen Begleiter und ich quetschten uns in Fritzchens Aufzug. Castros Bart und sein Atem kitzelten mich in der Nase. Seine Hand hatte er schützend um meine Hüfte gelegt.

Als der Fahrstuhl mit einem Ruck stehen blieb, ließ ich mich gegen ihn fallen. Er umarmte mich und zog mich an sich. Ich hatte mit 19 noch nie jemanden geküsst oder einen Freund gehabt. Woher kam jetzt dieser plötzliche

Wunsch, ihn zu umarmen und zu küssen? Was war nur mit mir los?

Im Maschinenraum bewunderte Fidel ausgiebig die deutsche Technologie. Danach, fern vom betäubenden Lärm der Maschinen, schlug ich vor, ein kühles deutsches Bier zu trinken. Ich war jetzt ganz berechnend und überlegte fieberhaft, wie ich die Truppe loswerden konnte, um mit Fidel alleine zu sein. Mir blieben nur noch 40 Minuten, bis Papa auftauchen würde.

Ich führte die Männer in die *Alligator-Bar*. Auf den Tischen brannten Kerzen, und aus den Boxen ertönten sanfte Mamboklänge. Fidels Männer nahmen zum Schrecken der US-Touristen an den Tischen Platz, stumm vor Staunen über den nie gesehenen Luxus.

Ich bestellte Beck's für alle – auf meine Rechnung. Fidel sagte nach dem ersten Schluck: »*It's good, everything in Alemania is good.*«

Hans, der Kellner, fragte mich höflich, was ich denn trinken wolle. Ich spielte die Erwachsene und entgegnete ganz ruhig: »Einen Cuba Libre, aber nicht Papa sagen.«

Die *barbudos* lächelten jetzt – sie billigten meine Wahl, und ihre Skepsis über den seltsamen Empfang an Bord war verflogen.

Unter dem Tisch spürte ich plötzlich Fidels linke Hand auf meiner. Er lächelte, blieb aber ernst. Als er meine Hand drückte, fühlte ich Schmetterlinge im Bauch.

Er sprach mit mir über sein »neues und besseres Kuba« und fragte mich über das Schiff aus – Länge, Tonnage, Leistung der Schiffsdiesel. »Du bist ein sehr intelligentes Mädchen«, sagte er dann, »deinetwegen wäre ich fast ins Meer gefallen.«

Ich antwortete: »Du kannst doch bestimmt schwimmen.«

Inzwischen waren mehrere Schiffsoffiziere aufgetaucht und starrten uns an. Für mich ein guter Vorwand, um in meine Kabine zu verschwinden. Ich löste meine Zöpfe und zog für den Nachmittagskaffee ein Kleid an.

Papa und Fidel

Als ich die Besucher später zur Brücke zurückführte, hoffte ich, Papa möge nach seinem Mittagsschlaf gute Laune haben. Als er schließlich aus seiner Kajüte auftauchte, fixierte er Fidel und sagte: »Aha, der Commandante?«

Erst beim zweiten Hinsehen sah er mich an der Spitze von Fidels Armee und blaffte mich an: »Ilona, was ist denn das?« Ich sagte schnell: »Das ist Fidel. Er ist Kuba. Er möchte das Schiff sehen.«

In kindlicher Freude schwenkte Fidel seine Pistole über dem Kopf und rief aus: »*Capitano*, dieses Schiff ist *magnífico*.«

Einige angespannte Sekunden folgten, Papa war empört wegen der Pistole, und ich forderte Fidel auf: »Geben Sie mir endlich das dumme Ding.«

Papa lud den Kubaner in seine Kabine ein, und die beiden begannen eine lange und intensive Diskussion über Politik. Jedes Mal, wenn ich hereinkam, starrte Fidel mich an, was Papa mit Missfallen bemerkte.

Im Laufe des Gespräches hörte ich Fidel sagen: »Ich bin kein Politiker.« Er gab unumwunden zu, dass er nicht wusste, was er mit seiner Regierung tun solle.

Vier Stunden redeten die beiden. Es ging um die deutsch-kubanischen Beziehungen, um Handel und Tourismus. Fidel wollte Papa einen Brief an die Regierung in Bonn mitgeben. Er war so sehr von meinem Vater beeindruckt, dass er ihn an Ort und Stelle zu seinem Sonderbeauftragten für Tourismus ernannte.

Ich beobachtete Fidel die ganze Zeit – seine weiße Haut,

die schwarzen Locken, den durchdringenden Blick, das goldene Kruzifix um den Hals.

Irgendwann unterbrach der Steward die Konversation und informierte Papa, dass Mrs. E. Taylor den Kapitän zu sehen wünsche. Mein Vater stöhnte, ich kicherte, und Fidel war perplex. Sie war eine reiche, aufdringliche Witwe mittleren Alters, die unsterblich in Papa verliebt war und ihn als Dauerpassagierin über die Weltmeere verfolgte.

Papas Blick veranlasste mich, auf die Brücke zu gehen, um die Dame aufzuhalten. Sie konnte mich nicht ausstehen und sah verdrießlich drein, als ich ihr erklärte, dass der Kapitän eine höchst geheime Besprechung habe und nicht gestört werden könne. Ich nahm ihr den Strauß roter Rosen ab und kehrte in die Kabine zurück.

Fidel sprach meinen Vater an: »Na also, sie liebt Sie.« Papa antwortete: »Ich wünschte, sie täte es nicht.« Alle lachten. Der Bordfotograf kam herein und nahm die Szene aus allen Blickwinkeln auf: Fidel brachte einen Toast auf das Schiff, auf Papa und Kuba aus.

Auf Nachfragen von Papa stritt Castro unwirsch jede Beziehung zum Kommunismus ab. Seine Revolution sei rein »humanitär«. Das habe auch der »große Bruder« in Washington verstanden. Amerika habe ihn in den Bergen der Sierra Maestra mit Geld und Waffen unterstützt.

Um Punkt 18.00 Uhr beendete Papa die Diskussion und lud die kubanische Delegation zu einem Abendessen in der ersten Klasse ein. Der Commandante saß zwischen mir und Papa. Ein hervorragendes Drei-Gänge-Menü wurde serviert, das Fidel mit großem Appetit verschlang.

Bevor der Nachtisch gereicht wurde, schrieb er auf eine Serviette: »*Für Marita, meine* alemanita. *Auf immer Fidel, 27. Februar 1959.*«

Er faltete die Serviette und reichte sie mir unter dem Tisch. Ich hoffte, Papa würde nicht merken, dass wir

Händchen hielten und uns mit den Füßen zärtlich berührten.

Vor Anbruch der Dunkelheit entschuldigte sich Papa. Er musste auf die Brücke, um das Ablegen des Schiffes vorzubereiten.

Bevor er ging, fragte Fidel Papa sehr ernsthaft und höflich, ob ich nach Kuba kommen könne, um für ihn zu arbeiten und seine englischsprachige Korrespondenz zu erledigen. Papa war schockiert. Doch Fidel bestand darauf. Er sagte, er würde für meine Sicherheit garantieren und eigens einen Offizier dafür abstellen. Ich würde als eine Art persönliche Sekretärin für ihn arbeiten. Papa erwiderte diplomatisch: »Danke für Ihr freundliches Angebot. Aber es ist leider nicht möglich, sie muss in New York zur Schule gehen.«

So war es. Meine Eltern wollten meinem Vagabundenleben endlich ein Ende bereiten. Aber dann kam Fidel.

Erster Kuss

Nachdem Papa gegangen war, führte ich eine halbwegs intelligente Konversation mit Fidel. Immerhin sprach ich ein wenig Spanisch und hatte mehrere Jahre auf See hinter mir.

Ich kannte auch Kuba von verschiedenen Reisen ganz gut und verstand Fidels revolutionäre Pläne: Das Land war korrupt. Eine Mittelklasse existierte nicht. Es gab nur Reiche und Arme. Ein Hexenkessel – nichts als Spieler, Gangster, Prostitution, Schmiergelder, Männer mit Panamahüten und Anzügen, in denen sie wie weiße Haie aussahen, Rockefeller, United Fruit Company, Country Club – und auf der anderen Seite Heerscharen von Bettlern: Straßenmenschen, die alles verkauften – auch sich selbst.

Mir kam das alles sehr ungerecht vor. Aber ich konnte immer wieder auf meinem großen weißen Schiff wegfahren. Doch das Schuldgefühl, zu den Privilegierten zu gehören, begleitete mich überallhin.

Daran dachte ich, als ich mit Fidel im Dunkeln zur Brücke ging. Die bunten Lichterketten der *Berlin* blinkten. Eine sanfte tropische Brise wehte, und die Seemöwen schrien gegen den Klang der Rumba an. Die Luft roch nach Jasmin.

Fidel hielt meine Hand, und in einem Anflug von Mut zog ich ihn zwischen die Rettungsboote sechs und sieben – unter dem Vorwand, ihm die wunderbare Skyline Havannas zeigen zu wollen. Zwei seiner Männer standen zwar in der Nähe, aber es war dunkel und ich war zum ersten Mal mit ihm allein.

Wir umarmten uns, er hielt mein Gesicht zwischen seinen Händen, küsste mich und sagte: »*Te quiero, mi cielo.*«

Ich war verloren.

Dann bat er mich: »Bleib bei mir.«

»Oh, Fidel«, seufzte ich wehmütig, » ich kann nicht, wir legen in zwei Stunden ab.«

Darauf sagte er: »Dann kommst du eben zurück und arbeitest mit mir für Kuba.« Fidel hob die Arme, blickte auf die Lichter an Land und sagte: »Das ist alles meins. Ich bin Kuba, und du wirst Kubas Königin sein.«

Bis heute habe ich nicht ein einziges seiner Worte vergessen. Meine Gefühle waren unbeschreiblich intensiv, und ich hatte eine unbändige Sehnsucht, mit ihm zusammen zu sein. Zu meinem Leidwesen ist diese Sehnsucht immer geblieben, und sie wird mich bis zu meinem Tod nicht mehr loslassen.

Wir tauschten noch unsere Telefonnummern aus, bevor er ging, um sich von Papa zu verabschieden. Danach ließ Fidel noch schnell zehn Riesenportionen des berühmten kubanischen Coco-Glacé-Eises für mich an Bord bringen.

Nachdem das Schiff Kurs Nordost gegangen war, gab ich Papa einen Gutenachtkuss und verschwand in meine Kabine. In meinem Kalender kreiste ich das Datum mit roter Tinte ein: 27. *Februar 1959 – D-Day*.

In unserem Apartment in der 87. Straße in New York versuchte ich mich wieder im Alltag zurechtzufinden. Ich fühlte mich einsam. Meine Mutter arbeitete für den US-Geheimdienst in Heidelberg in so geheimer Mission, dass ich nicht einmal mit ihr telefonieren durfte. Ich vermisste sie sehr. Es war kalt, und ich litt sehr unter meiner Einsamkeit.

Um mich abzulenken, vertiefte ich mich in Bücher, spielte Klavier, studierte Landkarten und las Herbert L. Mathews Artikel »Castros Kuba« in der *New York Times*.

Am zweiten Tag klingelte das Telefon. War es Fidel? Ja, ich hörte seine vertraute kratzige Stimme: »Marita? *Mi alemana?*«

»Si, si, oh Fidel, du hast mich nicht vergessen?«

»Nein, ich vermisse dich, kommst du zurück?«

»Ich weiß nicht.«

»Nur für eine Woche, ja?«

Bevor ich antworten konnte, fügte er hinzu: »Sehr gut, ich schick dir ein Flugzeug.«

Ich war so durcheinander, dass ich vergaß zu fragen, wann. Aber das Wort »wann« gehörte nicht zu seinem Wortschatz, wie ich bald herausfinden sollte. Am nächsten Tag standen drei seiner Adjutanten vor der Tür, das Flugzeug wartete bereits auf dem Flughafen von Idlewild, dem heutigen JFK-Airport.

Ich hatte meine schönsten Sachen angezogen und flog wie eine Lady nach Havanna. Ich versuchte »business-like« auszusehen, aber es fiel mir schwer. In Wirklichkeit stand ich wie unter Schock: überwältigt, verängstigt und glücklich. Meine Begleiter bewirteten mich wie eine Königin. Sie gaben mir ein Exemplar der Zeitschrift *Bohemia,* auf deren Titelseite Fidels Porträt prangte.

Ich fragte mich immerzu: Warum ich, er kann doch jede Frau haben? Auf dem José-Martí-Flughafen in Havanna wurde ich von 20 Uniformierten und einigen Jeeps erwartet.

Suite 2406

Sie brachten mich in das 24. Stockwerk des *Havanna Hilton,* in dem es von bewaffneten Männern nur so wimmelte. Am Ende des Ganges lag Fidels Hauptquartier.

Ich fühlte mich unwohl, mindestens 50 Augenpaare waren auf mich gerichtet. Fidels persönlicher Adjutant, Jesús Janez Pelletier, erlöste mich, als er die Suite 2406 aufschloss und mich in einen wundervollen großen Raum führte, aus dem mir Zigarrenqualm entgegenschlug.

In einem geöffneten Schrank sah ich lauter Uniformen unter Plastikhauben, vier Paar Stiefel, Mützen. Auf dem Boden lagen Briefe, Papiere, Schallplatten, Geld und Spielzeugpanzer herum.

Fidel ist immer ein großer Junge geblieben und spielt auch heute noch gerne mit kleinen Panzern und Spielzeugautos.

Pelletier entschuldigte sich und sagte: »Bitte verlassen Sie den Raum nicht, der Ministerpräsident wird bald hier sein.«

Es dauerte länger als eine Stunde, bis Fidel hereinkam und mich in die Arme schloss. »*Alemanita mía!*«, rief er und hob mich hoch. Ich fühlte mich in seinen Armen geborgen und wundervoll. Hand in Hand schlossen wir die Gardinen, er hängte seinen Revolvergürtel über die Stehlampe, stellte den Plattenspieler an und legte seine Lieblingsplatte mit romantischer Musik auf: *Piano Mágico.*

Unsere Körper ergänzten sich in perfekter Harmonie, wie die Zeilen eines Liebesgedichtes. Ich wünschte mir, es würde immer so bleiben, nur der Tod sollte uns trennen.

Nach etwa fünf Stunden klopfte es energisch an der Tür: Fidels Bruder Raúl bestand darauf, dass der Commandante sich um die Staatsgeschäfte kümmerte. Fidel sagte beim Weggehen: »Geh nicht raus, bleib hier, ich komme zurück – ich liebe dich.«

Das war der erste Tag. Nachdem ich am nächsten Morgen ausgeschlafen hatte, machte ich mein »Büro« auf. Ich sortierte seine Post, regte mich über seine »Fan-Briefe« auf und machte mich schön. Dann wartete und wartete ich. So sollte es die kommenden neun Monate meistens sein.

Ich versuchte, mein Spanisch zu verbessern, fertigte Übersetzungen an – und wartete. Ich liebte und litt. Ich lebte in einem goldenen Käfig, aber unten in der Lobby und überall, wo mein Geliebter hinging, lungerten Dutzende von Frauen aus aller Welt herum, die nur ein Ziel vor Augen hatten: Fidel.

Ava Gardner

Ich wusste, dass auch der Hollywood-Star Ava Gardner hinter ihm her war. Ich hatte einige ihrer Liebesbriefe an ihn abgefangen. Ständig fragte ich Fidels Sekretärin Celia Sánchez und Camilo Cienfuegos nach ihm. Sie antworteten stets das Gleiche: »Er hat zu tun.« Camilo verstand meine Einsamkeit. Er legte mir seine Hände auf die Schultern, und ich weinte bittere Tränen: »Sagt mir bitte, ob ich schon durch eine andere ersetzt worden bin oder nicht.«

Camilo tröstete mich: »Mach dir keine Sorgen, *alemana*, er hat keine andere Frau.«

Celia sah mich nur mit einem harten, missbilligenden Blick an. Ich fühlte mich in der Falle.

Eines Morgens fuhr ich mit dem Fahrstuhl hinunter in die Hotellobby – vier Wachen im Nacken, die auf mich aufpassen sollten. Ich war über das Gedränge in der Halle wie immer erstaunt: Dutzende von Menschen, die verlangten, Fidel zu sehen, darunter ein komplettes Baseballteam aus den USA, Reporter, Frauen, Autogrammjäger.

Ich wurde fast erdrückt, und viele sprachen mich an: »Señora, Señora, bitte geben Sie ihm das.« Sie versuchten mir irgendwelche Papiere in die Hand zu drücken und setzten mir dabei so sehr zu, dass ich mich zum Fahrstuhl zurückkämpfte.

Da drängte sich eine betrunkene Frau zwischen mich und die Wachen, hielt sich am Arm eines der Soldaten fest, drückte alle Fahrstuhlknöpfe gleichzeitig und fixierte mich: »Also du bist das kleine Biest, das er da oben versteckt.«

Bevor ich wusste, wie mir geschah, gab sie mir eine schallende Ohrfeige. Sie schrie: »Ich bin Ava Gardner, du Dreckstück.«

Nach diesem Auftritt ließ Fidel der betrunkenen Schauspielerin einen »Trostpreis« zukommen. Er gab ihr seinen persönlichen Adjutanten, Jesús Yanes Pelletier mit ins Hotel *Nacional* – Liebesgrüße aus Kuba. Fidel und ich mussten darüber lachen.

Der Commandante spürte meine Unzufriedenheit. Eines Nachts im März, es war vier Uhr morgens, kam er von einer seiner endlosen Sitzungen zurück und brachte mir einen Strauß Orchideen mit. Er war in Liebeslaune. Aber ich war vor Eifersucht rasend, machte ihm eine Szene und drohte damit, ihn zu verlassen. Als Antwort warf er ein Kissen nach mir und zog mir das Bettlaken über den Kopf. Dann legte er mir zwei Orchideen auf den

Kopf und drapierte sie mit Petersilie, die er von dem kalt gewordenen Essen nahm, zu einer Art Krone. Feierlich erklärte er: »Wir heiraten jetzt – Willst du, meine kleine Deutsche, Fidel Castro heiraten?«

Er trocknete meine Tränen und fragte noch einmal: »Ja?« Ich sagte: »Ja, Fidel Castro, ich heirate dich – für immer.«

Eine Woche danach gab er mir einen Ring aus 18-karätigem Gold, um unsere »Ehe« zu besiegeln. Ich fühlte mich besser.

Beim besten Schneider von Havanna ließ er mir eine Ehrenuniform der »Bewegung des 26. Juli« schneidern. Jetzt war ich eine echt Kubanerin.

Inzwischen hatte ich Fidels Buch *Die Geschichte wird mich freisprechen* übersetzt, das er im Gefängnis geschrieben hatte, ansonsten bekam ich nichts von dem mit, was außerhalb des Hotels im Land geschah.

Die Leute um Fidel herum akzeptierten mich: Che Guevara, Camilo Cienfuegos, Ramiro Valdés und Celia Sánchez, seine Vertraute und Privatsekretärin, die ihm bedingungslos ergeben war. Ich kam mit ihr ganz gut aus, obwohl wir zeitweise eine typisch weibliche, bittersüße Konkurrenzbeziehung hatten. Doch sie nahm meine Existenz hin. Solange ich hier wohnte, hatte sie Fidels Liebesleben wenigstens ein wenig unter Kontrolle.

Ich war eine Gefangene der Liebe. Aber ich wurde niemals gegen meinen Willen festgehalten, wie meine Mutter später im Auftrag der CIA behaupten sollte.

Ich hatte meiner Mutter mehrmals geschrieben, um sie zu beruhigen. Einen der Briefe habe ich sogar noch. Ich fand ihn nach ihrem Tod im Jahre 1978 in ihren Unterlagen. Am 20. Mai 1959, als ich bereits schwanger war, schrieb ich ihr:

»Liebste Mutter,

mir geht es gut, und ich habe alles, was ich brauche. Ich bin glücklich und habe nicht vergessen, meinen Kopf zu benutzen. Du kannst mir vertrauen. Mach dir keine Sorgen. Fidel ist heute Morgen in die Sierra Maestra gefahren, aber er wird heute Nacht zurückkommen.

Ich habe in meinem Zimmer Blumen gefunden und einen wunderschönen gelben Kaschmirpullover, den er mir von einem seiner Gehilfen aus Argentinien holen ließ.«

Nach der improvisierten »Hochzeit« mit Fidel fühlte ich mich sicherer und war glücklich darüber, dass mein Bauch langsam dicker wurde, ich war nämlich seit einigen Wochen schwanger.

Jesús Yanez Pelletier

Von den Männern, die am 27. Februar 1959 mit Fidel Castro an Bord der *Berlin* gingen, sind inzwischen fast alle tot. Entweder starben sie eines natürlichen Todes, oder sie wurden von Mutter Revolution gefressen.

Einer lebt allerdings noch, als ich im Sommer 1999 in Havanna nach Augenzeugen für die Ereignisse auf der *Berlin* suche: Jesús Yanez Pelletier, nach dem Sieg der Revolution 1959 Fidel Castros persönlicher Adjutant und Vertrauter.

Ihn zu treffen ist heutzutage ein gewagtes Unternehmen. Denn aus dem Vertrauten von einst ist ein Staatsfeind geworden. Er lebt – geächtet und isoliert – als Dissident und Vizepräsident der kleinen kubanischen »Bewegung für Menschenrechte« in Havanna.

Sein »Verbrechen« bestand darin, das Bündnis Fidels mit der Kommunistischen Partei Kubas abzulehnen. Deswegen wurde er 1960 zu 30 Jahren Haft verurteilt. Da er

Fidel Castro zu Zeiten der Batista-Diktatur als Supervisor des Gefängnisses auf der Pinieninsel das Leben gerettet hatte, reduzierte der Commandante die Strafe auf 15 Jahre. Auch heute noch wird Pelletier immer wieder von der Staatssicherheit in »Schutzhaft« genommen, wenn sie befürchtet, er könnte »konterrevolutionäre« Informationen verbreiten. Die meisten ausländischen Journalisten meiden ihn, da ein Kontakt die sofortige Ausweisung bedeuten kann.

Im Mai 1999 treffe ich Jesús Yanez Pelletier zum ersten Mal unter konspirativen Umständen auf dem belebten Parque Central. Ein hoch gewachsener, mittlerweile 83-jähriger Mulatte mit sanfter, warmer Stimme, klugen Gesichtszügen und blendend weißen Zähnen, die man oft zu sehen bekommt; denn er lacht gerne.

Als er hört, dass es um Marita geht, kommen ihm die Tränen. Er ist sehr bewegt, von ihr zu hören, und erinnert sich sofort an sie: »Ein kluges und schönes Mädchen. Wir mochten sie alle. Es war die romantische Phase der Revolution. Die Welt lag uns zu Füßen.«

Er habe an Bord der *Berlin* schon nach wenigen Minuten gespürt, dass Marita von Fidel hingerissen war.

»Das passiert uns Männern immer wieder«, erläutert Pelletier, »vor allem uns Militärs. So gut wie keine Frau kann einem Mann in Uniform widerstehen.«

Man habe es den Blicken der beiden anmerken können, dass sie sich gegenseitig sehr attraktiv fanden. Marita habe Fidel voller »Bewunderung« angesehen und er sie mit »Begierde«. Trotzdem habe er zuerst nicht geglaubt, dass Fidel ihre Gefühle erwidern würde, da dieser sich eigentlich nur für dunkle Frauen interessiert habe.

Doch Marita habe den Commandante in ihren Bann gezogen. Er wollte sie unbedingt haben und sei nachhaltig von ihr beeindruckt gewesen. »Sie war schön, gebildet und nicht auf den Mund gefallen.«

Nachdem das Schiff Havanna wieder verlassen hatte, habe Fidel darauf bestanden, Marita zurückzuholen. Er rief sie in New York an und ließ sie mit einem Flugzeug abholen.

Er, Yanez Pelletier, habe sie persönlich am Flughafen abgeholt und in ihre Suite im *Habana Libre* gebracht, dem provisorischen Sitz der Revolutionsregierung.

Marita habe im »Zentrum der Macht« gewohnt und Fidel treffen können, wann immer sie wollte – natürlich nur, wenn er Zeit hatte. Für beide sei die Beziehung eine echte »Romanze« gewesen.

Als ich Yanez Pelletier davon erzähle, dass Fidel Marita zur »Königin« Kubas machen wollte, muss er lauthals lachen: »Eine schöne Idee, aber sie war nicht die einzige Kandidatin dafür. Dabei hatte Fidel damals tatsächlich die Macht, sie zur Königin zu machen. Denn er war Kuba. 90 Prozent des Volkes standen hinter ihm, nur 10 Prozent waren gegen ihn.«

Und heute?

»Heute ist es umgekehrt.«

Er, Pelletier, habe Fidel vor Marita gewarnt. Sie sei möglicherweise eine Agentin. Er erläutert: »Auch die anderen für seine Sicherheit verantwortlichen Militärs schlossen sich meiner Meinung an. Wir konnten uns beim besten Willen nicht vorstellen, dass sie nur wegen seines Sexappeals blieb.«

Fidel habe seine Bedenken beiseite gewischt: »Es war ihm egal.«

Im Sommer 1959 habe Castro seine *alemanita* zwar zusehends vernachlässigt, doch gehen lassen wollte er sie nicht.

»Wenn sie damit drohte abzureisen, beauftragte Fidel mich, sie nach Varadero an den Strand zu begleiten«, fährt Pelletier in seinen Erinnerungen fort.

Deswegen sei auch das Gerücht aufgekommen, er,

Yanez, sei mit Marita zusammen und das Kind, das sie erwartete, sei von ihm: »Havanna schwirrte damals von Gerüchten. Sie war Fidels Geliebte und daher für uns andere tabu. Von Mann zu Mann sage ich Ihnen, ich hatte kein Liebesverhältnis mit ihr. Nach all den Jahren würde ich das doch heute zugeben. Es gibt gar keinen Zweifel: Das Kind, das sie austrug, war von Fidel.«

Im Sumpf

Fidel befreite mich schließlich aus meinem goldenen Käfig und begann, mich auf seine Reisen durch das Land mitzunehmen. Eines Tages holte er mich vor dem Morgengrauen aus dem Bett und schleppte mich zu seinem Jeep.

Wir fuhren stundenlang ohne Eskorte durch die Nacht. Ich fragte ihn: »Was ist los, wohin fahren wir?«

»Weiß ich nicht – ich will weg hier«, lautete die Antwort.

Ich träumte während der ganzen Fahrt von einem kräftigen süßen kubanischen *cafecito* – aber er fuhr einfach weiter, schweigend und tief in Gedanken versunken. Er steuerte den Wagen wild, angetrieben von einer Art Killerinstinkt, als ob er all seine Probleme über den Haufen fahren wollte.

Im Sumpfgebiet der Cienaga de Zapata, in der Nähe des Strandes von Playa Girón, stoppte er. Wortlos umklammerte er das Lenkrad und legte den Kopf auf die Hände. Er war völlig erschöpft, ausgebrannt.

Die Sonne stieg empor, und eine sanfte tropische Brise kam auf. Die Vögel begannen zu singen. Plötzlich griff er sein Gewehr und sprang aus dem Jeep. Nach ein paar Schritten in den Sumpf drehte er sich um, streckte die Hand aus und rief: »Komm, *alemana*, hilf mir.«

Ein Bauer kam uns entgegen, erschrak und stammelte: »*Mi jefe, comandante?*«

Fidel beruhigte ihn: »Psst, hast du einen Kaffee?« Der Bauer nahm uns mit und gab uns Kaffee. Anschließend überließ er uns sein Flachboot.

Endlos ruderten wir durch die Mangroven. Nach langem Schweigen sagte Fidel: »Ich weiß nicht mehr weiter.«

Sein Problem war, dass Tausende von Ärzten, Lehrern und Ökonomen nach Miami flüchteten. Die gesamte Oberschicht kehrte Kuba den Rücken. Die Geschäftswelt war gegen Fidel, schon weil er Uniform und Bart trug. Dem Land drohte ein wirtschaftlicher Kollaps.

Fidel sprang aus dem Boot und watete durch den knietiefen Sumpf. Ich folgte ihm und fragte, wohin er gehe. Er antwortete: »Nirgendwohin.«

Ich sagte: »Okay, Fidel, wenn du jetzt durchdrehst, könntest du mir einen Gefallen tun?«

Ich deutete auf sein Gewehr, und er reichte es mir mit den Worten: »Wieso sprichst du so mit mir?«

»Weil ich dich liebe. Ich glaube, du solltest tun, was Papa dir geraten hat: Sprich mit der amerikanischen Regierung.«

Zurück im Boot, nahm er das Gewehr und schoss auf einen Alligator. Ich schubste Fidel, weil ich ihm aus dieser schrecklichen Stimmung heraushelfen wollte. Schließlich machte ich ihm einen Vorschlag: »Wenn ich du wäre, würde ich diese Sümpfe in Reisland verwandeln. Das ist das Einzige, was hier wächst.«

Er starrte mich an und musste lachen: »*Alemana*, du bist brillant.«

Seine tiefe Depression war mit einem Mal verflogen, und er machte Pläne für den Reisanbau in Kuba. Später hat er diese Idee tatsächlich in die Tat umgesetzt, wenn auch nicht hier in der Cienaga de Zapata.

Ich war hungrig und müde und wollte zu dem Bauern

zurückrudern. Aber nun konnte ich ihn nicht mehr zum Schweigen bringen. Er sprach nonstop über Agrarpolitik, bis ich fast einschlief.

Als wir angekommen waren, sprang Fidel wie ein Kind ins Wasser und zog mich hinterher. Ich sagte: »Wir müssen los, Kuba wartet auf dich.«

»Ja, und jetzt werden sie mich noch mehr lieben.«

Es nervte mich immer, wenn er so von sich selbst überzeugt war.

Sein Bart sah ziemlich albern aus – er hing voller Wasserpflanzen. Spontan liebten wir uns im Wasser. Er hatte die Augen dabei sogar unter Wasser offen, so als wollte er nicht einen Moment des Lebens verpassen. Er war für mich die Wildnis, die Luft und das Wasser Kubas.

Fidels Familienprobleme

Fidel war überfordert mit seiner Arbeit. Er war besessen davon, Kuba in ein Paradies zu verwandeln. Aber ihm fehlte es an Disziplin und Diplomatie. Er wurde völlig von seinen Gefühlen beherrscht und plante nur für einen Tag im Voraus. Jedes Problem, das sich ihm in den Weg stellte, packte er sofort an.

Immer wieder verzettelte er sich, denn er war der Einzige, der entschied. Sein Volk brauchte ihn, und er wusste um seine Macht über die Menschen. Sie sahen zu ihm auf, und er versuchte, jedes Problem sofort zu lösen.

Sein Kabinett spielte bei diesem Entscheidungsstil jenseits von Vernunft und Gesetz bald keine Rolle mehr. Oft fragte er mich, was er bloß tun solle. Verwirrt sagte ich dann: »Betrachte erst alle Seiten des Problems, dann entscheide.«

Oft sagte er: »Wäre doch nur dein Vater hier.«

Ich fühlte mich hilflos, dabei hätte ich ihn doch so gerne unterstützt. Er war Kuba – er war das Gesetz, und er war Gott – auch meiner. In diesen Monaten mit ihm ließ ich meine Kindheit endgültig hinter mir. Ich war ein freier Geist, undiszipliniert, wild. Aber ich war auch befangen, unterwürfig, zurückhaltend – und oft hatte ich einfach Angst.

Dieses neue Leben in der Welt der Erwachsenen war für mich eine Nummer zu groß. Ich war ihm nicht gewachsen. Mir war nicht einmal klar, in welcher Lage ich mich befand. Ich dachte einfach: Fidel ist ein Mann wie jeder andere. Ich liebte ihn und fertig. Ich hatte keinen besonderen Respekt vor seiner Macht. Aber die Politik hat letztlich unsere Liebe zerstört.

Die Menschen beteten ihn an, auf der Straße küssten sie ihm manchmal sogar die Füße. Fidel brauchte diese Anerkennung wie Adrenalin. Er war süchtig nach Bewunderung. Ich glaube, das hat mit seiner Kindheit zu tun.

Sein Vater Angel war ein neureicher Großgrundbesitzer aus dem Osten, ein Aufsteiger der härtesten Sorte. Er beutete seine 500 Farmarbeiter gnadenlos aus und war auch zu seinem Sohn sehr gemein. Er hat ihn oft geschlagen. Seine Mutter Lina liebte Fidel zwar, aber sie war stets sehr moralisch und distanziert. Er hat als Kind sehr wenig Liebe bekommen und musste immer um die Anerkennung seines Vaters kämpfen.

Schon damals war er ein Rebell. Ihn empörte die Ungleichheit zwischen den Klassen, und als dreizehnjähriger Junge versuchte er, einen Streik der Zuckerarbeiter gegen seinen Vater zu organisieren. Später, als Student, ist er einmal mit dem Fahrrad gegen eine Mauer gerast, um zu beweisen, dass er der mutigste von allen ist und vor nichts zurückschreckt. Er fiel zwar in Ohnmacht, machte aber trotzdem großen Eindruck auf seine Kommilitonen. So ist er sein Leben lang geblieben: Immer will er mit dem Kopf durch die Wand. Ein Aufrührer, der gegen jedwede Autorität rebellierte: den Vater, Batista, die USA.

Fidel hasste Ungerechtigkeit, Korruption, Drogen, Prostitution und fühlte sich schuldig, weil er selbst aus einer Ausbeuterfamilie stammte. Als junger Anwalt vertrat er stets die Underdogs, denen er noch nicht einmal Rechnungen schickte. Nach der Revolution war die Farm seines Vaters die erste, die enteignet wurde. Sein älterer Bruder Ramón protestierte dagegen, und Fidel ließ ihn für eine Zeit lang einsperren.

Die Familie war nach der Revolution endgültig zerrüttet. Seine Mutter hat ihn nicht ein einziges Mal im *Havanna Hilton* besucht, solange ich dort wohnte. Er sprach so gut wie nie über seine Familie.

Sein jüngerer Bruder Raúl, der schon 1959 ein überzeugter Kommunist war, stritt sich zwar ständig mit Fidel über den Kurs der Revolution, aber wenn es ernst wurde, gab er immer klein bei. Der Commandante duldete keinen Widerspruch. Er sah sich als Erlöser Kubas.

Alle seine Versprechungen, die er den Kubanern gemacht hatte, wollte er am liebsten sofort einlösen. Er wollte, dass alle – arm oder reich – schwarz oder weiß – die gleichen Schulen und Krankenhäuser besuchen sollten. Auch die Luxusstrände von Varadero wurden auf seine Anweisung hin für die Schwarzen freigegeben. Raúl war gegen eine sofortige Aufhebung aller Klassenschranken. Er fürchtete eine massive Landflucht der Schwarzen und der armen Feldarbeiter. Fidel sagte nur: »Und wenn schon, lass sie ruhig alle kommen.«

Raúl wollte das Land schrittweise umgestalten. Aber Fidel setzte sich durch, und alles wurde so gemacht, wie er es wollte: sofort und chaotisch.

Raúl litt unter den Gerüchten, dass er schwul sei. Er hatte ein sehr weibliches und zartes Gesicht. Um mit diesen Gerüchten Schluss zu machen, heiratete er Vilma

Espín. Die Hochzeit fand im *Habana Libre* statt, aber ich war nicht eingeladen und saß alleine in meinem Zimmer. Das hat mich sehr verletzt. Fidel ging jedoch auch nicht hin. Er hatte zu tun und nahm keinerlei Rücksicht auf Konventionen. So war er nun mal – eine Mischung aus Bauer, Bandit und Gladiator.

Vor allem aber war er unruhig und ungeduldig. Oft rannte er mit seiner Zigarre durch das Zimmer und zerbiss sie dabei, weil er auf irgendetwas wütend war. Er hatte eine extrem kurze Zündschnur und explodierte sofort. Minuten danach konnte er wieder lieb und charmant sein.

Wenn er schlief, sah ich ihn stundenlang an. Ein paar Minuten lag er vollkommen entspannt da, dann schreckte er schweißgebadet hoch und rief: »Wo bin ich?« Er wurde ständig von Albträumen geplagt. Oft hielt ich ihn im Schlaf fest, damit er sich beruhigte.

Im April wurde ich langsam rund. Unser Baby wuchs in meinem Bauch heran und war nicht mehr zu übersehen. Ich war selig und bemerkte nicht, dass ich die ganze Zeit über im Auge des Hurrikans lebte.

Ich war eine junge Frau, fast noch ein Kind – und eine Schachfigur im undurchsichtigen Spiel der Männer. Eigentlich hätte ich wissen müssen, wie Geheimdienste denken, doch ich schrieb weiterhin unbekümmert Briefe an meine Mutter. Offensichtlich erhielt sie meine Post aus Havanna, obwohl sie damals schon für die CIA in Heidelberg arbeitete. Sie antwortete mir sehr liebevoll.

Ich ahnte nicht, dass meine Affäre mit Dr. Fidel Castro Ruz bei den US-Geheimdiensten alle Sirenen heulen ließ.

Maritas Familienprobleme

Maritas Affäre schlug hohe Wellen. So bekam ihr Vater deswegen Ärger mit seiner Reederei. Der ehrwürdige Norddeutsche Lloyd fürchtete, dass seine Reputation durch die Affäre leiden könnte.

Doch Heinrich Lorenz konnte sich nicht um seine unbotsame Tochter kümmern, weil er in Bremerhaven den Umbau der *Louis Pasteur* zur neuen *Bremen* überwachen musste – und Alice June Lorenz war für die CIA unterwegs.

Also gaben die Eltern ihrem Sohn Joe den Auftrag, auf seine Schwester aufzupassen. Der machte damals gerade eine Ausbildung zum Berufsdiplomaten. Bei der Erinnerung an Maritas Affäre muss er lachen: »Auf eine normale Schwester kann man aufpassen, nicht aber auf Marita.«

Während ihrer Flittermonate mit Fidel sei sie von Zeit zu Zeit nach New York zurückgekommen. Als sie das erste Mal aus Havanna zu Besuch war, habe er ihr verboten, nach Kuba zurückzufliegen. Sie versprach, sich daran zu halten.

Wenige Tage später wollte sie nach Florida reisen, angeblich um eine Freundin zu besuchen. Ein Freund Joes, der ägyptische UN-Diplomat Sayed al Ridi, bot sich an, sie bis Miami zu begleiten. Er wollte von dort aus nach Mexiko weiterreisen. Al Ridi versprach Joe, auf seine Schwester aufzupassen.

Nach ein paar Tagen erhielt Joe einen Anruf aus Havanna:

»Zu meinem Entsetzen war Sayed am Apparat und sagte:

›Marita hat mich überredet mitzukommen. Jetzt bin ich hier im *Habana Libre* eingesperrt. Fidel Castro stand vorhin vor meiner Tür und brüllte mich an, ich sei ausgewiesen und habe das Land sofort zu verlassen.‹ Als ich ihn fragte, wo Marita jetzt sei, sagte Sayed: ›Die ist mit Fidel auf irgendeine Party gegangen.‹«

Maritas Affäre beeinflusste auch Joes Schicksal. Er hatte gerade seine Diplomatenausbildung an der Columbia-Universität beendet und sollte als Lateinamerikaspezialist an die Botschaft nach Buenos Aires gehen. Aber die CIA verweigerte die Zustimmung, wegen »Sicherheitsbedenken«.

Er sei Marita aber nie »böse gewesen«, so sagt er heute, dass sie ihm seine Diplomatenkarriere »versaut« habe.

Richard Nixon

Fidel war extrem eifersüchtig. Als ich mit Joes Freund Sayed in Havanna ankam, war er außer sich. Er merkte sofort, dass auch Sayed ein Auge auf mich geworfen hatte. Daraufhin tauchte er in Sayeds Zimmer auf und trat ihm in den Hintern. Dann musste der arme Kerl Kuba verlassen. Selbst sein Diplomatenstatus, auf den er sich schimpfend berief, hat ihm nichts genutzt.

Am 21. April 1959 flog ich mit Fidel und seinen Finanzexperten nach New York. Er war von der internationalen Pressekonferenz, nicht jedoch von der US-Regierung eingeladen worden. Natürlich flog er trotzdem.

Ich sagte Fidel, die Reise sei verfrüht. Er jedoch glaubte fest daran, dass er in allen Ehren empfangen würde – schließlich hätten die USA seinen Kampf um die Macht finanziert. Politisch gesehen war er kindisch. Ich warnte ihn: »Schon wegen deines Aussehens trauen sie dir nicht.«

Wie üblich wartete ich im Hotel auf ihn, diesmal in der Suite des *Statler* – gegenüber dem Bahnhof Pennsylvania. Er kam von einer Pressekonferenz mit 26 hübschen Reporterinnen zurück und strahlte vor Begeisterung: »Sie lieben mich alle.«

Dabei sah er sich im Spiegel an und strich sich über den Bart.

»Ich bin wie Jesus – ich habe einen Bart wie er, sehe aus wie er und bin 33, wie er.«

Ich gab ihm Recht, aber im Stillen dachte ich: Wie närrisch er ist. Er legte sich aufs Bett. Als ich ihm die Stiefel auszog, sprach er über die Wirtschaftshilfen, die er sicherlich bekommen würde. »Von wem?«, warf ich vorsichtig ein. »Vom großen Bruder.«

Sein gewaltiges Ego verleitete ihn zu solchen Fehleinschätzungen. Ich sagte: »Dein großer Bruder versteht aber nicht, warum du Stiefel trägst und was du für Ziele hast.«

Fidels Antwort: »Ich weiß es ja selber nicht, aber sie mögen mich, und sie werden Kuba helfen.«

Als auch noch eine nervtötende Frau anrief, um mit Fidel zu sprechen, war es zu viel für mich. Ich platzte vor Wut und Eifersucht. Zum Kampf entschlossen riss ich die Tür zum Flur auf, auf dem sich Reporter, Polizisten und Geheimdienstagenten drängten, und schrie: »In diese Suite werden keine Frauen vorgelassen. Ich bestimme hier. Ich bin Marita, und dies hier ist Fidels Privatsphäre. Haben Sie verstanden?«

Die Kameras klickten, und einige FBI-Agenten drängten sich nach vorne, um mit mir zu sprechen: »Sie sind Amerikanerin?«

Wie ich befürchtet hatte, ließ die US-Regierung Fidel abblitzen. Eisenhower ging lieber Golf spielen, statt den Commandante zu empfangen. Der war darüber sehr enttäuscht und verbittert, obwohl ihn stattdessen Vizepräsident Richard Nixon in Washington D. C. empfing.

Fidel kam sehr frustriert von diesem Treffen zurück. Nixon hatte ihm zwar höflich, aber sehr kalt und distanziert zugehört. Er interessierte sich offenbar nicht für die Zukunftspläne des Kubaners.

Nixons ablehnendes Verhalten stärkte die Position von Raúl und Che Guevara. Sie waren überzeugte Kommunisten und wollten nicht, dass Castro Wirtschaftshilfe in den USA suchte. Fidel war damals noch kein Kommunist, sondern Pragmatiker. Aber er stand sehr unter Druck. Die Menschen in Kuba erwarteten, dass die Revolutionäre ihre Versprechungen auf ein besseres Bildungs- und Gesundheitssystem sowie eine Landreform schnell erfüllten. Raúl redete unentwegt davon, Kuba müsse ein rein kommunistischer Staat werden. Die Differenzen zwischen Fidel und Raúl kamen anlässlich der USA-Reise offen zum Ausbruch.

Raúl rief ständig an, weil er Angst hatte, dass Fidel mit der US-Regierung zu einer Einigung kam. Er sagte: »Wir kriegen unsere Wirtschaftshilfe auch woanders.«

Erst Nixons Verhalten trieb Fidel in Raúls Richtung. Bevor wir aus Washington abreisten, sagte Fidel, er müsse unbedingt noch jemanden treffen. Der Mann sei groß, habe einen Bart und sei schlampig gekleidet, ganz wie er selbst. Mit ihm identifiziere er sich vollkommen. Ich war sehr überrascht, dass er mich zum Lincoln-Memorial führte und die weiße Marmorstatue Abraham Lincolns lange anstarrte.

Krieg der Schatten

Jesús Yanez Pelletier war als persönlicher Adjutant Castros der einzige Kubaner, den Fidel zu dem Gespräch mit Nixon mitgenommen hatte. Ich zeige ihm das Foto, auf dem er lächelnd und stolz zwischen den beiden Staatsmännern steht.

»In Kuba gibt es keine Fotos mehr, auf denen ich zu sehen bin«, bemerkt der alte Mann bitter.

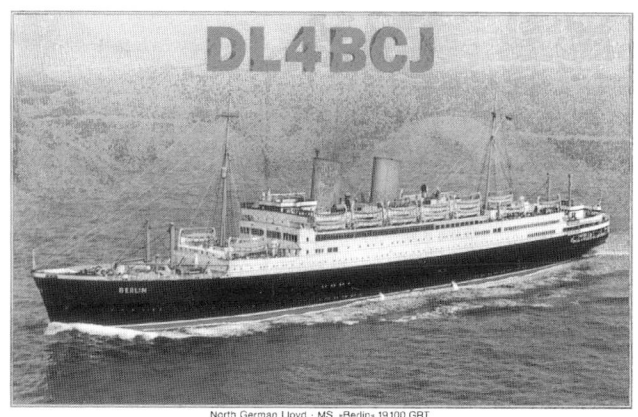

DL4BCJ
BERLIN
North German Lloyd · MS. »Berlin« 19100 GRT

Funkpostkarte der *Berlin*

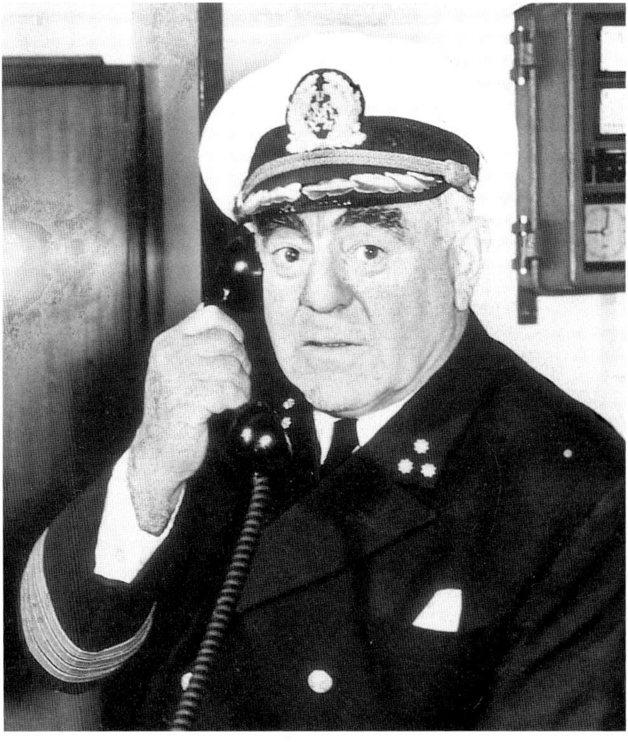

Kapitän Heinrich Lorenz

Fidels *barbudos* mit Touristen auf der *Berlin*

Fidel Castro mit Heinrich Lorenz

Maritas »D-Day«:
27. Februar 1959

Auf Maritas Befehl
abgelegte Waffen

Camilo Cienfuegos und Fidel Castro marschieren in Havanna ein
(Foto: Luis Korda)

Marita Lorenz mit 20 in der Ehrenuniform der Revolutionsarmee

May. 20 1959

My dearest mother-dear,

How are you? You will probably get my card at the same time — I am fine, have everything, am very happy, and haven't forgotten how to use my head — nor the descriminating letter about the "two kinds of life". I'm being cool + good — etc, please do not worry. —

My suit is number 1222 — its beautiful — modern with white + pastel colors — overlooking all of Habana and the ocean. —

I was met by the (his) officials at the airport — they took pictures etc. and was then taken directly to the hotel — Fidel is at the Sierra Maestra this morning, but will be back sometime tonight — I had flowers in my room, and a beautiful yellow cashmier sweater — which he told one of his aids to get for me in Argentina — I was

to   refused

20. Mai 1959: Brief an die Mutter

344 West 87th Street, Apt. 2-R
New York 24, New York

1 January 1960

TO: Premier Ministro
Dr. Fidel Castro Rus
La Havana, Cuba

Sir:

With reference to the seduction of my daughter, Marita, a minor,
and United States citizen, whom you lured to Havana under false
pretenses, early in 1959, without her parents' knowledge or consent, and ravished in the Hilton Hotel, Havana, Cuba. Said act
committed by you was later compounded by a forced and careless
criminal abortion upon my daughter, performed by a Dr. Ferrer,
in his office at 27 Vedada, Havana, Cuba, on 18 September 1959,
when my daughter was over five months pregnant with your child;
said abortion being accomplished under the direct supervision of
your Aide, Captain Jesus Yanez Pelletier, who transported my
daughter in a drugged condition, in a Cuban Government car to
said abortionist's office, where this illegal operation was performed without my daughter's knowledge or consent.

This abortion, with subsequent neglect of medical care or at-
tendance following upon it, has left my daughter, a virgin before you seduced her, in serious physical and mental condition.
She is presently undergoing extensive and costly medical, psy-
chological, and hospital treatment, responsibility for which I
am unable to assume.

As head of the Cuban Government, if you have any sense of justice,
honor, or moral character, Sir, you will initiate immediate action
to recompense my daughter for the loss of her honor, and good
name, as well as for her injuries, her pain, her intense suffering,
and her deep grievance. Also for her present and future medical
expenses. The damage you have done to her soul cannot be measured
by monetary standards.

Let history absolve you .... if it can.

M. Lorenz

(Signed)
H. LORENZ
Captain
T.S. "BREMEN"
North German Lloyd

ALICE J. LORENZ
(Wife of Captain Heinrich Lorenz
Master, T.S. "BREMEN"
North German Lloyd

Januar 1960: Maritas Eltern schreiben an Fidel Castro

April 1959: Fidel Castro und Jesús Yanez Pelletier bei Nixon *(Foto: Keystone)*

Jesús Yanez Pelletier, Havanna 2000
(Foto: Wilfried Huismann)

Frank Sturgis als Revolutionskämpfer, 1958

Fidel Castro mit CIA-Agent Frank Sturgis, 1958

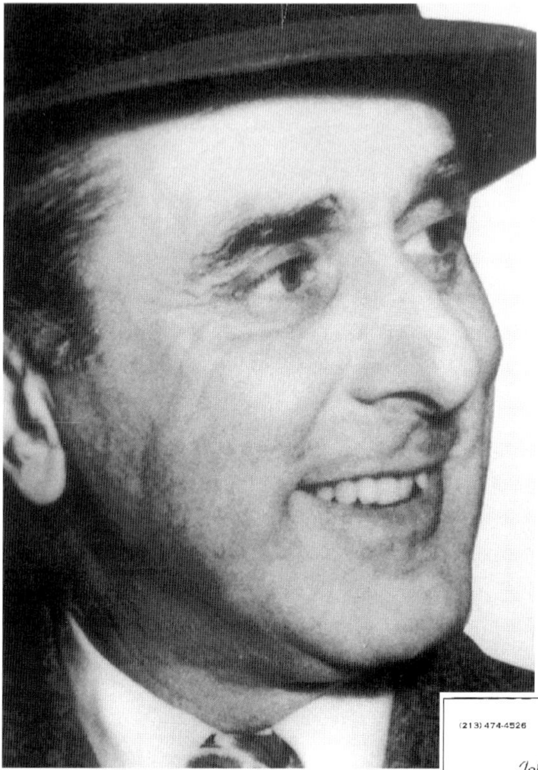

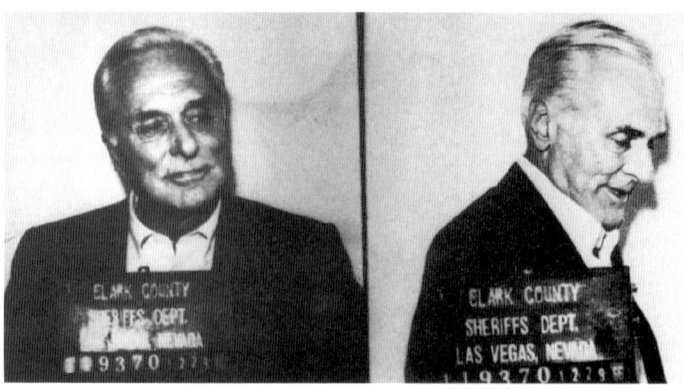

Johnny Rosselli, »Diplomat« der Mafia

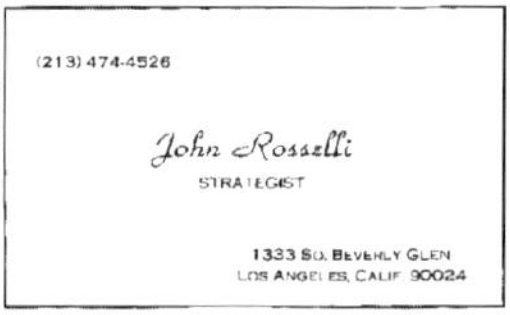

(213) 474-4526
John Rosselli
STRATEGIST
1333 So. Beverly Glen
Los Angeles, Calif. 90024

CLARK COUNTY
SHERIFFS DEPT.
NEVADA
CLARK COUNTY
SHERIFFS DEPT.
LAS VEGAS, NEVADA

Polizeifoto von Johnny Rosselli

UNITED STATES DEPARTMENT OF JUSTICE

FEDERAL BUREAU OF INVESTIGATION
New York, New York
March 21, 1960

C O N <strike>F I D</strike> E N T I A L

Re: ████████████████████████

b7C

Miss Marita Lorenz, 344 West 87th Street,
New York City, telephonically contacted the New
York Office of the Federal Bureau of Investigation
on March 11, 1960 and advised that Captain Yanez
had come to her apartment on the morning of March 11,
1960, and had asked her to accompany him to Mexico.
Miss Lorenz stated that Captain Yanez accused her of
being the cause of his falling out with Fidel Castro,
Prime Minister of Cuba, and because of her, Castro
forced him, Yanez, to divorce his wife in Cuba
and told him to marry Marita Lorenz.

ALL INFORMATION CONTAINED
HEREIN IS UNCLASSIFIED
EXCEPT WHERE SHOWN
OTHERWISE

Concerning Marita Lorenz, it is to be
noted that she resided in Havana, Cuba from the
latter part of February, 1959 until October, 1959
when she returned to New York City.

Miss Lorenz was considered one of the
girl friends of Fidel Castro and, according to
the information furnished by her, she was five months
pregnant by Castro and when this was ascertained, she
had been drugged and an abortion had been performed
on her in Havana, Cuba.

Classified by ████████████
Declassify on: OADR

C O N F I D E N T I A L

1 ██ 7 ██ - 2 3
ENCLOSURE

Aus Maritas FBI-Akte, März 1960

MEMORANDUM FOR: Deputy Director of Central Intelligence

SUBJECT   : MAHEU, Robert A.

1. This memorandum is for <u>information</u> only.

2. In August 1960, Mr. Richard M. Bissell approached Colonel Sheffield Edwards to determine if the Office of Security had assets that may assist in a sensitive mission requiring gangster-type action. The mission target was the liquidation of Fidel Castro.

3. Because of its extreme sensitivity, only a small group was made privy to the project. The DCI was briefed and gave his approval. Colonel J. C. King, Chief, WH Division, was briefed, but all details were deliberately concealed from any of the JMWAVE officials. Certain TSD and Commo personnel partici-pated in the initial planning stages, but were not witting of the purpose of the mission.

4. Robert A. Maheu was contacted, briefed generally on the project, and requested to ascertain if he could develop an en-tree into the gangster elements as the first step toward accom-plishing the desired goal.

5. Mr. Maheu advised that he had met one Johnny Roselli on several occasions while visiting Las Vegas. He only knew him casually through clients, but was given to understand that he was a high-ranking member of the "syndicate" and controlled all of the ice-making machines on the Strip. Maheu reasoned that, if Roselli was in fact a member of the clan, he undoubtedly had connections leading into the Cuban gambling interests.

Interner CIA-Bericht über den Mordversuch an Castro

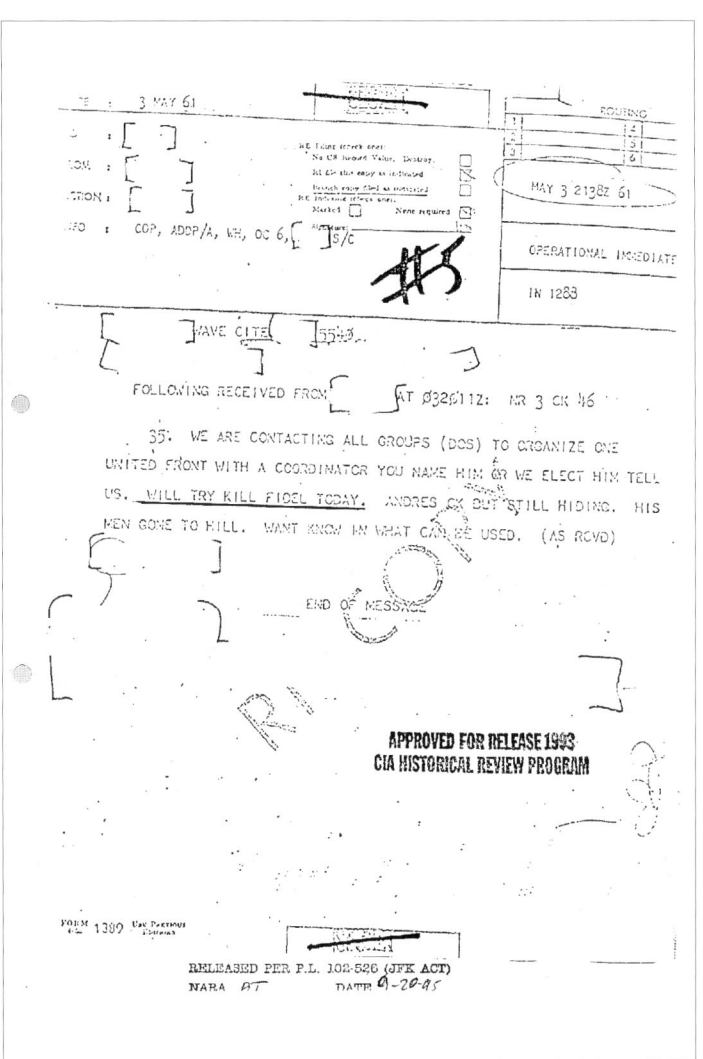

CIA-Post: »Wir versuchen Fidel heute zu töten.«

Frank Nelson (Mitte) mit Schauspieler Montgomery Clift, Havanna 1959

Maritas CIA-Freunde: Frank Nelson und Frank Sturgis (rechts)

Gerry Hemming, 1960: Chef der »Antikommunistischen Penetrationsbrigade«

Gerry Hemming heute *(Foto: Corbes Bettmann/Picture Press)*

Ex-CIA-Agent Bob Maheu mit Wilfried Huismann
(Foto: Ute Langkafel)

Das Gespräch mit Nixon habe den Kurs der Revolution auf fatale Weise verändert. Fidel war beleidigt darüber, dass Präsident Eisenhower lieber Golf spielen ging, als ihn zu empfangen. Er sei zwar nicht von der Regierung nach Washington eingeladen worden, aber er glaubte felsenfest daran, dass er von Eisenhower, der genauso wie er ein »siegreicher Feldherr« war, empfangen werde, sozusagen von Sieger zu Sieger.

Vizepräsident Nixons Ansichten hätten Fidels Laune noch verschlechtert: »Das Gespräch dauerte zwei Stunden und 28 Minuten«, so Pelletier. Fidel habe fast die ganze Zeit alleine geredet. Er schilderte Nixon mit ausladenden Gesten seine Aufbaupläne für Kuba und die Rolle, die die USA dabei spielen sollten. Nixon sei davon offensichtlich gelangweilt gewesen und nur aus Höflichkeit sitzen geblieben.

»Das war schon immer Fidels Fehler«, so Pelletier, »er redet als Einziger und hört niemandem zu. Deswegen weiß er zwar immer, was er selbst denkt, aber nicht, was die anderen denken. Das ist Kubas Unglück.«

Tatsächlich war Vizepräsident Richard Nixon von dem neuen Mann aus Kuba alles andere als angetan und fertigte eine Aktennotiz für die Regierung, die den Beginn eines langen und erbitterten Krieges bedeuten sollte. Darin hielt Nixon fest, dass man mit Castro nicht zusammenarbeiten könne, weil er linksradikale Positionen vertrete und seine Bewegung ganz offensichtlich von den Kommunisten unterwandert sei.

Die öffentliche Meinung der USA hatte sich schon vor Fidel Castros Reise im April gedreht: Die Massenerschießungen von Anhängern der Batista-Diktatur ohne reguläre Prozesse hatten in den Staaten einen psychologischen Schock ausgelöst und die Phase der romantischen Verklärung der Revolution beendet.

Trotz der Kritik an den Menschenrechtsverletzungen

der Bürgerkriegssieger mahnten die außenpolitischen Berater der US-Regierung zu Besonnenheit. Sie sahen in Castro einen radikalen, aber antikommunistischen Nationalisten, dem man helfen sollte, um ihn unter Kontrolle zu behalten.

Doch Richard Nixon setzte im Nationalen Sicherheitsrat sein streng geheimes »Kuba-Projekt« durch, das vorsah, Castros Regime zu stürzen. Zu diesem Zweck richtete die CIA erste geheime Trainingslager ein, in denen Exilkubaner für eine Invasion Kubas ausgebildet wurden. Zum ersten Mal durfte die CIA im eigenen Land operativ tätig werden – und sie tat es gründlich.

Im Dezember 1959 unterzeichnete CIA-Chef Allen Dulles ein Memorandum, das die »Beseitigung« Castros ausdrücklich genehmigte.

Nixon hatte es eilig, denn 1960 war Wahljahr. Er wollte die Schlacht gegen den Kandidaten der Demokratischen Partei, John Fitzgerald Kennedy, mit Hilfe eines Erfolges gegen Castro gewinnen. Doch als Kennedy nach seiner Nominierung von Allen Dulles das übliche CIA-Briefing bekam, erfuhr er von Nixons geheimen Kuba-Plänen.

Sein Wahlkampfteam wurde nervös, fand aber schließlich einen Ausweg: Kennedy griff Nixon in mehreren Reden heftig an, weil der angeblich die »Freiheitskämpfer« in Kuba im Regen stehen ließe.

Nixon konnte nicht zurückschlagen, wenn er die Kuba-Operation nicht gefährden wollte. In seinen 1962 erschienenen Memoiren *Six Crises* erinnert er sich: »Ich durfte kein Wort über das Kuba-Programm sagen. Denn es handelte sich um eine verdeckte Operation. Unter keinen Umständen durfte ich es erwähnen oder auch nur darauf anspielen. Unter Kennedys Attacken und seiner Forderung nach einer ›militanten‹ Politik stand ich da wie ein Kämpfer, dessen Hände auf dem Rücken gefesselt sind.«

Schließlich sagte Nixon öffentlich das Gegenteil von dem, was er eigentlich dachte: Er warf J. F. Kennedy gefährliches Abenteuertum vor, das die Nation an den Rand eines »Dritten Weltkrieges« führen könnte.

Die Vorbereitung der Invasion geriet ins Stocken, während Kennedy bei den Wählern mit seiner Kuba-Politik Punkte machte.

Seinen knappen Wahlsieg verdankte er jedoch Sam Giancana, dem Boss der Chicagoer Mafia, der sich nach einem Gespräch mit Kennedys Vater Joseph dazu entschloss, die Kennedy-Kampagne mit Geld und einer nie gekannten Wählermobilisierung in Chicago zu unterstützen.

Im Gegensatz zu den anderen Mafia-Bossen, die lieber auf den bewährten Nixon setzten, war Giancana überzeugt davon, dass man mit JFK »gute Geschäfte« machen könne.

Was die Kuba-Politik betrifft, sollte Sam Giancana für seine Weitsicht belohnt werden: Nach seinem Sieg übernahm Kennedy nicht nur das Kuba-Projekt seines Gegners Nixon, er brachte es erst richtig in Schwung. Unter der persönlichen Regie seines Bruders Robert Kennedy entstand zur Vorbereitung des »Heiligen Krieges« gegen Castro in Florida eine weit verzweigte und mächtige Geheimarmee aus Agenten, Söldnern und Mafiosi, die die Verfassung der USA und viele Gesetze des Landes missachtete und die ihre Operationen am Ende auch gegen ihren Schöpfer, den Präsidenten selbst, richtete.

Frank Sturgis alias Fiorini

Der Mann, der die CIA aus Havanna mit beunruhigenden Informationen über die »kommunistische Infiltration« der Rebellenarmee Fidel Castros versorgte und gleichzeitig versuchte, Marita Lorenz zu rekrutieren, war der US-Söldner und Geheimagent Frank Sturgis, sein eigentlicher Name war Frank Fiorini.

Fidel Castro nannte ihn nach seiner Enttarnung den »besten und gefährlichsten Agenten, den die CIA jemals hatte«.

Der so Geadelte war schon 1958 in Castros Rebellenarmee infiltriert worden, weil die US-Regierung mehr über die Strukturen, Verbindungen und Ziele der »Bewegung des 26. Juli« erfahren wollte.

Sturgis gewann Castros Vertrauen, nachdem er mit kleinen Flugzeugen in waghalsigen Operationen Waffen in die Rebellengebiete der Sierra Maestra geflogen hatte und danach bei der kämpfenden Truppe blieb. Anfänglich hatte der Söldner Sturgis offensichtlich mit Castros Bewegung sympathisiert, nach ihrem Sieg und ersten zaghaften Annäherungen an die Kommunisten schlug seine Sympathie jedoch in Hass um.

Castro vertraute Frank Sturgis Anfang 1959 zwei wichtige Aufgaben an: Er wurde Chef der Geheimpolizei der Luftwaffe und zusätzlich Inspektor der Spielcasinos – eine besondere Ironie der Geschichte. Denn was Castro nicht wusste: Sturgis war Mitglied der Mafia und pflegte einen engen Umgang mit ihren Bossen, die sich in Havanna die Klinke in die Hand gaben: die Brüder Meyer Lansky, Santo Traficante, Sam Giancana und Johnny Rosselli.

Im Frühjahr 1959, als die Enteignung der Casinos geplant wurde, machte Charlie Tourine, einer der Casinoverwalter, Sturgis den Vorschlag, Castro zu ermorden. Sein Honorar, gestiftet von niemand Geringerem als dem Oberhaupt der jüdischen Mafia, Meyer Lansky, sollte eine Million Dollar betragen.

Im Februar 1959, etwa zu der Zeit, als die *Berlin* auf Reede vor Havanna lag und Fidel Marita kennen lernte, traf sich Sturgis mit dem Leiter der CIA-Station in der US-amerikanischen Botschaft in Havanna. Sturgis berichtete ihm, dass die Kommunisten dabei seien, Castros Armee zu unterwandern. Es sei an der Zeit, den Commandante zu eliminieren.

Bei einer Anhörung durch die Rockefeller-Kommission im Jahre 1975 gab Sturgis unumwunden zu, dass er schon im Februar 1959, wenige Wochen nach dem Sieg der Revolution, mit der Ausarbeitung von Mordplänen beschäftigt war. Sturgis' Aussage im Wortlaut: »Ich wollte ein wichtiges Treffen der Militärführer in Campo Libertad organisieren, über das ich die Kontrolle gehabt hätte. Alle Kommandanten wären mit ihren Jeeps und Autos gekommen, und ich hätte auf den Dächern Scharfschützen stationiert. Fidel, sein Bruder Raúl und die anderen Kommandanten hätten in 30 Sekunden ausgelöscht werden können.«

Die CIA-Station in Havanna leitete den Vorschlag nach Washington weiter und wartete auf die Erlaubnis, die Operation zu starten. Doch noch war in Washington keine Entscheidung gefallen, was mit der unberechenbaren Revolutionsregierung in Havanna zu tun sei.

In dem einzigen Interview, in dem Sturgis sich je über die Rolle äußerte, die er Marita Lorenz bei seinen Mordplänen zugedacht hatte, sagte er im Jahre 1988: »Sie war schön, 19 Jahre alt. Fidel wäre über eine Schlange gekrochen, um sie zu kriegen. Aus geheimdienstlicher Sicht war sie eine ideale Agentin. Und ich war entschlossen, alles zu tun, um diesen Mann zu töten. Ich züchtete sie heran, bis sie bereit war, Castro zu vergiften.«

Mit Schlangenaugen

Ich lernte Frank Fiorini alias Sturgis Ende August 1959 kennen, als ich mit Fidel, seinem Bruder Raúl, Camilo Cienfuegos und anderen in das Luxushotel *Riviera* ging, um bei der Schließung der Spielbank als Übersetzerin zu fungieren. Im *Riviera* war ein sehr angenehmer Gentleman namens Charlie Baron für das Casino verantwortlich.

Raúl Castro befahl seinen Leuten, die Glücksspielautomaten zu beschlagnahmen und die Roulettetische auf den Kopf zu stellen.

Charlie Baron bettelte vergeblich um Nachsicht, doch Raúl war absolut unnachgiebig. Er trieb die Schließung der Casinos voran. Fidel war eigentlich dagegen gewesen, weil er die Tourismusindustrie erhalten wollte, aber er beugte sich dem Druck der Radikalen.

Ich versuchte, die aufgebrachten Casinomitarbeiter zu beruhigen. Auf Englisch versicherte ich ihnen, es handele sich bei unserer Aktion nur um eine »vorübergehende Maßnahme«.

Als ich später in der elegant verspiegelten Lobby stand, sprach mich ein großer Kommandant in perfektem Englisch an und zischelte mir zu: »Fidel macht einen Riesenfehler.«

Ich antwortete nicht, aber ein Frösteln durchfuhr mich. Er hatte harte und kalte Schlangenaugen.

Mir fiel ein, dass dieser Mann mich schon einmal in der Cafeteria des *Havanna Hilton* mit den Worten angesprochen hatte: »Ich kann dir helfen, Marita, ich weiß, wer du bist.«

Dieser Mann, der die Uniform von Fidels Luftwaffe trug, verwirrte mich. Er war offensichtlich Nordamerikaner. Ich mochte seinen Blick nicht.

»Ich weiß gar nicht, wer Sie sind«, antwortete ich. »Ich brauche keine Hilfe.«

Seine eisigen Augen taxierten mich mitleidig von oben bis unten. Ich ging sofort zu Hauptmann »Pupo« und erfuhr den Namen des Amerikaners: Frank Fiorini. Noch abends in meiner Suite konnte ich den Gedanken an diesen Mann nicht loswerden. Irgendetwas beunruhigte mich an ihm. Sollte ich Fidel davon erzählen?

Der Sommer 1959 verging für mich auf angenehme Art: Ich übersetzte, lernte und unternahm einige Ausflüge. Mit Jesús Yanez Pelletier fuhr ich einmal auf die Pinieninsel zu dem riesigen Rundgefängnis, in dem er vor der Revolution Armeesupervisor gewesen war, und ließ zwei Nordamerikaner frei, die dort zu Unrecht, wie ich meinte, gefangen gehalten wurden. Der eine war Jake Meyer Lansky, Bruder des großen Mafia-Bosses, an den Namen des anderen erinnere ich mich nicht mehr.

Ich hatte einen Blankobogen von Fidels Schreibtisch genommen, der schon seine Unterschrift trug, und eingetragen, dass die beiden aus dem Gefängnis zu entlassen seien. Dank dieser Tat glaubte die Mafia fortan, ich sei auf ihrer Seite – ein Umstand, der noch zu einigen Missverständnissen führen sollte.

In Wahrheit ließ ich sie frei, weil sie meiner Ansicht nach nichts wirklich Kriminelles getan hatten und sowieso ausgewiesen worden wären, so wie die anderen Mafiosi auch. Yanez Pelletier hat sie rausgelassen. Ich erklärte ihm einfach, dass er nur Fidels Wunsch ausführe.

Als Fidel von meiner Aktion hörte, war er zuerst wütend. Ich sagte ihm: »Du willst doch keine Amerikaner einsperren, bloß weil sie im Glücksspielgeschäft aktiv waren. Sie haben schließlich niemanden umgebracht. Denk an Papas Worte: Bring die Amerikaner nicht gegen dich auf.«

Er lachte und gab mir Recht. Er hatte nicht einmal gewusst, dass diese Leute eingesperrt worden waren.

Mit Camilo und Pedro Pérez Fonte fuhr ich im Sommer 1959 an den Strand von Varadero, unternahm Ausritte mit Fidel auf seiner Finca und begleitete ihn bei einem Besuch in einer Zuckerfabrik.

Castro zeigte mir sein Land, damit ich die Schwierigkeiten verstehen lernte, mit denen seine Revolution konfrontiert war.

Abtreibung

Wir freuten uns auf unser Kind, schließlich wollten wir es beide. Dann kam es zum schrecklichen 15. Oktober 1959, an dem ich mein Kind verlieren sollte. Fidel war in einer anderen Provinz unterwegs.

Ich hatte mein Essen mit einem Glas Milch auf mein Zimmer im *Habana Libre* bestellt. Alles war wie gewohnt. Selbst der Zimmerkellner war derselbe wie immer.

Die Droge war in der Milch. Ich schmeckte sie nicht, aber ich wurde bald nach dem Austrinken von einer bleiernen Müdigkeit überfallen, ich bewegte mich wie in Zeitlupe, und meine Gedanken verschwammen.

Zwar kämpfte ich gegen das schreckliche Gefühl an, die Kontrolle zu verlieren, aber ich hatte keine Chance. Alles drehte sich um mich, und ich verlor das Bewusstsein. Dann wurde ich in ein Auto getragen.

Auf der Fahrt entlang der Uferstraße Malecón spritzte durch das offene Fenster die Gischt des Atlantiks, und ich kam zwischendurch wieder zu mir. Ich erinnere mich, dass ich in einen weißen Raum gebracht wurde. Ein Arzt, Männer, die sich anschrien, Schmerzen. Jemand hob mich hoch. Ich lag auf einem kalten Tisch aus Metall. In meinem Arm steckte eine Nadel, ich verspürte ein schmerzendes Ziehen. Ich hatte nicht die Kraft, zu reden oder gar zu schreien, doch ich konnte mich selber stöhnen hören. Ich nahm ein grelles Licht wahr, dann wurde ich erneut ohnmächtig.

Erst Tage später war ich wieder bei vollem Bewusstsein. Ich lag in einem anderen Zimmer des *Havanna Hilton*, blutete und war dem Tod nahe. Mein Bauch war flach und leer. Das Baby war weg. So fand mich Camilo Cienfuegos.

»Mein Gott, was ist denn mit dir passiert?«, fragte er voller Schrecken. Er starrte mir ungläubig ins Gesicht und auf meine blutige Uniformhose. Tränen standen ihm in den Augen.

Er holte Handtücher, um die Blutungen zu stoppen, wusch mich, fütterte mich mit einem Löffel und versuchte verzweifelt, Fidel anzurufen. Schließlich gelang es ihm, und ich hörte den Commandante durch die Leitung schreien: »Nein, nein, sag das nicht, wer hat das getan?«

Ich hatte panische Angst. Jedes Mal, wenn Camilo das Zimmer verließ, beruhigte er mich und schloss dann den Raum ab. Wenn er wieder auftauchte, sah er für mich mit seinem langen Bart, dem Cowboyhut und den langen Haaren aus wie Christus. Ich hatte eine Blutvergiftung, hohes Fieber und unkontrollierte Blutungen. Camilo besorgte Antibiotika und brachte einen Arzt mit, der erste Hilfe leistete.

Ich war sehr deprimiert und wollte zu meiner Mutter. Fidels Feinde griffen nach mir. Zwei Tage nach dem Verlust meines Kindes floh Frank Fiorini alias Sturgis aus dem Land. Camilo entschied, mich zur medizinischen Behandlung in die USA zu schicken. Er rief meinen Bruder an, und ich verließ Havanna voller Trauer.

CIA-Märchen

Meine Mutter empfing mich im Beisein von vier Offizieren mit versteinerten Gesichtern in New York. Ohne es zu ahnen, betrat ich in diesem Augenblick die schmutzige Welt der CIA.

Ich hatte mein Herz in Kuba gelassen und fühlte, dass ich zu Fidel gehörte. Ich protestierte lautstark gegen die »Gestapo-Agenten«, die uns in unser Haus in der 87. Straße folgten, und kochte vor Wut, als Mutter mir erklärte, dass zwei dieser Männer in der Wohnung schlafen würden – »zu deinem Schutz«. Ich wollte, dass sie gingen, ich wollte meine Ruhe, und ich wollte Fidel anrufen.

Am nächsten Tag hatte ich wieder Blutungen und wurde in das Roosevelt-Krankenhaus eingeliefert. Dr. Anwar Hanania operierte mich und führte eine Ausschabung durch. Nach seiner Ansicht war es keine Abtreibung gewesen, sondern eine Frühgeburt mit »schlechter postnataler Versorgung«.

Im Hospital bekam ich Besuch von Pedro Pérez Fonte, einem Berater Fidels. Er sprach ganz sanft mit mir und sagte, das Baby – ein Junge – habe überlebt und sei gesund. Fidel habe den Arzt, der die Frühgeburt einleitete, erschießen lassen und möchte, dass ich zurückkomme. Nachdem Fonte mein Zimmer verlassen hatte, wurde er festgenommen. Man beschuldigte ihn, er habe mich »zum Schweigen« bringen wollen. Alles Unsinn. Sie ließen ihn schließlich frei, weil er Diplomatenstatus hatte.

In den Zeitungen verbreitete die CIA gezielt Lügen und Falschinformationen über meine Liebesbeziehung zu Fidel Castro. Meine Mutter veröffentlichte unter ihrem Namen auf Befehl der CIA in der Zeitschrift *Confidential* einen herzzerreißenden Artikel unter der Überschrift »Die schreckliche Geschichte einer amerikanischen Mutter: Fidel Castro vergewaltigte meine minderjährige Tochter.« Die Vergewaltigung wurde im Detail beschrieben: Fidel habe sich nach meiner Ankunft in Kuba eine halbe Stunde ganz normal mit mir unterhalten, bevor er sich auszog und mich aufforderte, mich ebenfalls zu entkleiden. Trotz meines Flehens habe er mir die Kleider vom Leib gerissen. Ich soll ihm das Kreuz an meiner Halskette gezeigt haben, doch er riss es wütend ab und fiel wie eine Bestie über mich her.

Wegen Fidels erheblichem Körpergewicht erlitt ich angeblich einen Bandscheibenvorfall, der mich drei Tage lang ans Bett fesselte.

Außerdem ließ Fidel mich unter Drogen setzen, so dass er mich nehmen konnte, wann immer ihm danach war. Pelletier habe mir wehenfördernde Drogen verabreicht und mir mit vorgehaltener Pistole erklärt, dass ich Kuba auf keinen Fall lebend mit Castros Kind im Bauch verlassen dürfe. Als das Wehenmittel nicht zur gewünschten Fehlgeburt führte, habe Pelletier mir Fausthiebe in den Bauch versetzt.

So weit zum Inhalt des *Confidential*-Artikels, der ganz nach dem Geschmack des amerikanischen Publikums war.

Sobald ich wieder auf den Beinen war, flüchtete ich vor dieser Schmutzkampagne nach Deutschland, um Ruhe zu finden. Aber die CIA war vor mir da: An einem Kiosk entdeckte ich den *stern*. Er hatte die Lügengeschichte aus der Feder der CIA nachgedruckt. Damit war ich ein lebender Beweis für die Brutalität des »roten Diktators« geworden, eine Waffe im psychologischen Krieg der Systeme, die beide die Welt beherrschen wollten.

Fidel wollte nach dem Erscheinen dieses Artikels nicht mehr mit mir reden. Er war sehr beunruhigt über den psychologischen Effekt dieser Geschichte in der US-Öffentlichkeit. Ich schrieb Fidel, aber auch das half nichts.

Trauma Abtreibung

Der Verlust des Kindes war für Marita nach dem Konzentrationslager und der Vergewaltigung das dritte schwere traumatische Erlebnis ihres Lebens. Sie ist noch immer davon überzeugt, dass es in Wirklichkeit keine Abtreibung war, sondern eine erzwungene Frühgeburt, die ihr Sohn Andrés überlebt habe.

Das habe Fidel ihr 1981 gesagt, als sie nach 21 Jahren zum ersten Mal wieder nach Kuba reiste.

Andrés, so habe Fidel ihr versichert, lebe, aber seine Existenz müsse ein Staatsgeheimnis bleiben, um der CIA keine weiteren Angriffspunkte zu liefern.

Selbst wenn es rechnerisch möglich ist, dass das Kind überlebt hat – Marita war nach ihrer Erinnerung im siebten Monat schwanger – fürchte ich, dass sie einer Illusion anhängt.

In ihrer Seemannskiste fand ich einen Brief ihrer Mutter vom 9. Februar 1960 an Senator William J. Fulbright, in dem sie ihn um Hilfe für die weitere medizinische Behandlung Maritas bat. Maritas Mutter schrieb:

»Am 4. Februar 1960 bekam meine Tochter eine heftige Blutung. Mit dem Blut schied sie Knorpelreste aus, einige davon waren gut einen Zoll lang. Ich habe eigenhändig etwa zwölf solcher Knorpelreste aus der Binde geholt und sie zur Untersuchung in die Gynäkologie des Roosevelt-Hospitals gebracht. Die Laboruntersuchung ergab, dass es sich um Teile des Skelettes eines ungeborenen Kindes im Alter von etwa fünfeinhalb Monaten handelte. Marita leidet unter einem Schock und hat schwere Depressionen.«

Sollte Alice June Lorenz auch diesen Brief im Auftrag der CIA formuliert haben, um der Propagandathese, Fidel Castro habe sein und Maritas Kind töten lassen, ein solides Fundament zu geben? Ausgeschlossen ist auch das in der Schein- und Schattenwelt der Geheimdienste nicht.

Dann müsste allerdings auch das Tagebuch des ehemaligen Geschäftsmannes und Geheimagenten Frank Nelson eine systematische Fälschung sein.

Nelsons Tagebuch

Frank Nelson, ein US-amerikanischer Unternehmer, der auf Kuba in die Langustenindustrie investiert und eine persönliche Freundschaft mit dem ehemaligen Diktator Fulgencio Batista gepflegt hatte, bewegte sich im Oktober 1959 noch in Havannas Regierungskreisen. Kurz bevor er als »Konterrevolutionär« enttarnt wurde, verließ er das Land und schloss sich der Gruppe von Castro-Hassern an, die versuchte, Marita für ihre Ziele einzuspannen.

Marita hatte Nelson 1959 nach ihrer Rückkehr aus Havanna kennen gelernt und danach für Jahrzehnte aus den Augen verloren. Kurz vor seinem Tod im Jahre 1988 traf er Marita Lorenz zufällig im Central Park von New York wieder, ein alter und kranker Mann. Marita pflegte ihn die letzten Monate seines Lebens in seinem Luxusapartment direkt am Central Park. Sie hoffte, er würde ihr zum Dank die Wohnung vererben. Doch alles, was er ihr hinterließ, waren 3000 Seiten Erinnerungen. Bevor er starb, sagte er zu Marita: »Wenn ich tot bin, schlag die Wand hinter dem Schrank im Badezimmer ein und du wirst etwas finden. Es kann dich umbringen, aber du darfst es behalten.«

Marita fand im Versteck die Lebensbeichte eines Undercover-Agenten und glühenden Antikommunisten. Sie hat das Nelson-Tagebuch nie gelesen und überlässt es mir zur Lektüre.

Schon das erste Blatt hat es in sich: ein Foto von Anfang 1959, auf dem Frank Nelson direkt neben Fidel Castro zu sehen ist. Unter dem Foto hat er notiert: »Hier stehe ich direkt neben dem Bastard. Leider hatte ich meinen Schraubenzieher nicht dabei, um ihn abzustechen.«

Ich finde in dem ungeordneten Haufen Papier drei Seiten, die sich mit der Abtreibung von Maritas Kind im

Oktober 1959 in Havanna beschäftigen. Nelsons Erinnerungen daran klingen so abenteuerlich, dass man sie im Original lesen sollte:

»Der Doktor, ein Herzspezialist, weigerte sich, den Eingriff durchzuführen, weil sie schon im sechsten Monat schwanger war. Mit seiner vorgehaltenen 45er gelang es Hauptmann Pelletier jedoch, ihn umzustimmen. Der Arzt war nervös und machte seine Arbeit schlecht: Teile des ungeborenen Kindes blieben in Maritas Leib. Nervös und bei dieser Art Operation unerfahren, unterliefen dem Arzt, Dr. Ferrer, grobe Fehler. Marita wurde ins *Havanna Hilton* zurückgebracht, aber nicht in die Luxussuite, sondern in ein kleines Zimmer. Sie lag dort drei Tage ohne Nahrung und ärztliche Versorgung. Wegen ihrer schweren Infektion war sie halb tot. Als der Hotelmanager mitbekam, was geschah, wurde er fast hysterisch. Als Camilo Cienfuegos in die Lobby kam, hielt er ihn auf und bat ihn, Marita zu helfen. Camilo war außer sich und sagte, laut genug, dass es auch andere hören konnten: ›Wenn Marita stirbt, werde ich Fidel umbringen.‹ Er rief einen Arzt und brachte ihr etwas zu trinken und zu essen. Erst drei Tage später kehrte er auf seinen Posten als Chef der Rebellenarmee zurück. Bei seinem letzten Besuch an Maritas Krankenlager sagte Camilo ihr, dass sie in großer Gefahr sei und das Land so schnell wie möglich verlassen solle. Mehr könne er nicht für sie tun. Wenige Tage nach der Abtreibung verschwand Camilo spurlos mit seinem Flugzeug.«

Als Marita diese Aufzeichnungen liest, ist sie erschüttert. Viele Details stimmen mit ihren Erinnerungen überein: Sie lag verlassen und blutend im Bett, Camilo rettete ihr das Leben. Aber dass Fidel Castro hinter dem blutigen Drama stecken soll, glaubt sie auf keinen Fall: »Das hätte er nie getan, es entspricht einfach nicht seinem Stil.«

Selbst der »Staatsfeind« Jesús Yanez Pelletier, den ich in Havanna befrage, nimmt Fidel Castro in Schutz. Er bestätigt die Erinnerungen des Agenten Nelson zumindest so weit, dass er zugibt, Marita zu einem Arzt gefahren zu haben, damit dieser eine Abtreibung vornehme. Der Arzt, dessen Namen er nicht nennen möchte, sei ein »gemeinsamer Freund« von ihm und Castro gewesen.

Er habe die Abtreibung ohne weitere Komplikationen auf Wunsch von Marita selbst durchgeführt. Niemand habe sie dazu gezwungen. Marita sei nach der Abtreibung vollkommen »normal« gewesen und habe auch nicht bedrückt gewirkt. Möglicherweise habe Marita aus Enttäuschung abgetrieben, denn Fidel habe im Spätsommer genug von ihr gehabt und sie loswerden wollen. Ihre ewige Eifersucht war ihm lästig geworden, und er hatte angeordnet, sie in ein zweitklassiges Hotel, das *Colina* zu verlegen. Fidel wollte, so Yanez, ein »neues Spielzeug«.

Fidel wäre sicherlich gegen die Abtreibung gewesen, hätte man ihn dazu befragt. Als von sich selbst überzeugter Macho wäre er auf jedes von ihm gezeugte Kind stolz gewesen, selbst wenn die Mutter CIA-Agentin gewesen wäre. Aber er, Yanez Pelletier, habe mit Fidel nie über die Abtreibung gesprochen.

Marita sei im dritten, höchstens im vierten Monat schwanger gewesen, als sie sich entschloss abzutreiben.

Ich spüre, dass der alte Mann nur mit Widerwillen über dieses Thema spricht, und auch, dass er nicht die ganze Wahrheit sagt. Vielleicht trügt ihn auch nur die Erinnerung.

Als ich Yanez Pelletier aus dem *Confidential*-Artikel von Maritas Mutter vorlese, wonach er die Abtreibung mit Tritten in Maritas Bauch beschleunigt haben soll, bricht er in Lachen aus: »Was für ein Roman. Ich würde Marita gerne noch einmal wieder treffen und mit ihr darüber reden. Ich verstehe nicht, warum sie so etwas zulassen konnte. Wir waren nämlich gute Freunde.«

Trotz langer Recherchen habe ich nicht herausbekommen, was wirklich mit Maritas Kind geschehen ist. Möglicherweise liegt die Aufklärung des Geheimnisses in den Archiven der kubanischen Staatssicherheit, oder Frank Sturgis hat die Antwort mit ins Grab genommen.

Er hätte durchaus die Macht und die Kontakte gehabt, um Marita aus dem goldenen Käfig des *Habana Libre* herauszuholen und ihr das Kind wegzunehmen. Das würde zu seinem Stil passen, neue Agenten zu »rekrutieren«.

3. Todesengel der CIA

Ich wurde nach und nach mit den Führern der exil-kubanischen Organisationen und den verschiedenen gegen Kuba eingesetzten Agenten bekannt gemacht: Manuel Artime, Frank Nelson, Rolando Masferrer, Manolo Ray und andere. Ich fühlte mich schwach, hilflos und litt an Depressionen.

Ich dachte in diesen Wochen oft an meine Vergewaltigung durch den amerikanischen Sergeant Coyne in Bremerhaven zurück, als ich sieben Jahre alt war. Auch jetzt fühlte ich mich auf gewisse Weise missbraucht. Sie benutzten mich für ihre schmutzige Politik.

Ich hielt durch – machte das Spiel mit und kapselte mich ab, so wie damals nach dem schlimmen Erlebnis. Ich lächelte nicht mehr, zeigte keinerlei Gefühle, und so wusste niemand, was ich wirklich dachte.

Die Agenten redeten beständig auf mich ein: Fidel habe meinen Körper und meine Seele misshandelt; wie glücklich ich mich schätzen könne, aus Castros Hölle gerettet worden zu sein. Ich hätte jetzt die Chance, die Ehre meiner Eltern wiederherzustellen und zu beweisen, dass ich meines neuen Vaterlandes würdig sei.

Eines Nachts erhielt ich ein Telegramm. Meine Wachen

waren Essen gegangen, und meine Mutter war auch nicht zu Hause, weil sie wieder zu einer CIA-Mission ins Ausland aufgebrochen war. Ich war alleine, als das Schreiben abgeliefert wurde. Es kam aus Havanna. Das Herz schlug mir wild vor Aufregung bis zum Hals.

Darin wurde ich aufgefordert, eine bestimmte Nummer in Havanna anzurufen. Doch ich wollte es nicht von zu Hause aus machen, denn unser Anschluss wurde mit Sicherheit abgehört. So rannte ich die Treppen hinunter zu einer Telefonzelle und hatte der Auslandsvermittlung gerade die Nummer durchgegeben, als ich eilige Schritte hörte. Ich achtete nicht weiter darauf, da ich mir schon Fidels Stimme vorstellte, seine ersten Worte. Plötzlich zischte etwas über meinen Kopf. Ich stand wie erstarrt in einer Wolke aus Glassplittern. Mir wurde klar, dass jemand auf mich schoss.

Ich warf mich auf den Boden, als ein zweiter Schuss fiel. Dann kroch ich aus der Telefonzelle heraus, rutschte aus, landete im Schnee. Vor Angst war ich wie gelähmt, konnte nicht einmal schreien. Die Glassplitter hatten mich im Gesicht verletzt, und das Blut strömte mir nun in die Augen. Ich sah einen dunkel gekleideten Menschen am Riverside Drive verschwinden.

Ich fühlte keine Schmerzen, nur Angst und eine schreckliche Kälte. Ich schaffte es irgendwie, zwei Häuserblocks in Richtung Broadway zu rennen. Da waren Licht, Menschen, Autos und Hilfe.

Es war eine eindeutige Warnung. Ich war ungehorsam gewesen, und das war die Strafe. Schließlich gelangte ich in unser Apartment und wusch mir schnell das Blut ab.

Meine Bewacher waren nicht da, weil sie sich auf die Suche nach mir gemacht hatten, als sie feststellten, dass ich verschwunden war. Als sie zurückkamen, waren sie wütend auf mich: »Warum hast du nicht auf uns gewartet, wir sind hier, um dich zu beschützen.«

Ich erzählte ihnen, dass ich nur im Schnee gespielt hätte, aber dann fanden sie meine blutverschmierten Sachen im Badezimmer, und ich erzählte ihnen, was passiert war. Sie griffen zum Telefonhörer und lieferten voller Panik ihren Bericht ab.

Als plötzlich Frank Sturgis im Raum stand, fragte ich: »Was zum Teufel willst du denn hier?«

Er antwortete kühl: »Ich arbeite mit ihnen zusammen, mit Alex, Manuel und den anderen, allerdings in Florida.«

Ich sah in seine harten Schlangenaugen, und mir wurde ganz kalt ums Herz. Hatte er etwas mit meiner Frühgeburt in Havanna zu tun? Er stellte keine einzige Frage nach meinem Baby – das war schon seltsam. Er sagte nur: »Willkommen an Bord.«

Sein brutaler Händedruck fühlte sich an wie eine Drohung.

Die Revolutionsguillotine

Jesús Yanez Pelletier blieb auch nach Maritas Rückkehr nach New York für das »Problem« zuständig. Als ihr Schicksal von der CIA zu einer Propagandaschlacht gegen Kuba benutzt wurde, habe Fidel ihn nach New York geschickt, um der Kampagne ein Ende zu bereiten. Er habe Marita und ihre Mutter in New York getroffen und Fidels Geliebte gebeten, nach Havanna zurückzukehren. Doch sie habe sich geweigert.

Ich zeige Yanez ein inzwischen deklassifiziertes FBI-Dokument, in dem es heißt: »Marita Lorenz informiert S. A. Frank O'Brien, dass Yanez Pelletier, Castros Adjutant, am 18. Dezember 1959 in New York eingetroffen sei. Er sammle geheimdienstliche Informationen. Sie sei mit ihm gestern Abend in das *Barraca*-Restaurant ausgegangen.«

Eine weitere, streng vertrauliche Aktennotiz des FBI

vom 21. März 1960 hält einen Anruf Maritas beim FBI fest, in dem sie berichtete, dass Yanez Pelletier am 21. März 1960 erneut nach New York gekommen sei und sie in ihrer Wohnung aufgesucht habe, um sie mit nach Mexiko zu nehmen.

Weiter heißt es: »Frau Lorenz behauptet, dass Hauptmann Yanez ihr vorgeworfen habe, schuld an seinem Zerwürfnis mit Fidel Castro zu sein. Castro habe ihn, Yanez, dazu gezwungen, sich von seiner Frau in Kuba scheiden zu lassen, damit er Marita heiraten und die ganze Verantwortung auf sich nehmen könne.«

Yanez Pelletier schüttelt verwundert den Kopf: »Ich hatte nicht die leiseste Idee, dass sie damals schon für das FBI gearbeitet hat.«

Yanez Pelletier selbst wurde nach seiner Rückkehr im April 1960 in Havanna verhaftet. Fidel Castro hatte sich entschlossen, mit der Sowjetunion zusammenzuarbeiten. Eine der Bedingungen Chruschtschows für die umfangreiche Wirtschaftshilfe war die Beteiligung der Kommunistischen Partei Kubas an der Macht. Außerdem forderte er die Entfernung aller Mitarbeiter Castros, die nicht für die russische Lebensart zu begeistern waren.

Jesús Yanez Pelletier widersprach dem neuen Kurs: «Damals konnte man mit Fidel über alles offen diskutieren. Er hörte sich unsere Meinungen an, und keiner hatte Angst vor ihm.«

Für ihn sei die Partnerschaft mit der Sowjetunion eine strategische Sackgasse gewesen, die Kuba zum Spielball der Supermächte machen würde. Doch sehr zu seiner Verblüffung besprach Fidel sich nicht mehr mit ihm. Er ließ ihn verhaften. Ein Revolutionstribunal verurteilte ihn ohne Anhörung und ohne regulären Prozess wegen »Veruntreuung von Geldern« und »Pro-Amerikanismus«.

Fidel habe durch seinen Pakt mit den Kommunisten die Ideale der Revolution verraten. Die Kommunisten halfen ihm dabei, die alten Führer der »Bewegung des 26. Juli« auszuschalten und das Land seiner persönlichen Diktatur zu unterwerfen.

Als Fidels Freunde und Kampfgefährten die Wandlung in seiner Persönlichkeit bemerkt hätten, sei es bereits zu spät gewesen. Die Revolutionsguillotine arbeitete auf vollen Touren, und die Gefängnisse des Landes füllten sich mit den Veteranen der Revolution. Freundschaften, so Yanez Pelletier, zählten bei Fidel nicht. »Jeder, der ihm im Weg stand, wurde liquidiert, egal, wer es war.«

Ich frage Yanez Pelletier, ob nicht auch die USA eine Mitschuld für den kalten Staatsstreich der Gebrüder Castro trügen. Er antwortet: »Wenn die kubanische Regierung damals eine Zusammenabeit mit den USA gewollt hätte, wäre das zwar schwierig, aber durchaus möglich gewesen.«

Der Kampf gegen den »US-Imperialismus« sei für Fidel der ideale Vorwand gewesen, um die Freiheit im eigenen Lande zu ersticken und das ganze Land zu militarisieren.

Außenpolitisch gingen beide Seiten – die US-Regierung und Fidel Castro – Mitte 1959 auf einen verhängnisvollen Konfrontationskurs. Damit begann ein nie erklärter und schmutziger Krieg, in dessen Räderwerk Marita Lorenz wider Willen geriet.

Gehirnwäsche

Mein Herz und meine Loyalität waren gespalten. Ich sehnte mich nach Fidel, andererseits begann ich meinen Betreuern zu glauben, dass er in Wirklichkeit ein teuflischer Mensch sei, der mich nur benutzt hatte.

Alex Rorke, ein FBI-Agent, übernahm bei den tagelangen Gesprächen die Rolle des »Guten«. Er hörte mir geduldig zu und tröstete mich. Er wurde mein »großer Bruder« und nahm mich sogar mit zu katholischen Gottesdiensten.

Rorke war im Gegensatz zur mir sehr gläubig. Er sagte, der Tod Castros sei Gottes Wille. Ihn zu töten sei deshalb keine Sünde. Der Commandante sei die Inkarnation des Bösen, und wenn man ihn gewähren ließe, würde er erst die Militärbasis Guantánamo, dann Honduras, Guatemala, Belize und schließlich Mexiko einnehmen. Von da aus würde er die Tentakel seiner Revolution in alle Richtungen ausstrecken. Von Ciudad Juárez im Norden Mexikos sei es für Castros Revolutionshorden nur noch ein Katzensprung bis Texas und Arizona.

Die Agenten glaubten tatsächlich daran, dass Fidel die größte Gefahr für Nordamerika seit Pearl Harbor darstelle und dass allein seine Ermordung die westliche Zivilisation vor dem Untergang retten könne.

Meine geschwisterliche Beziehung zu Alex Rorke war rein und ernsthaft. Ich weinte und redete. Er verstand und beschützte mich. Im Herzen war er ein kleiner, anständiger Junge geblieben. Jahre später haben CIA-Kontraktagenten auch ihn ermordet. Er flog am 1. Oktober 1963 mit seiner Cessna nach Kuba zu einem Aufklärungsflug, auf dem er spurlos verschwand. In den USA heißt es bis heute, die kubanische Luftwaffe habe ihn abgeschossen. Aber das stimmt nicht. Ich weiß von Sturgis, dass exilkubanische Terroristen an seinem Flugzeug eine Plastikbombe angebracht hatten. Der Grund: Sie vertrauten ihm nicht mehr, denn er war nicht nur mit der Kennedy-Familie befreundet, sondern – schlimmer noch – er hatte einige der Übungen der Sabotageeinheiten in den Everglades fotografiert. Auf einem der Fotos war auch Lee Harvey Oswald, der später John F. Kennedy ermordete, zu erkennen. Das war Alex' Todesurteil.

Aber im Frühjahr 1960 wollte Alex mich überzeugen,

Fidel zu töten. Er zeigte mir die Diagnose eines Arztes, in der es hieß, ich könne nach der brutalen Abtreibung in Havanna nie wieder ein Kind bekommen, ich sei also steril. Später erst wurde mir bewusst, dass dies einer der vielen gefälschten »Beweise« war, mit denen sie mich auf ihre Seite ziehen wollten.

Sie brachten mich dazu, Fidel zu hassen, da sie auf mich überzeugend wirkten. In Wirklichkeit waren sie grausam. Sie zeigten mir zum Beispiel das Foto eines verstümmelten neugeborenen Jungen, der auf einem Bettlaken in seinem Blut lag. Man sagte mir, dass ein Agent im Umfeld Castros dieses Foto in Havanna gemacht habe: »Sieh es dir genau an, erkennst du den Bettbezug?«

Das Bettzeug hatte tatsächlich genau das gleiche Muster wie dasjenige von Fidel und mir im *Havanna Hilton*. Sie sprachen mir ihr Beileid aus. Sie trösteten mich, weil der »kommunistische Bastard« mir so etwas angetan hatte, und fügten hinzu: »Es ist Zeit, es ihm heimzuzahlen!«

Ich blieb stumm. Sie wirkten sehr überzeugend, und doch blieben mir Zweifel. Ich nahm mir vor, die Wahrheit über mein Kind mit Fidel selbst herauszufinden. Manchmal glaubte ich zum Beispiel, dass Celia Sánchez dahinter stecken könnte, weil sie eifersüchtig auf mich gewesen war. Aber ich war mir nicht sicher.

Die Gehirnwäsche ging wochenlang weiter, nur unterbrochen von einem sechswöchigen Aufenthalt in Deutschland. Papa, der über die Ereignisse sehr schockiert war, wollte, dass ich von den besten Ärzten in Deutschland untersucht wurde. Aber jeden Tag, den ich in Bremerhaven verbrachte, erhielt ich einen Brief von Alex Rorke, der mich über den Stand der Anti-Castro-Aktivitäten auf dem Laufenden hielt.

Zurück in New York, ging die Gehirnwäsche weiter. Ich war hin- und hergerissen. Ich spielte mit, auch weil ich herauskriegen wollte, was sie wirklich vorhatten.

Doch tief in meinem Herzen liebte ich Fidel immer noch. Ich würde ihn warnen. Ich wollte ihn retten.

Sie nahmen mich mit nach Miami und ließen mich ein militärisches Ausbildungsprogramm durchlaufen. Also zog ich einen schwarzen Trainingsanzug an, bekam eine 38er und neue Ausweispapiere. Ich wachte in einer reinen Männerwelt auf, vergaß meine Identität und fing an, wie ein Undercover-Agent zu denken, zu fühlen, zu essen und zu schlafen. Ich nächtigte in Autos auf einer Ladung von Dynamit oder auf einem Haufen gestohlener Gewehre. Ich zwang mich dazu, alles mitzumachen, und legte jedes mädchenhafte Verhalten ab. Ich war auf einer Mission. Wurde extremen Belastungstests unterworfen. Sie bereiteten mich auf meinen Einsatz vor.

In Florida übten Hunderte von Exilkubanern mit US-Söldnern für die geplante Invasion Kubas. Aber ihnen schwante, dass sie in Kuba nicht als Befreier begrüßt werden würden. Das Volk liebte Fidel. Deswegen wollten die Amerikaner ihn zu Beginn der Invasion ermorden. Zu diesem Zweck wurde eine absolut geheime Attentatseinheit unter dem Kommando von Frank Sturgis gebildet – die »Operation 40«.

Nach einem Bluteid wurde ich in diese Einheit aufgenommen. Frank Sturgis sagte immer zu mir: »Nur du kannst es tun, nur wenn du es tust, können wir den Krieg verhindern. Marita, du gehst einfach zurück zu ihm, tust eine Pille in seinen Milchshake, und dann gehst du wieder. Er wird einfach einschlafen und nichts merken.«

Frank Sturgis war die Endphase meiner Indoktrinierung.

Arm in Arm mit der Mafia

»In Gesprächen mit Freunden sagte Sam Giancana jetzt, dass Fidel Castro in Kürze beseitigt werde. Er gab an, dass er den Mörder schon dreimal getroffen habe. Alles sei vorbereitet, und die als ›Mörder‹ bezeichnete Person habe mit einem nicht weiter bezeichneten Mädchen arrangiert, dass es eine Pille in ein Getränk oder in das Essen von Castro werfen werde.« (Aus einem Memorandum von J. Edgar Hoover, Direktor des FBI, an Richard Bissell, stellvertretender Planungschef der CIA, 1960.)

Am 14. September 1960 findet im *Hilton-Plaza* am Central Park in New York ein denkwürdiges Treffen statt. Die CIA hat den »Diplomaten« der Mafia, John Rosselli, eingeladen, um mit ihm die Möglichkeiten einer Zusammenarbeit bei der Ermordung Fidel Castros zu besprechen.

Für die CIA nehmen an dem Gespräch teil: James O'Connell, der stellvertretende Leiter der Operationsabteilung, und Robert (Bob) Maheu, Privatdetektiv und Vertrauensmann der CIA bei allen »dirty trick«-Operationen. Er hatte im Auftrag der Regierung den Kontakt zur Mafia hergestellt.

Heute ist Maheu 84 Jahre alt und lebt in Las Vegas. Ein Fossil des Kalten Krieges. Bei unserem Treffen bestätigt er das Bündnis der US-Regierung mit dem organisierten Verbrechen. Die CIA habe die Hilfe der Mafia gesucht, weil diese in Havanna nach wie vor über wichtige Kontakte verfügte.

Die Mafia ging auf den Deal ein, weil sie sich Hoffnungen machte, bei einem Sturz Castros die Spielcasinos zurückzubekommen. Immerhin hatte sie damit jährlich 100 Millionen Dollar eingenommen. Außerdem erhoffte sich die Mafia durch das Kooperationsangebot der Regierung eine Verminderung des Verfolgungsdruckes durch das Justizministerium.

Bob Maheu hatte Angst vor dem Auftrag: »Als ich gefragt wurde, diesen Auftrag zu übernehmen, erbat ich mir Bedenkzeit. Ich legte ruhige Musik auf, nahm einen Drink und dachte nach. Ich machte mir Sorgen um mich und meine Familie. Was passiert, wenn die Mafia die Regierung eines Tages mit dieser Geschichte erpresst?, dachte ich wiederholt. Dann müsste ich schwören, dass es diese Kontakte niemals gegeben hat und dass die Mafia lügt. Dann aber hätte ich die Mafia im Nacken.«

Schließlich habe bei ihm das Verantwortungsgefühl gesiegt, und er habe den Auftrag angenommen. Johnny Rosselli habe ihm beim ersten Treffen im *Brown Derby* in Beverly Hills zunächst nicht geglaubt und das Angebot für einen Scherz gehalten. Als ihm klar wurde, wie ernst es der Regierung war, stimmte er zu. Allerdings müsse er noch jemand »weiter oben« fragen.

Geld akzeptierte Rosselli jedoch nicht. O'Connell von der operativen Abteilung hatte ihm 50 000 Dollar angeboten. Nach Bob Maheus Erinnerung sagte Rosselli dazu, wenn er Castro beseitigte, dann aus patriotischen Gründen und nicht für Geld.

Beim nächsten Treffen in Miami sei dann ein Mann dabei gewesen, den John Rosselli als »John Gold« vorstellte. In Wirklichkeit handelte es sich um Sam Giancana, den mächtigen Nachfolger von Al Capone in Chicago.

Bei mehreren Treffen im *Fontainebleau* in Miami Beach sei der Attentatsplan ausgearbeitet worden. Die Partner seien sich dabei auch »menschlich« näher gekommen.

Die CIA schlug einen bewaffneten Hinterhalt vor, bei dem Castro, sein Bruder und andere Führungskader erschossen werden sollten, eine Art »Paketlösung«. Doch der Mafia sei das zu gefährlich gewesen. Die Attentäter hätten bei diesem Szenarium keine Chance, unerkannt zu entkommen.

Rosselli bevorzugte etwas »Sauberes und Nettes«. Die

Mafia habe jemanden an der Hand, der Castro vergiften könne. O'Connell antwortete, die CIA habe in ihrem Labor (das CIA-Chef Allen Dulles scherzhaft »Abteilung für gesundheitliche Veränderungen« nannte) neuartige Giftkapseln mit einem Lähmungsgift auf Botulinum-Basis entwickelt und erfolgreich an Meerschweinchen getestet.

Bob Maheu kommt nun zum Ende seiner Version der Geschichte, die im Übrigen 1975 durch einen internen Untersuchungsausschuss über illegale Operationen der CIA bestätigt worden ist: Die »Regierung« habe die Pillen produziert und ihm persönlich übergeben. Er sei mit zwei Giftkapseln in der Hosentasche nach Miami geflogen, um sie John Rosselli im Hotel *Fontainebleau* zu übergeben.

Wer den Mord ausführen sollte, habe er damals nicht erfahren. Erst Jahre später habe er gehört, dass Marita Lorenz die auserkorene Attentäterin gewesen sei.

Ich frage Bob Maheu, ob er es jemals bereut habe, an einem Mordvesuch gegen einen ausländischen Staatsmann beteiligt gewesen zu sein.

Er zögert keine Sekunde: »Ich bereue nichts. Wenn wir im Zweiten Weltkrieg die Chance gehabt hätten, Hitler in seinem Bunker zu erschießen, hätten wir es auch getan. Mit Castro ist es das Gleiche. Wir hätten dem kubanischen Volk viel Leid erspart.«

Immerhin kann Maheu nicht verhehlen, dass er Fidel Castro auch ein bisschen bewundert. Schließlich habe er Dutzende von Attentaten und zehn US-Präsidenten überlebt: »Ein zäher Bursche, dieser Castro.«

Das Attentat

Die Instrukteure versprachen mir zwei Millionen Dollar auf ein Schweizer Konto, sollte ich Fidel tatsächlich ermorden. In ihren Akten stand, dass ich gemeinsam mit meiner Mutter als Kind das Konzentrationslager Bergen-Belsen überlebt hatte. Sie redeten auf mich ein: »Du bist durch diese Erlebnisse stark geworden, du kannst alles aushalten und wirst wie deine Mutter eine Heldin werden.«

Nach monatelangen Vorbereitungen und Gesprächen waren sie überzeugt, dass ich jetzt ihr Roboter sei. Ich war eine von ihnen. Alles war jetzt auf meine Mission ausgerichtet. Sie waren von mir abhängig und behandelten mich mit Hochachtung. Mir blieben noch drei Tage, um mich innerlich vorzubereiten, und ich redete mir ein: »Ja, ich werde es tun, Fidel hat es verdient. Er hat mich verlassen. Er hat mir mein Kind weggenommen. Jetzt kommt die Abrechnung.«

Mir schwirrte der Kopf. Könnte ich doch jetzt mit meiner Mutter oder Papa reden! Die letzten Nächte verbrachte ich schlaflos. Ich sah Fidels Gesicht vor mir, dann wieder träumte ich von dem gigantischen Empfang, den man mir in Miami bereiten würde, sollte ich nach geglückter Durchführung meines Auftrages zurückkehren.

Es stand in meiner Macht, den Lauf der Geschichte zu verändern! Ich fand keinen Ausweg. Ich steckte zu tief in der Sache drin. Eine entsetzliche Furcht überkam mich, und ich dachte: Komme was wolle, wenn ich erst einmal dort bin, wird sich schon eine Lösung finden.

Ich hatte ein Herz wie ein Donut, mit einem großen Loch mittendrin. Meine Instrukteure wiesen mich an, in Kuba bei Celia Sánchez anzurufen. »Lass sie wissen, dass du kommst. Das ist unverdächtiger.«

Eines Tages im Frühjahr 1960 war es schließlich soweit, und ich saß in der Linienmaschine der *Cubana*, die immer noch täglich von Miami nach Havanna flog. Jetzt war ich ganz auf mich alleine gestellt, hinter mir eine unsichtbare Armee.

Ich konzentrierte mich auf meine Rolle als Touristin, die wie die anderen Passagiere im Flugzeug einen Trip nach Kuba machte. Von meinem Fenster aus konnte ich, kurz bevor die Maschine startete, das Gesicht von Alex Rorke erkennen. Obwohl er lächelte, konnte man ihm ansehen, dass er besorgt war. Er winkte mir zu, als wollte er sagen: Für Gott und Vaterland.

Sobald das Flugzeug in der Luft war, überkam mich die Furcht, dass ich schon bei der Einreise in Havanna entdeckt werden könnte. Ich fingerte die Todespillen aus der speziell dafür eingenähten Hosentasche, nahm meinen Kosmetikkoffer und ging auf die Bordtoilette. Wo konnte ich die Pillen verstecken? In der Kamera, in den Socken, im Radio? Nein!

Die Zeit bis Havanna wurde knapp. Ich schwitzte vor Angst. Kurz entschlossen wickelte ich die Todespillen in Toilettenpapier ein und drückte sie in meinen Tiegel mit Gesichtscreme. Der Effekt war, dass sie feucht wurden und sich langsam auflösten. Aber das merkte ich erst in Havanna.

Aus dem Fenster konnte ich beim Landeanflug die wunderschöne Küste der »Perle der Antillen« erkennen: Der weiße, weite Strand wurde von den anstürmenden aquamarinfarbenen Wellen überspült. Mir kamen bei diesem Anblick die Tränen. Mein Gott, ich konnte es nicht tun. Ich hatte meine Beruhigungstabletten an diesem Tag nicht eingenommen. Ich wollte einen klaren Kopf behalten.

Ich checkte im Hotel *Colina* ein, duschte und zog die Uniform der Rebellenarmee an. Da ich noch ein wenig

Zeit hatte, legte ich mich auf das Bett. Ich starrte den Ventilator an und versuchte meine Gedanken zu kontrollieren. Eine panische Angst überkam mich.

Von der Straße hörte ich die Rufe eines Zeitungsverkäufers. Junge Menschen standen in Gruppen auf dem Bürgersteig und diskutierten über Fidel und die Aufgaben der Revolution. Eines war sicher: Er wurde geliebt, und jeder hier beschäftigte sich mit ihm. Ich kämpfte mit mir selbst, aber egal, was ich tun würde, ich stand als Verliererin des Kommandos fest.

Ich weinte und krallte die Finger ins Kopfkissen. Wer hatte mir im Oktober 1959 nur die Pille in die Milch getan? Ich war wütend auf mich selbst, weil ich nicht in der Lage gewesen war, mein Kind zu retten, und redete mir ein, jemand müsse dafür mit dem Leben bezahlen.

Tief in meinem Herzen glaubte ich immer noch nicht, dass Fidel der Schuldige war. Es war nicht seine Art, meinen Tod und den seines Kindes auch nur in Betracht zu ziehen. Ich sprang vom Bett auf, weil ich Fidel sofort sehen wollte. Ich wollte ihn zur Rede stellen.

Dann schoss mir ein ganz anderer Gedanke durch den Kopf: Was, wenn ich ihn in seiner Suite mit einer anderen Frau antreffe? Wahrscheinlich hätte ich in einem Anfall blinder Eifersucht beide erschossen – und mich noch dazu. Das hätte der CIA sicher gut gefallen, sozusagen eine Paketlösung, ein Mord aus Eifersucht, ohne politische Motive und vor allem ohne Zeugen.

Fidel kam alleine in seine Suite, in der ich schon eine Weile auf ihn gewartet hatte. Wenige Minuten vorher hatte ich die Todespillen aus meiner Cremedose genommen und ins Bidet geworfen. Sie waren durch die Feuchtigkeit sowieso zu einer breiigen Masse geworden. Ich spülte sie hinunter und dachte mir dabei: »Soll doch die Geschichte ihren Lauf nehmen. Es ist nicht mein Krieg.«

Als Fidel hereinkam, waren seine ersten Worte: »Was

machst du denn hier, bist du etwa gekommen, um mich umzubringen?«

Ich sagte: »Ja, mein Lieber, so ist es.«

Offensichtlich wusste er Bescheid. Seine Agenten der Staatssicherheit hatten zu der Zeit bereits die wichtigsten Exilorganisationen unterwandert. Ihm blieb nichts verborgen.

»Niemand kann mich töten«

Castro lag angezogen auf dem Bett, die Zigarre im Mund, die Augen vor Erschöpfung geschlossen. Ich stellte mich vor ihn, Tränen flossen mir über die Wangen.

Als er es bemerkte, nahm er seinen Revolver, den er wie üblich im Gürtel über die Lampe gehängt hatte. Mit geschlossenen Augen reichte er ihn mir: »Na mach schon, erschieß mich.«

Ich hielt die geladene Waffe, eine blauschwarze 45er mit Perlmuttgriff, auf ihn gerichtet. Er wurde nicht einmal nervös, und es kränkte mich, dass er mir nicht die geringste Aufmerksamkeit schenkte. Er sagte noch: »Du kannst mich nicht töten – niemand kann es«, dann schlief er ein.

Als er nach kurzem, unruhigem Schlaf wieder zu sich kam, schwor er mir, dass er mit der erzwungenen Frühgeburt nichts zu tun gehabt habe. Den Arzt habe er erschießen lassen, und das Kind, Andrés, habe die Frühgeburt überlebt. Das müsse aber ein Geheimnis zwischen uns bleiben. Er wollte nicht, dass die CIA unser Kind für ihren Propagandakrieg missbrauchte. Ich war völlig aufgewühlt und wollte ihm gerne glauben.

Der Zimmerservice hatte uns Kaffee und Getränke gebracht. Fidel trank seine Cola und machte mir einen *café con leche*. Nachdem er sein Glas abgestellt hatte, klopfte er auf das Bett. Ich ging zum Fußende, griff nach seinen

Stiefeln und zog sie ihm aus. Immer noch trug er verschiedene Socken, eine braune und eine schwarze.

Irgendwann lagen wir nebeneinander und umarmten uns. Als wir uns kurz darauf liebten, fiel mir ein, dass ich ja eigentlich hier war, um ihn zu töten. Welch ein Irrsinn! Das wäre pure Talentverschwendung gewesen! All diese Träume und Pläne, die er für Kuba hatte.

Als ich hinterher zum Bidet ging, entdeckte ich, dass die beiden breiigen Pillen immer noch darin lagen und auf dem Wasser schwammen. Ich spülte wieder und wieder, aber sie wollten nicht verschwinden. Schließlich nahm ich sie heraus und zerdrückte sie ganz. Endlich waren sie weg.

Fidel sagte mir, ich könne in Kuba bleiben, denn Andrés würde das Land auf keinen Fall verlassen dürfen. Ich solle einen Kubaner heiraten und studieren. Ich war hin- und hergerissen: Bleibe ich, gehe ich? Ich wusste, dass die Agenten der CIA überall waren, auch hier in Kuba. Ich wäre meines Lebens nicht mehr sicher, sollte ich nicht zurückkehren.

Fidel musste aufbrechen, weil er an jenem Abend eine Fernsehansprache halten sollte. In Miami warteten meine Leute an den Geräten, um zu hören, dass seine Rede abgesagt würde. Das wäre das Signal gewesen: Sie hat es geschafft! Der Weg für eine Invasion Kubas wäre damit frei gewesen.

Ich hatte den Befehl, um 19.00 Uhr zurückzufliegen. Wenn ich nicht herauskam, sollte ein Kommando der CIA mich rausholen. Jedenfalls hatten sie mir das vesprochen. Hinterher ist mir klar geworden, dass ich ein Attentat gegen Fidel nicht überlebt hätte. Entweder hätten seine Leute mich geschnappt, oder die CIA hätte mich liquidiert, weil sie keinen Zeugen eines Regierungsverbrechens am Leben gelassen hätte.

Fidel fuhr mit dem Dienstbotenaufzug hinunter, ich mit dem Gästeaufzug. Auf dem Nachttisch ließ ich meine

6000 Dollar Spesengeld liegen, die ich für den Fall bekommen hatte, dass ich einen *barbudo* hätte bestechen müssen, um in Fidels Zimmer zu gelangen.

Während ich durch die Lobby ging, weinte ich, weil ich mich von meinem geliebten Commandante verabschiedet hatte – vielleicht sogar für immer. Ich wusste, dass ich in der Klemme saß. Was würden sie nun mit mir machen? Ich hatte jämmerlich versagt.

Als ich auf den Ausgang zueilte, stand dort ein CIA-Agent mit einer Zeitung in der Hand. Er nickte, und ich nickte zurück. Er dachte, ich hätte Fidel schon umgebracht, weil ich weinte. Aber ich weinte, weil mein Herz zerbrochen war.

Bei meiner Landung in Miami empfing mich die wütende Meute meiner Ausbilder. Alles umsonst. Sie hatten Fidels Ansprache verfolgt und waren außer sich. So dicht waren sie noch nie am Ziel gewesen, und ich hatte alles vermasselt.

Tagelang wurde ich in einer konspirativen Wohnung isoliert und verhört. Ich sagte, die Pillen seien aufgeweicht gewesen und nicht mehr zu gebrauchen. Sie drohten mir: »Weil du so erbärmlich versagt hast, wird es jetzt zum Krieg kommen. Du bist schuld daran.«

Als Folge meiner Dummheit würde Fidel alle amerikanischen Marines auf Guantánamo töten lassen. Auch der Panamakanal sei verloren. Amerikas Feinde würden ihn demnächst schließen. Die USA würden von Kommunisten überrannt werden. So wie verlassene Fabrikgebäude von Heerscharen von Ratten okkupiert würden!

Sie wollten die 6000 Dollar Spesengeld zurückhaben, die sie mir auf die Reise mitgegeben hatten. Als ich gestand, dass ich sie für Fidel auf dem Nachttisch liegen gelassen hatte, schlugen sie mich. Sie waren außer sich: »Erst schläfst du wieder mit diesem Kommunistenbastard, und dann bezahlst du ihn auch noch dafür?«

Meine Auftraggeber kamen zu dem Ergebnis, dass irgendetwas mit mir nicht stimmte, weil die Gehirnwäsche nicht gewirkt hatte. Auf die Idee, dass ich Fidel hatte leben lassen, weil ich ihn immer noch liebte, kamen sie nicht.

Sie nahmen mich weiterhin in die Mangel und wollten mich nicht mehr gehen lassen. Ich wusste jetzt eindeutig zu viel von einem Verbrechen, in das die Regierung der Vereinigten Staaten verwickelt war. Ich kannte gefährliche Staatsgeheimnisse und viele Akteure des schmutzigen Krieges gegen Kuba mit Klarnamen. Ich hatte keine Wahl, ich musste weiter mitmachen. Man kommt ohne Probleme in die CIA rein, aber raus kommt man nicht mehr, es sei denn im Leichensack.

4. Als Jane Bond in Florida

Oft habe ich mir vorgestellt, einfach aus dem Wahnsinn auszusteigen und ins zivile Leben zurückzukehren. Das war aber nicht so einfach, denn ich wusste zu viel und sie trauten mir nicht mehr. Außerdem waren die Söldner auch so etwas wie meine Familie geworden. Papa war immer auf See, und meine Mutter war jetzt in Äthiopien auf einer Geheimdienstmission. Schließlich wurde ich von den Jungs im Trainingslager wieder aufgenommen. Ich durfte mich bewähren.

Wir hatten dort natürlich auch Spaß. Wir waren jung, hatten Geld wie Heu, feierten in den Clubs von Miami rauschende Partys und führten das Leben von *happy bandits*. Wir durften im Namen der »Nationalen Sicherheit« alles Mögliche tun: gegen Gesetze verstoßen, Waffen und Boote stehlen, nach Belieben ein- und ausreisen und – wenn es sein musste – auch Menschen töten. Das Gesetz in Florida waren wir. Ich führte das Leben einer Jane Bond.

Die kalte Deutsche

Ich genoss es, im Training böse und hart zu sein. Bald bekam ich deswegen den Spitznamen »die kalte Deutsche«. Ich ertrug mehr als der Durchschnitt der hitzköpfigen Brigademitglieder, schoss schneller und konnte auch die extremen Wetterbedingungen besser als sie aushalten. Ich brach nicht zusammen, wenn ich mit 100 Pfund Sturmgepäck durch die Sümpfe in den Everglades robben musste. Als Mutprobe sollten wir in einen Sack voller Klapperschlangen greifen und die Hand für fünf Sekunden drinlassen. Einige Männer machten sich vor Angst in die Hose und wurden vom Training ausgeschlossen. Ich zuckte nicht mit der Wimper, wenn ich die Hand in den Sack steckte.

Niemals beklagte ich mich und führte stets alle Befehle aus. Ich schloss mein wahres Selbst aus meinem Leben aus. Es war ganz einfach: Indem ich das strikte militärische Reglement verfolgte, konnte ich außerhalb meiner Gefühlswelt leben.

Meine heimliche Liebe zu Fidel und jeden Monat ein dicker Umschlag mit CIA-Dollars von »Eduardo« (E. Howard Hunt) hielten mich am Leben. So ließ es sich aushalten. Ich lernte viel: Tarnung, Mordtechniken, Umgang mit Explosivstoffen, Unterwassersabotage, Waffendiebstahl, Scharfschießen.

In den Sicherheitshäusern packten wir Flugblätter zu verschnürten Paketen zusammen. Darauf stand: »Nieder mit Fidel, fackelt die Fabriken und Brücken ab, Brot und Freiheit für das Volk.« Unterschrieben waren sie mit *operación fantasma*.

Manchmal nahm Frank Sturgis mich mit, wenn er mit seiner eigenen Maschine nach Havanna flog, um die Flugblätter abzuwerfen. Es machte Spaß, in dieser kleinen Blechkiste zu sitzen. Man brauchte nur den Knoten aufzuziehen, und schon segelten die Flugblätter hinunter. Auf der einen Seite stand: »Nieder mit dem Kommunisten Fidel«, und auf die andere Seite hatte ich auf möglichst viele Flugblätter von Hand geschrieben: »Fidel, ich liebe dich, deine *alemana*.« Als ich Fidel 1981 wiedertraf, habe ich ihm davon erzählt. Er hat über die Geschichte gelacht.

Kennedys Krieg

Am 16. April 1961 sind die militärischen Vorbereitungen für die Invasion Kubas abgeschlossen, und John F. Kennedy gibt grünes Licht für die militärische Aktion.

Der junge Präsident ist gerade drei Monate im Amt und muss erleben, wie die Schlacht in der Schweinebucht sich in seine größte außenpolitische Niederlage verwandelt – sein Waterloo.

Die von seiner Regierung aufgestellte und trainierte exilkubanische Armee wird in knapp 72 Stunden von Fidel Castros Milizen vernichtend geschlagen.

Der erwartete Aufstand des kubanischen Volkes bleibt aus, und selbst Sturgis' berüchtigte »Operation 40« schafft es nicht, hinter der Front die Führer der Revolution zu ermorden, um sie kopflos zu machen. Fidel Castro ist von Verrätern in den Reihen der exilkubanischen Organisationen über die bevorstehende Invasion informiert worden.

Kennedy macht nach den ersten Schreckensmeldungen von der Front einen Rückzieher und gibt Befehl, den geplanten Einsatz amerikanischer Kampfflugzeuge zur Unterstützung der Bodentruppen abzublasen. Später muss er die 1000 überlebenden Mitglieder der »Brigade 2506« von Castro freikaufen – mit Medikamentensendungen im Wert von 53 Millionen Dollar.

Bei einer Rede im Dezember 1962 im Stadion von Miami verspricht Kennedy den freigekauften Brigadisten feierlich, ihnen ihre Fahne eines Tages in einem »befreiten Havanna« zurückzugeben. Doch die Exilkubaner trauen ihm nicht mehr. Die militanten unter ihnen halten den Präsidenten gar für einen »Verräter«, der sich mit dem Kommunismus arrangieren wolle. Und sie liegen nicht ganz falsch mit dieser Einschätzung: Nach der Raketenkrise vom Oktober 1962, die die Welt an den Rand des Atomkrieges brachte, war Kennedy zu der Ansicht gelangt, dass man sich durchaus mit Nikita Chruschtschow arrangieren könnte.

Sein Angebot für eine friedliche Koexistenz galt jedoch nicht für Kuba. Kennedy setzte den Krieg auf andere, leisere und gefährliche Weise fort. Ein Krieg im Reich der Schatten, der die demokratischen Institutionen der USA korrumpierte: Sabotageaktionen gegen Zuckermühlen, Ölraffinerien und Kraftwerke, politischer Mord, biologische Kriegsführung gegen Tabakpflanzungen, Zuckerrohr und Vieh.

Der schmutzige Krieg wird weder offiziell erklärt, noch weiß die Armeeführung der USA davon. Die Paramilitärs der CIA gründen in Florida vielmehr eine Geheimarmee aus ungefähr 5000 Kontraktagenten, Exilkubanern, Mafiosi und Mitgliedern von rechtsradikalen Organisationen.

Die Schattenarmee verstößt gegen zahlreiche Gesetze des Landes: gegen das CIA-Gesetz, das operative Aktionen im Inland verbietet, und nicht zuletzt gegen das Drogen- und Feuerwaffengesetz. Der Weizen der CIA und die Spreu der Unterwelt mischen sich und sind bald nicht mehr auseinander zu halten. Schließlich läuft alles unter höchster Geheimhaltung ab; die Befehlsstrukturen sind streng gegeneinander abgeschirmt.

Sämtliche Aktionen werden so durchgeführt, dass sie

jederzeit glaubwürdig zu dementieren sind. Selbst die meisten höheren CIA-Offiziere haben von der Under-cover-Armee, die aus den normalen Strukturen des Dienstes ausgegliedert wird, nur gerüchteweise gehört.

Geführt wird der verdeckte Krieg von der neu gegründeten »Special Operation Division«, die ihr Hauptquartier in Miami aufschlägt, in einem mehrstöckigen Holzgebäude – getarnt als Radiostation »JM Wave«. Hier sind 400 hauptamtliche Mitarbeiter beschäftigt, die für insgesamt 5000 Kontraktsöldner zuständig sind. Die bekommen ihr Honorar monatlich bar auf die Hand: Auszubildende erhalten 175 Dollar, verheiratete Söldner 225 Dollar plus Kinderzulage. Arbeitsverträge gibt es nicht, schließlich dürfen keine schriftlichen Beweise hinterlassen werden.

Spezialisten in Geheimdiensteinheiten, wie Frank Sturgis, Marita Lorenz und Gerry Patrick Hemming, erhalten je nach Leistung einen höheren Sold: Marita bekommt monatlich 500 Dollar.

Alte Haudegen des Zweiten Weltkrieges geben auf der Kommandoebene den Ton an. Dank Kennedys Vorliebe für die irreguläre Kriegsführung können sie ihre Ramboträume ohne parlamentarische Kontrolle in die Tat umsetzen. An Geld mangelt es nicht, obwohl die paramilitärischen Operationen zwei Drittel des CIA-Etats verschlingen. Reicht das Geld einmal nicht, dann besorgen sich die relativ unabhängig von der Zentrale operierenden Einheiten mit Drogen- und Waffenhandel in der gesamten Karibik eigenes Geld.

Die Söldnerarmee hat in sechs Bundesstaaten der USA und den befreundeten Ländern Guatemala, Nicaragua und Costa Rica Trainingslager eingerichtet. Sie verfügt über ein paar Flugzeuge, meist nachgerüstete B26-Bomber, und eine eigene Armada von kleinen, mit kleinkalibrigen Kanonen bewaffneten Schiffen und Jachten, die wie einst die Freibeuter der Karibik Jagd auf kubanische und russische Schiffe machen.

Henry Kissinger hat die Philosophie des verdeckten Krieges auf einen Nenner gebracht: »Ich sehe nicht ein, dass wir untätig daneben stehen sollen, wenn ein Land dank der Unverantwortlichkeit der eigenen Bevölkerung kommunistisch wird.«

Fidel Castro hat diesen kostspieligen Krieg politisch überlebt. Die beiden Väter des Militärschlags jedoch, Nixon und Kennedy, sind von ihm verschlungen worden. Das Krebsgeschwür, das in Florida enstand, wucherte noch Jahre später im Körper des Staates. So war es kein Zufall, dass die drei Einbrecher von Watergate im Jahre 1972 ehemalige Anführer des verdeckten Krieges gegen Kuba waren: Howard Hunt, Rolando Martínez und Frank Sturgis. Mit dem Watergate-Skandal kam das »Kuba-Projekt« wie ein Bumerang zu Nixon zurück und verjagte ihn aus dem Weißen Haus.

Gemeinsam mit Marita Lorenz bin ich in Florida auf Spurensuche gegangen. Auf den Keys, die man zum Teil nur per Boot erreichen kann, entdecken wir einige verfallene Holzbaracken mit Veranden – alles Überreste der »Sicherheitshäuser«, in denen Marita und ihre Kameraden einst Unterschlupf fanden. Unvorstellbar, wie man hier trainieren konnte: Milliarden von Moskitos, der Sumpf und die drückende Hitze machen das Leben unerträglich.

Auf einem umzäunten und militärisch gesicherten Waldgrundstück neben dem Metro-Zoo von Miami entdecken wir in einem Dschungel aus Gras und Büschen die Ruine eines ehemals weißen, hölzernen Herrenhauses: das ehemalige CIA-Hauptquartier für den verdeckten Krieg gegen Kuba. Davor baumelt ein handgemaltes Schild: »Einsturzgefahr – Betreten verboten. Die Regierung der USA.«

Marita springt aufgeregt vor dem Zaun auf und ab und erzählt den uns begleitenden Offizieren der US-Army Anekdoten aus dem Kuba-Feldzug: Einmal habe Frank Sturgis nach einem Propagandaflug über Havanna vergessen, auf welchem Hangar in den Everglades er seinen B26-Bomber geparkt hatte. Er konnte ihn nicht wieder finden. Marita hält sich vor Lachen den Bauch. Die Offiziere zucken nur mit den Mundwinkeln. Sie wissen wohl nicht, ob Lachen an dieser Stelle die militärisch angemessene Reaktion ist.

Auf Kaperfahrt

Bei dem Chaos im kubanischen Exil war es kein Wunder, dass die Invasion in der Schweinebucht am 21. April 1961 in einem totalen Desaster und einem unnötigen Blutbad endete. Meiner Ansicht nach trägt die CIA daran die Hauptschuld. Sie fütterte Präsident Kennedy mit viel zu optimistischen Einschätzungen und lockte ihn in ein Abenteuer, dessen katastrophales Ende im Voraus absehbar war.

Der Feigling Frank Sturgis, Howard Hunt, Harvey und all die anderen Berater versagten erbärmlich. Sie ließen die Miami-Kubaner, die ihnen vertrauten, bewusst ins Verderben laufen. Die Männer wurden allesamt getötet oder gefangen genommen. Ihr Schicksal beweist, dass die kleinen verdeckten Kriege der CIA niemals erfolgreich sein können.

Doch auch nach dem Rückschlag in der Schweinebucht wurde unverdrossen weitergemacht. Ich spielte mit 5000 Männern Krieg. Gegen wen kämpfte ich eigentlich und warum? Vielleicht, weil ich den Krieg aus Deutschland mitgenommen hatte und ihn gegen mich selbst weiterführte. Ja, ich war selbstzerstörerisch und genoss die einsame, tödliche Welt des schmutzigen Krieges der CIA. Ich liebte es, Risiken einzugehen, liebte Abenteuer und Herausforderungen. Von Natur aus war ich rastlos.

Ich war in der gesamten Truppe die einzige Frau und wurde nicht selten auch so behandelt. Einmal, als mir die ständige Flirterei zu viel wurde, stellte ich mich auf einen Jeep und feuerte eine Salve in die Luft, sodass alle – es nahmen ungefähr 500 Männer an der Schießübung mitten in den Everglades teil – auf mich aufmerksam wurden. »Okay, Jungs«, rief ich, »es ist mir scheißegal, wenn ihr eure Mutter, Freundin oder Schwester hasst. Mir macht es nichts aus, diese Nacht mit euch zu verbringen. Aber wenn sich auch nur einer in meine Nähe wagt, werde ich ihn sofort abknallen.«

Von da an ließen sie mich in Ruhe.

Meine Spezialität war der Transport von Waffen, die wir mit Jachten nach Guatemala in ein Trainingslager namens Camp Hilton brachten. Bei diesen Aktionen stand ich am Steuer und brüllte der Crew Befehle zu. »Die Frau navigiert verdammt gut«, stellten meine Besatzungsmitglieder oft anerkennend fest.

Mit den Augen suchte ich den Horizont nach Quellwolken ab und bewunderte dabei die Schönheiten des Golfstroms: glitzernde Haie, fliegende Fische. Hier trieben einst Segelschiffe ihren Handel, immer auf der Hut vor Piraten. Ich träumte davon, wie Papa mir einst Geschichten von Neptun und dem Meer erzählt hatte. Die See, so Papa, sei wie eine Frau: unberechenbar. Aber leider war ich nicht Kapitän auf einem anständigen Handelsschiff, sondern eine moderne Piratin, eine Händlerin des Todes.

Meine 37-Fuß-Cris-Craft hing tief im Wasser, im Bauch Kisten voller automatischer Gewehre. Meine »Bounty« brachte den Tod. Manchmal wurde ich auf See so wütend, weil ich mich benutzen ließ, dass ich eine Jacht absichtlich auf Grund setzte. Dann dachte ich daran, wie sehr Fidel sich freuen würde, könnte er das sehen. Manchmal überlegte ich, ob ich mit einer Jacht nicht einfach nach Kuba desertieren sollte.

Die Boote, die wir brauchten, stahlen wir einfach. Es war ein Kinderspiel, sie zu kapern. War die gewünschte Jacht in Miami ausgewählt, kamen wir nachts mit drei kleinen Booten und sechs Mann zurück. Wir trugen Gummianzüge und Schutzbrillen und waren mit Farbe und Unterwasserschweißgeräten für unseren Auftrag ausgerüstet. Ein Boot mit zwei Mann an Bord blieb stets an der Einfahrt zum Steg, um aufzupassen. Sie hatten immer Funksprechgeräte und Ferngläser dabei. Wir anderen ruderten bis zum Dockbereich. Während einer die Ankerkette durchtrennte, kletterten die anderen an Bord, um die Positionslichter am Mast herauszuschrauben oder schwarz abzukleben. Dann warfen wir Haken über die Reling, sicherten sie und ließen uns ins Wasser gleiten, wo wir uns die Leinen griffen und das Boot geräuschlos fortzogen.

Die Mechaniker, die uns an unserem Anlegeplatz schon erwarteten, hielten bereits Pläne des Bootstyps, den wir uns ausgesucht hatten, in Händen und fingen auf der Stelle mit dem Umbau an. Am nächsten Morgen war die Jacht nicht wieder zu erkennen. Sie war für Transportzwecke umgebaut und hatte einen neuen Anstrich. Das Kapern von Booten machte mir richtig Spaß, Waffendiebstahl war schon schwieriger. Wenn wir uns zu einem Waffendepot der Armee aufmachten, führten wir in unseren Autos alles mit, was wir brauchten: Klemmhaken an Seilen, dünne Nylonschnüre, Taschenlampen, Seren gegen Schlangenbisse, Äxte, aber auch Knebel, Klebeband, Handgranaten, Fackeln und Dynamit.

Dabei mussten wir vor allem aufpassen, dass es im Kofferraum nicht zu heiß wurde und die Sprengstoffe explodierten. Wir parkten die Wagen immer in einiger Entfernung von der Einfahrt zum Munitionsdepot, sodass für die Wachen nur mein Auto zu sehen war.

Ich stieg aus, lächelte, ging auf den Wachposten zu und machte ihm weis, dass ich eine Panne hätte.

Während ich mit dem Kerl flirtete, schlichen sich meine Begleiter so nahe heran, dass sie ihn schnell und sicher außer Gefecht setzen konnten. Ich bestand darauf, dass das Opfer nur mit Chloroform betäubt wurde und keinen ernsthaften Schaden nahm.

Dann kletterten die Männer über das Tor, und ich blieb bei den Fahrzeugen.

Solche Waffendiebstähle waren damals an der Tagesordnung, aber die Behörden gaben sie nur selten bekannt, damit nicht alle möglichen Terroristen oder politische Extremisten es uns nachtaten.

Manchmal kam uns dabei die örtliche Polizei ins Gehege. Auch mir passierte es einige Male, als ich mit Trucks voller Waffen unterwegs war. Ich brauchte den Polizisten dann nur zu sagen, sie sollten eine bestimmte Nummer anrufen, und alles war erledigt: Die Polizei hatte nichts gesehen und wusste von nichts.

Tod in den Everglades

Das Leben in den Everglades widerte mich an – und doch war ich auch gerne Söldnerin. Ich mochte meine Kameraden: junge Kubaner, in deren Mienen sich Furcht und Enttäuschung abzeichneten, angetrieben vom Traum, in ihre geliebte Heimat zurückzukehren.

Manchmal zweifelte ich, ob wirklich alle für die »Sache« kämpften. Je lauter sie schrien und den Castristen ein Blutbad androhten und je reicher sie von Spenden und CIA-Geldern wurden, desto weniger glaubte ich an ihre edlen Motive.

Es gab natürlich auch wirklich anständige Kämpfer, die meist aus kubanischen Großgrundbesitzerfamilien stammten. Sie waren überwiegend professionell und gebildet. Daneben gab es aber auch viele Kriminelle, Mafia-Typen und Anhänger des gestürzten Diktators Batista.

Wahr ist aber auch, dass Fidels schlecht organisierte neue Regierung 1959 und 1960 verheerende Fehler machte, die viele unschuldige Kubaner in die Rebellion trieben. Es gab ungerechtfertigte Enteignungen, und viele Kämpfer der ersten Stunde wurden durch unerfahrene und ehrgeizige Opportunisten ersetzt.

Es störte mich, dass auch die bunt zusammengewürfelte Anti-Castro-Bewegung absolut desorganisiert und in rivalisierende Gruppen zersplittert war. Die Anführer waren eifersüchtig aufeinander und prügelten sich um das Geld, das von der CIA, von wohlhabenden Ölmagnaten oder lateinamerikanischen Diktatoren reichlich floss.

Immer wieder versuchten Howard Hunt, Frank Sturgis und einige andere, die kubanischen Gruppen in einer politischen Einheitsfront zusammenzufassen – aber vergebens.

Einmal wohnte ich, ohne es zu wollen, der Liquidierung von Mitgliedern einer konkurrierenden Gruppe bei. Es waren Leute von Rolando Masferrer, der als Senator und Bandit unter Batista zahlreiche politische Morde im Auftrag des Diktators ausgeführt hatte. Frank Sturgis und er hassten sich abgrundtief.

Frank hatte uns gesagt, es handele sich um eine Übung und in den Gewehren seien nur Platzpatronen. Also schlichen wir uns wie gewohnt an die zwölf Männer heran und schossen auf sie. Als sie nicht wieder aufstanden, wurde uns klar, dass Sturgis uns für einen Mord benutzt hatte. Er beseitigte die Leichen in den Sümpfen der Everglades. Die Mitschuld am Tod dieser Menschen belastet noch heute mein Gewissen.

Ein anderes Mal rastete ich vollkommen aus, als die Mitglieder eines Sabotagekommandos mir erzählten, dass sie nach ihrer Landung in Kuba eine Katze mitgenommen hatten, um sie als Feuerteufel einzusetzen. In Kuba gelandet, tränkten sie einen Lappen in Kerosin, wickelten ihn der Katze um den Schwanz und zündeten ihn an. Die Katze rannte in ihrer Panik kreuz und quer mit der brennenden Lunte durch die Zuckerrohrfelder und die ganze Ernte ging in Flammen auf. Ich drohte Frank Sturgis, ihn zu erschießen, sollte er sich noch einmal an einem armen, unschuldigen Tier vergreifen.

Einzig Gerry Patrick Hemming war seriöser als die anderen CIA-Berater der Exilkubaner. Er war ein richtiger Soldat, ein Fallschirmspringer, und ein guter Lehrer. Von dem mutigen Hünen habe ich viel gelernt: Nahkampf und Überlebenstraining.

Gerry Hemming

Gerry Patrick Hemming ist als einziger der noch lebenden Führer des schmutzigen Krieges gegen Kuba bereit, über seine Vergangenheit zu sprechen. Ich mache ihn in Fayetteville in North Carolina ausfindig, wo die 82. Luftlandedivision der US-Armee stationiert ist.

Gerry Patrick Hemming ist ein todkranker Mann, deswegen findet das Gespräch im Militärkrankenhaus statt. Er ist immer noch ein Hüne, hat aber aufgrund seiner Krankheit in nur zwei Wochen 100 Pfund Gewicht verloren. Er wirkt wie der Prototyp eines »Soldiers of Fortune«: der massige Schädel, ein militärisch knapper Slang, ein grauer Bürstenhaarschnitt, Hände wie ein Schraubstock. Gerry Hemming spricht ein paar Brocken Deutsch, da er im Zweiten Weltkrieg als Sabotagespezialist in Deutschland eingesetzt war.

Wir sind bei dem Gespräch nicht alleine. Die Direktorin des Militärhospitals und einige Ärzte stehen während des Interviews neben uns und brechen das Gespräch ab, als Hemming nach etwa einer halben Stunde auf Lee Harvey Oswald zu sprechen kommt, den mutmaßlichen Mörder John F. Kennedys.

Hemming hatte ihn schon 1959 auf dem US-Luftwaffenstützpunkt Atsugi in Japan kennen gelernt, wo Oswald als Nachrichtenexperte arbeitete. Wie Sturgis hatte auch Hemming 1958 als Militärberater in den Bergen der Sierra Maestra mit Fidel Castro gekämpft. Anfang der 60er Jahre wurde er Kommandeur der INTERPEN, der »Internationalen Antikommunistischen Penetrationsbrigade«, die von Florida und Guatemala aus gegen Kuba operierte. Er lacht: »Eigentlich war die INTERPEN eine Phantomorganisation, hinter der sich ein Netzwerk von Geheimdienstoperationen verbarg, die alle nicht im normalen CIA-Betrieb abgewickelt werden konnten. Schließlich mussten sie jederzeit dementierbar sein.«

Hemming gilt in Kreisen der kubanischen Staatssicherheit als einer der Organisatoren des Attentats gegen John F. Kennedy im November 1963, unter anderem wegen seiner alten Verbindung zu Lee Harvey Oswald.

Da ich nicht weiß, wie er auf den Namen Marita Lorenz reagieren wird, frage ich ihn, wie er den Erfolg des »verdeckten Krieges« gegen Kuba einschätzt.

Seine Antwort ist überraschend: »Der Krieg war vollkommen überflüssig. Schuld daran war die Eisenhower-Regierung, allen voran Richard Nixon. Er hat Castro in die Arme der Sowjets getrieben. Fidel, den ich sehr gut aus unseren gemeinsamen Tagen in der Rebellenarmee kenne, hielt die Russen für plump und nicht besonders clever. Er wollte eigentlich nichts mit ihnen zu tun haben.«

Fidel sei auch niemals ein Kommunist gewesen, immer nur ein »Nazi«. Das sagt Hemming auf Deutsch und fügt, als er meinen verblüfften Blick sieht, hinzu: »Er trug in den Bergen immer Hitlers Buch ›Mein Kampf‹ mit sich herum, er war durch und durch Nationalist.«

Man hätte durchaus mit ihm ins Geschäft kommen können. Aber die amerikanische Regierung habe sich nur von den Interessen der US-Firmen auf Kuba leiten lassen und kein politisches Konzept gehabt.

Vorsichtig nähere ich mich meinem eigentlichen Interesse und frage Gerry Patrick Hemming, ob es auch weibliche Agenten im Krieg gegen Kuba gegeben habe.

Sein Gesicht wird für einen Augenblick weich: »Oh ja, wir hatten eine, Marita Lorenz, die war immer dabei, aber da wir knallharte Machos waren, ließen wir keine Frauen bei Kampfhandlungen zu.« Sturgis habe Marita schon in Havanna rekrutiert. In Florida sei sie immer mit ihm unterwegs gewesen. Nachdem sie bei dem Giftanschlag auf Fidel »versagt« hatte, sei sie als Agentin wertlos gewesen: »Sie hing immer nur rum und kochte Kaffee.«

Der einzige Auftrag, den sie nach ihrer fehlgeschlagenen Mission in Havanna noch erhielt, sei Marcos Pérez Jiménez gewesen, der Ex-Präsident Venezuelas. Der habe gemeinsam mit der Mafia die geheime Attentatsgruppe von Frank Sturgis – die »Operation 40« – finanziert, und Marita wurde zu ihm geschickt, »um ein Auge auf ihn zu werfen«.

Er habe die Deutsche auch manchmal am Flughafen getroffen, wenn Sturgis einen Propagandaflug über Havanna vorbereitete, aber ob sie mitgeflogen sei, das wisse er nicht. Sie habe natürlich einiges mitbekommen, weil alle immer zu viel redeten, aber in »grundlegende« Entscheidungen habe man sie nicht eingeweiht. Schließlich sei sie Fidels Mädchen gewesen, und er, Hemming, habe ihr nie getraut.

Dann lächelt der alte Mann verschmitzt und legt noch

einen drauf: »Marita war Mossad-Agentin, sie arbeitete für den israelischen Geheimdienst.«

Ich muss spontan lachen über so viel Agentenlatein. Aber Hemming wird jetzt ganz ernst, nach seinen Informationen sei sie vom Mossad unter »falscher Flagge« rekrutiert worden, sie habe gar nicht gewusst, für wen sie arbeitete.

Die Israelis würden ihre ausländischen Kontraktagenten niemals direkt für den Mossad rekrutieren. Sie gäben sich grundsätzlich als Geheimdienst eines anderen Landes aus, um im Ernstfall jegliche Verbindungen zu ihren Informanten leugnen zu können: »Marita glaubte, sie arbeite für die CIA, doch in Wirklichkeit war sie Mossad-Agentin.«

Die Israelis hätten ein großes Interesse an der Entwicklung in der Karibik gehabt, und mit Hilfe nach Lateinamerika geflüchteter deutscher Juden hätte der Mossad dort ein Netzwerk aufgebaut. Marita sei schon an Bord der *Berlin* vom Mossad rekrutiert worden.

Was ihm an Marita nicht gefalle, sagt Hemming dann, sei die Tatsache, dass sie zu viel rede. Persönlich habe er sie allerdings gerne gemocht.

Gerry Hemming genießt meine offensichtliche Verwirrung über die Schein- und Schattenwelt der Geheimdienste und kommentiert: »Die Desinformation war Teil des Spiels.«

Selbst Sturgis mit seinem »Sonderkommando« (auch das sagt Hemming mit einem ironischen Unterton auf Deutsch) habe nicht gewusst, dass er gar nicht von der CIA, sondern in Wirklichkeit vom Armeegeheimdienst geführt wurde.

Das Durcheinander habe natürlich auch negative Seiten gehabt. Oft konnten die operativ tätigen Agenten nicht mehr zwischen Realität und Fiktion unterscheiden, wussten nicht, wer Freund und wer Feind war.

Immerhin habe die Söldnerszene Glücksritter und Psychopathen aus der ganzen Welt angelockt.

Ich komme noch einmal auf Marcos Pérez Jiménez und Marita zurück; angeblich habe sie mit dem Ex-Diktator ein Verhältnis gehabt?

»Ja, ich weiß«, antwortet Gerry, »aber sie war bestimmt nicht nur mit ihm zusammen, weil er so sexy war, oder?«

Er jedenfalls habe sich ziemlich erschrocken, als er eines Tages in die Luxusvilla zum exilierten Ex-Präsidenten Venezuelas fuhr, um mit ihm über die finanzielle Unterstützung seiner Sabotagekommandos gegen Kuba zu verhandeln: »Da saß doch tatsächlich Marita auf dem Sofa und spitzte die Ohren. Ich bestand darauf, dass sie das Zimmer verließ. Ihr war nicht zu trauen«.

5. Mein zweiter Diktator: Marcos

Bei einer Übung in den Everglades traf mich ein Streif-schuss am Nacken. Da ich stark blutete, brachte mich Frank Sturgis zu dem kubanischen Arzt Dr. Orlando Bosch, der meine Wunde versorgte und verband.

Somit konnte ich an den Kampfübungen vorerst nicht mehr teilnehmen. Im Grunde genommen weiß ich nicht, ob der »Unfall« bei dieser Schießübung ein gezielter Versuch war, mich loszuwerden. Einige meiner CIA-Kameraden trauten mir nämlich nicht. Ich war und blieb für sie ein Kommunisten-Liebchen.

Sie duldeten mich nur, weil ich zu viel wusste. Sie konnten mich nicht gehen lassen. Ich kannte zu viele Namen und Pläne.

Eines Nachmittags im Juni 1961 reinigten und ölten wir die Gewehre auf der Veranda eines Sicherheitshauses, ich glaube, es war auf No Name Key, als Frank Sturgis zu mir kam und sagte: »Okay, *alemanita*, es gibt etwas für dich zu tun.«

Er ließ mich meine Uniform ausziehen, und ich sollte mich schick machen, um noch in der gleichen Nacht ein Geldpaket von einem gewissen »General Diaz« abzuholen.

»Du musst nett zu ihm sein, er ist ein Superstar unserer Sache.«

Ich hörte Sturgis gelangweilt zu und reinigte mir dabei die Fingernägel mit einem Taschenmesser. Ich dachte nicht weiter über den Auftrag nach, denn ich war nach meiner Verwundung ein paar Mal als Kurier für die Bewegung unterwegs gewesen.

Ich kann mich an ungefähr zwölf Reisen nach Zentral- und Südamerika erinnern, bei denen ich stets wie eine Lady gekleidet war und in meiner Handtasche Geld, Dokumente und Drogen transportierte.

Also machte ich mich fein, zog meine weiße Hose an und weiße Stiefel dazu. Ich sah wie ein Modepüppchen aus und legte noch mein Lieblingsparfüm auf – Chanel No. 5. Außer einer leeren Tasche und meinem 38er Revolver im Hosenbund trug ich nichts bei mir, als ich nach Miami Beach fuhr, wo jener wichtige General am Pine Tree Drive 4609 wohnte.

Vor der luxuriösen Residenz öffnete sich ein elektronisch gesteuertes Tor, und ich konnte hineinfahren. Flutlichter strahlten einen herrlichen Garten an, und im Hintergrund war eine riesige Jacht zu erkennen, die am Indian River lag.

Eine Wache führte mich zu dem kleinen, glatzköpfigen General. »Señor Diaz?«, sprach ich ihn an. Er sagte: »Ja, ja, bitte folgen Sie mir.« In einem eleganten Raum ließ er mich dann warten. Als er zurückkam, hatte er eine verschlossene Reisetasche in der einen Hand und in der anderen eine Flasche Weißwein. Seine Körpersprache signalisierte, dass er an mir interessiert war. Er roch penetrant nach Guerlains Limonen-Aftershave.

Als ich aufstand, um zu gehen, sagte er: »Nein, nein, *alemanita*, ich würde gerne noch mit dir reden.« Ich fragte ihn, warum er so viel Geld spende, in der Tasche waren immerhin 400 000 Dollar.

Seine Antwort verblüffte mich: »Das ist doch nicht der Rede wert. Eine kleine Spende, um deinen alten Liebhaber loszuwerden.«

Er wusste also Bescheid.

Von dem Tag an stellte Marcos mir täglich nach. Er fuhr so lange mit seinem weißen Mercedes hinter mir her, bis ich schließlich nachgab und mit ihm zum Abendessen ausging. Das Essen und der Wein in dem Fischrestaurant am St. Causeway waren nicht schlecht, aber seine plumpe kleine Hand auf meinem Knie und die vier Leibwächter, die rund um den Tisch standen, gingen mir auf den Wecker.

Als ich fragte, warum er so viele Leibwächter brauche, antwortete er: »In Wirklichkeit bin ich gar nicht General Diaz, sondern General Marcos Pérez Jiménez, der Präsident Venezuelas.«

»Oh Scheiße«, entfuhr es mir, und auf meine Frage, was er denn in Miami tue, erwiderte er: »Verlängerte Ferien.« Die Wahrheit jedoch war, dass er als Diktator im Jahre 1958 gestürzt worden war und aus dem Land fliehen musste. Die neue Regierung versuchte seitdem, ihn aus Miami zu entführen. Schon auf dem Weg ins Exil war er mit einem Koffer voller Jockey-Shorts und 13 Millionen Dollar in bar geschnappt worden.

Er hatte das Land um mindestens 750 Millionen Dollar betrogen, die er in aller Welt auf zahlreichen Bankkonten deponiert oder in Grundstücken und Geschäftsanteilen angelegt hatte. Wohin er auch fliehen musste, überall konnte er sich ein Leben in Saus und Braus leisten und sich so viele loyale Leibwächter zulegen, wie er brauchte, um am Leben zu bleiben. Im Augenblick durfte er allerdings nicht einmal Dade County verlassen und musste sich monatlich bei der Einwanderungsbehörde INS melden, zumal es einen Haftbefehl gegen ihn wegen Mordes gab. Er erklärte mir das so: Er sei eine Art Fidel Castro, nur viel netter. Zum Glück konnte er meine Gedanken nicht lesen.

Seine grüngrauen Augen starrten mich verliebt an. Nach etwa acht solcher Abendessen und unzähligen Geschenken, darunter Juwelen und wunderschöne »Lilly-Rubin«-Morgenröcke und -Kleider, begann mir seine Nähe zu gefallen.

Gekauft

Marcos betrachtete mich offensichtlich als Trophäe, die er Fidel weggenommen hatte, und versprach mir »wahre Liebe«. Ich hatte heimlich eine Ausbildung bei der *Pan American* zur Stewardess begonnen, weil ich mir endlich ein eigenes, unabhängiges Leben aufbauen wollte, und vernachlässigte deswegen meine Abendessen mit dem dicken Diktator.

Eines Abends, als ich von meinem Kurs bei der *PanAm* kam, lauerte er mir mit seinem Mercedes auf und fauchte mich wie ein eifersüchtiger Ehemann an, wo ich so lange gewesen sei. Ich sah ihm direkt in die Augen: »Hör zu, werde ja nicht besitzergreifend. Ich will endlich einen eigenen Beruf haben, damit ich aus dieser Scheiße rauskomme.«

Er antwortete aufgebracht: »Ich will dir doch nur helfen. Ich kenne deine Freunde sehr gut. Sie sind wütend, weil du Fidel verschont hast. Sie werden dich bei nächster Gelegenheit töten, glaub mir. Bitte vertrau mir.«

Ich hatte an so etwas auch schon gedacht, mochte es aber nicht glauben. »Ich bin hungrig, lass uns fahren«, antwortete ich daher nur.

Als wir vor einer Ampel hielten, drückte er mir einen Schlüssel in die Hand mit den Worten: »Der ist für dein neues Haus.« Ich sagte nichts, fühlte mich in die Falle gelockt. Also nahm ich meinen Revolver aus dem Handschuhfach und forderte ihn auf: »Los, fahr mich hin. Wenn ich merke, dass du mich reingelegt hast, weil du mit Sturgis und den anderen zusammenarbeitest, knall ich dich an Ort und Stelle ab. Danach gehe ich zu meinem Führungsoffizier und sage ihm: Tut mir Leid, ich habe den falschen Diktator umgebracht. Bist du dir eigentlich sicher, dass ich nicht für Rómulo Betancourt arbeite?« Betancourt war der amtierende Präsident Venezuelas und sein Todfeind.

Weil ich müde und völlig erschöpft war, schlief ich während der Fahrt ein. Als ich aufwachte, standen wir vor einer Duplex-Villa mit einem wunderschönen Garten. Eine japanische Brücke führte zum Eingang meines neuen »Zuhauses«.

Marcos war aufgeregt wie ein Schuljunge, nahm mich an der Hand und führte mich über die Brücke, als ob ich blind und taub zugleich sei.

Als er die Tür öffnete, wehte mir ein Schwall gekühlter Luft und süßer venezolanischer Harfenmusik entgegen. Die Einrichtung war topmodern: pastellfarbene und weiße Möbel. Die Kühlschränke voller Leckereien. Der Kleiderschrank voll gestopft mit neuen Sachen – auf einer Seite meine und auf der anderen seine.

Er prostete mir zu und zeigte mir den Mietvertrag, ein Jahr im Voraus bezahlt. »Gut«, sagte ich, »und was ist der Haken?« »Ich«, sagte er schlicht. Der gute deutsche Rheinwein verfehlte seine Wirkung nicht, und es platzte aus mir heraus: »Sag mal, hast du mich für die 400 000 meiner Gruppe etwa abgekauft?«

Er blieb ruhig: »Marita, bitte, du musst mir vertrauen. Ich weiß, dass sie dich liquidieren wollen, und ich kann dich beschützen.«

Ich versuchte, meine Gefühle zu kontrollieren und einen kühlen Kopf zu bewahren. Alles schien zusammenzupassen: Der »Unfall« beim Schießtraining, die Tatsache, dass ich mit Taschen voller Geld und Drogen herumreiste und mich damit einem hohen Risiko aussetzte. Ich wurde zunehmend in lebensgefährliche Situationen getrieben. Spielte Marcos mit? Oder mochte er mich wirklich?

Ich nahm ihn an der Hand und ging mit ihm alleine zum Ufer. »Marcos, was wird hier gespielt? Bin ich auf dich angesetzt, oder du auf mich?«

Er blieb ungerührt: »Vielleicht beides.« Aber sein ernster Blick signalisierte mir, dass wir beide keine Wahl hatten. Wir waren Gezeichnete. Er sagte nur noch: »Meine Männer werden 24 Stunden am Tag auf dich aufpassen.«

Dann schwiegen wir und kehrten in das Haus zu Marcos' Vertrauten zurück. Ich hatte mich entschlossen, sein Angebot anzunehmen, das ich damals als eine Art Geschäftsvereinbarung begriff. Ich rief seinen wartenden Leuten zu: »Im Namen Deutschlands, Venezuelas, im Namen von Frieden und Gerechtigkeit und im Namen der Liebe: Ihr könnt auf mich zählen!«

Alle klatschten, das Eis war gebrochen. Am späten Abend fuhr Marcos zurück zu seiner Residenz, in der er mit seiner Frau Flor und seinen vier Töchtern lebte.

Alleine in meiner Luxuswohnung fühlte ich mich verloren. Ich konnte das Ganze immer noch nicht glauben und ging wieder und wieder durch alle Räume. Durch den Vorhang waren zwei Leibwächter zu erkennen, die in einem dunklen Wagen vor dem Eingang standen. Ich konnte in jener Nacht nicht schlafen.

Ich vermisste meine Stiefel, die militärische Routine, das Gebrüll, das Aroma von kubanischem Kaffee, den Duft von gegrillten Hähnchen, und ich sehnte mich nach meinen Kameraden. Doch jetzt gehörte ich Marcos. Ich war ihm freiwillig in die Falle gegangen.

Das Leben an seiner Seite war langweilig. Ich liebte ihn nicht, aber mit der Zeit gewöhnte ich mich an ihn, und er war immer sehr freundlich zu mir. Vor allem aber beschützte er mich vor meiner Gruppe. Sie bekamen mich nicht zurück. Denn Marcos finanzierte mit seinen Millionen ihre Sabotageaktionen gegen Kuba.

Bisweilen hatten wir jedoch auch viel Spaß miteinander. Sonntags fuhren wir mit seiner Luxusjacht zum Soldier's Key, wo wir fischten, mit seinem Mini-U-Boot tauchten und um die Wette schossen. Ich schoss übrigens besser als er.

Manchmal unternahm er in Gesellschaft hoher Offiziere auf seiner Luxusjacht Vergnügungsfahrten mit teuren Alkoholika und hübschen kubanischen Prostituierten. Er betrachtete das als seine »Geschäftsangelegenheit«, die mich nichts anginge.

Im Gegenzug machte ich ihm klar, dass mich zwar seine Vergangenheit nicht interessierte, wohl aber seine Gegenwart, und dass ich Treue von ihm erwartete.

Eines Abends, als er betrunken unter dem Tisch lag, holte ich mir ein starkes Klebeband und umwickelte damit seinen Penis. Dann ging ich schlafen. Am Morgen wachte er auf und begann zu brüllen. Ich beruhigte ihn und versprach, ich würde das Klebeband mit Alkohol ablösen. Als ich damit anfing, schrie er nach seinen Leibwächtern und behauptete, ich wolle ihn umbringen. Ich entgegnete gelassen: »Mein Gott, wie kann denn so ein kleines Schwänzchen so wehtun?« Er hatte einen angeborenen Sinn für solche Scherze.

Eines Abends, als er trotz der Warnung mit dem Klebeband von einer seiner schwimmenden Orgien zurückkam, wartete ich mit meinem Revolver am Landungssteg auf ihn. Da das Boot wegen des Seegangs heftig schaukelte, traf mein erster Schuss auf Metall und prallte ab, die Kugel verletzte ihn unglücklicherweise am Knie. Das war dann auch das letzte Mal, dass er mir untreu war.

Er gönnte sich regelmäßig ein paar Gläser zu viel beim Essen, und wenn er betrunken war, benahm er sich kindisch. Dann rief er beispielsweise seinen Nachfolger in

Caracás an und nannte ihn *pato-pato*. Er drohte, dass er einen der Öltanker Betancourts in die Luft jagen werde. Dabei hatte er selbst während seiner Zeit als Präsident für jeden Tanker, der Venezuela verließ, eine Gebühr kassiert.

Wie Fidel hatte auch Marcos ein überentwickeltes Ego. Ständig sprach er von seinem »geliebten Venezuela«. Er werde eines Tages als Präsident zurückkehren, schließlich habe er die Erfahrung, und das Volk würde ihn lieben.

Eifersucht

Ich hatte inzwischen in der Bibliothek einige Bücher über seine Präsidentschaft gelesen und erinnerte ihn an seine Taten: Er hatte von venezolanischen und US-amerikanischen Firmen Bestechungsgelder kassiert, das Geld in Luxushotels und Immobilien investiert und das Volk hungern lassen. Zudem hatte sein ehemaliger Polizeichef Pedro Estrada, der uns in Miami ständig begleitete, mehrere schreckliche Folterzentren betrieben.

Mein Gott, dachte ich, wie ist das nur möglich: Dieser kleine dicke Mann mit den schielenden Augen und dem breiten Lachen, dieser elegante Sportsmann voller Energie mit seinen kleinen, behaarten braunen Händen und den abgekauten Fingernägeln soll ein so grausamer Diktator gewesen sein?

Einmal fragte ich ihn geradeheraus: »Wie viele Venezolaner hast du eigentlich ermordet und gefoltert?«

Er sah mich überrascht an, blinzelte ein paar Mal und sagte dann: »Liebling, du liest zu viel.«

Als ich nicht nachgab, verbot er mir, Bücher über ihn zu lesen. Er rechtfertigte die Unterdrückung mit seiner Art von Staatsräson: »Auch wenn nur ein schlechter Apfel im Korb ist, muss der ganze Korb weggeworfen werden.«

Ich bohrte weiter: »Genau, das hast du gut gemacht. Nicht nur der Sohn wird verhaftet, sondern gleich die ganze Familie ausgerottet. Wie konntest du so etwas nur tun?«

Doch er wich aus: »Wenn du so stark wie Evita Peron wärst und das Land mit mir zusammen regieren würdest, dann könnten wir solche Fehler vermeiden.« Er mixte sich einen Drink und hatte offenbar von der Diskussion genug. Ich war jedoch noch nicht fertig. Damals war ich sehr angespannt und verletzlich, daher rutschte mir so heraus: »Soweit man das von Diktatoren überhaupt sagen kann, ist Fidel der bessere Mensch.«

Marcos blickte mich lange mit einem starren und feindseligen Blick an. Danach bekam er einen Wutanfall und brüllte wie von Sinnen. Ich fühlte mich so klein und hilflos wie als Kind in Bergen-Belsen. Fidel sei nichts als ein dummer, unwissender Bauer, schrie er. Wenn ich zu ihm zurückwolle, kein Problem, er würde mir sofort ein Flugzeug nach Havanna besorgen, damit ich wieder zu meinem »hässlichen bärtigen Lover« fliegen könne.

Es verletzte ihn zutiefst, dass ich ihn überhaupt mit dem »Bastard« Fidel verglichen hatte: »Ich könnte diesen Lumpen mitsamt seiner Insel aufkaufen und weiterverhökern«, fügte er grimmig hinzu.

Da stand ich auf, ging um den Tisch herum, umarmte ihn von hinten und flüsterte: »Tut mir Leid, mein Liebling.«

Er presste sein tränennasses Gesicht an mein Bäuchlein und versicherte mir, wie sehr er mich liebte.

Einmal rief Marcos sogar in Havanna an, um Fidel zu ärgern. Er ließ dem Commandante ausrichten, dass er gerade mit seiner *alemanita* im Bett läge. Solche Scherze liebte er über alles.

Mit Fidel habe ich erst 1981 über meine Zeit mit Marcos sprechen können. Obwohl so viele Jahre vergangen waren, war er immer noch erbost über meine Beziehung zu dem Venezolaner. Er könne mir alles verzeihen: die CIA, die Giftpillen, die Flugblätter, die ich gegen ihn über Havanna abgeworfen hatte, aber nicht, dass ich mit diesem »kleinen runden Glatzkopf und »Scheißaffen« zusammengewesen war, diesem »Faschisten und Mörder«.

Mein Diktatorenvergleich

Fidel und Marcos ähnelten sich durchaus in gewisser Weise, und als loyale Mätresse gehorchte ich beiden instinktiv. Fidel war allerdings menschlicher als Marcos, warm und verschmust. Marcos hatte eine sehr selbstsüchtige Art, Liebe zu machen. Frei nach dem Motto ex und hopp, das war's und dann: »Danke schön, ich bin müde und muss jetzt gehen.«

Castro konnte seine Gedanken und Gefühle sehr viel besser ausdrücken als der Venezolaner. Er war lebendig, Marcos dagegen kühl, abgesehen von den Augenblicken, in denen er sich gehen ließ und herumalberte wie ein Kind. Fidel konnte keinem Kind etwas zu Leide tun und liebte alle Tiere. Marcos dagegen konnte sehr grausam sein. Mit Fidel fühlte ich mich jung, frisch und in jeder Hinsicht verstanden.

Was mich bei beiden immer wieder erstaunt hat, war ihre Bewunderung für alles Deutsche und für Adolf Hitler. Für mich war das ein Vorteil, denn beide schätzten mich schon deshalb, weil ich Deutsche war, noch dazu Tochter eines Kommandeurs. Einhellig bewunderten sie meine deutsche Disziplin, meine Loyalität und meine Haltung.

Ich drehte im Gegensatz zu den lateinamerikanischen Frauen nicht gleich wegen eines Mannes durch – egal, ob er reich, arm oder mächtig war. Ich war nicht nur ihre Geliebte, sondern auch ihre Freundin, mit der sie über alles reden konnten.

Fidel hörte mir sehr genau zu, wenn ich von meinen Kriegserfahrungen in Deutschland erzählte. Ich sollte ihm von den deutschen Autobahnen, von Volkswagen und dem wirtschaftlichen Aufbau nach der erniedrigenden Erfahrung des Versailler Friedensvertrages von 1919 berichten.

Er hörte auch gerne zu, wenn ich ihm Texte deutscher Philosophen rezitierte: Immanuel Kant, Hegel, Schopenhauer.

Von meinen Erlebnissen im Konzentrationslager Bergen-Belsen erzählte ich Fidel nichts. Ich wollte ihm sein schönes Deutschland-Bild nicht kaputt machen. Aber seine Bewunderung für Adolf Hitler ging mir zu weit. Er gestand mir, dass er »Mein Kampf« gelesen hatte und wollte, dass ich ihm half, so wie Hitler aufzutreten.

Ich widersprach Fidel und sagte, er sei ein krimineller und wahnsinniger Defätist gewesen. Fidel sah bei solchen Bemerkungen sehr traurig und besorgt aus. Es tat ihm weh, dass ich seine Illusionen zerstörte. Marcos blieb gelassener, obwohl auch er in Hitler ein Idol sah.

Wieder schwanger

Nach unserem Streit darüber, welcher meiner beiden Diktatoren der bessere Mensch sei, schlief Marcos erschöpft ein. Er blieb in jener Nacht bei mir. Doch ich saß bis zum Morgengrauen wach neben ihm und träumte von meinem Baby. Ich war schwanger und konnte es immer noch nicht glauben. Hatten die CIA-Ärzte mir doch vor einem Jahr eingetrichtert, ich sei steril.

Marcos war überglücklich. Würde es ein Junge werden

oder ein Mädchen? Ihm war es völlig egal, aber ich machte mir doch Sorgen um die genetische Mitgift. Ich nahm mir vor, das Kind sollte mir alleine gehören. Ich alleine würde es schützen, führen, großziehen und mein ganzes Leben diesem wundervollen kleinen Wesen widmen.

Marcos war während der Schwangerschaft unglaublich lieb und sehr fürsorglich. Wir saßen oft zusammen vor der noch leeren Wiege und spielten mit Bergen von Kinderspielzeug, das er schon gekauft hatte, darunter eine komplette Märklin-Eisenbahn aus Deutschland und eine ganze Armee aus Bleisoldaten.

Als Geburtsdatum hatten die Ärzte den 27. Februar 1961 berechnet, das wären genau zwei Jahre nach meinem Treffen mit Fidel. Ich weinte in jener Zeit wieder viel um das Baby, das ich mit Fidel gehabt hatte.

Im neunten Monat fühlte ich mich immer einsamer und depressiver. Einzig mit meinen beiden Leibwächtern konnte ich mich unterhalten. Manchmal kam Pedro Estrada vorbei, Marcos' ehemaliger Polizeichef, der mich stets mit Respekt behandelte. Er brachte ein Geschenk von Marcos mit, umarmte mich und sagte: »Na, kleine Mutter, du wirst dem General einen kräftigen und gesunden Jungen schenken.«

Aber die Einsamkeit wurde größer. So rief ich eines Tages meinen ältesten Bruder Joe an und erzählte ihm, dass ich in zwei Wochen ein Kind bekäme. Als ich erwähnte, wer der Vater war, stöhnte Joe entsetzt auf: »Mein Gott, nein, nicht schon wieder ein Diktator.« Er erzählte es meiner Mutter, die vor Schreck in Tränen ausbrach.

Am nächsten Tag flog ich nach New Jersey, ich wollte das Baby nicht in Miami bekommen, sondern bei Mama in Fort Lee. Marcos ließ mich gehen, gab mir aber vier Leibwächter mit. Er packte mir auch einen goldenen, mit Diamanten besetzten Kugelschreiber für meine Mutter ein, vor der er sich fürchtete.

Der 27. Februar ging vorbei, aber das Kind kam nicht. Marcos wollte einen Jungen, ich wünschte mir ein Mädchen. Das Kind gehörte mir, und ich wusste, es würde ein süßes kleines Mädchen werden.

Mónica wurde während eines schweren Schneesturmes am 9. März 1961 geboren. Ich war unendlich stolz und überglücklich. Zwei Wochen später kehrte ich mit Mónica Pérez Jiménez nach Miami zurück. Marcos hatte inzwischen auf mich und meine Tochter je ein Treuhandvermögen von 75 000 Dollar übertragen, anonym.

Aus Angst, dass Mónica entführt werden könnte, erhöhte er die Zahl meiner Leibwächter auf sechs. Er vergötterte die Kleine, trug sie im ganzen Haus herum und wechselte ihr sogar die Windeln.

Marcos' Auslieferung

Doch sein Vaterglück währte nicht lange. Robert Kennedy, damals Generalstaatsanwalt, trieb gemeinsam mit der Betancourt-Regierung in Caracás Marcos' Auslieferung voran. Und das, obwohl Marcos John F. Kennedy 1960 mit 20 000 Dollar im Wahlkampf unterstützt hatte. Präsident Eisenhower hatte ihm einst sogar den Orden der Ehrenlegion verliehen. Marcos fühlte sich hereingelegt.

Venezuela begründete die Auslieferung damit, dass Marcos Gelder aus der Staatskasse gestohlen habe und persönlich für die Ermordung von vier Regimegegnern verantwortlich sei.

Zwar zahlte er jede Menge Bestechungsgelder an US-Politiker und Einwanderungsbeamte, aber es half alles nichts. Eines Morgens im Dezember 1962 holten ihn Bundesmarshalls aus dem Bett und steckten ihn im Dade-County-Gefängnis in Auslieferungshaft. Dabei gab es eigentlich keinen Grund zur Eile. Denn Marcos war bereit, eine Kaution von 300 000 Dollar zu zahlen. Es bestand keinerlei Fluchtgefahr, und er hielt sich an die Gesetze.

Robert Kennedy wollte ein Exempel statuieren. Die Welt sollte sehen: Kein lateinamerikanischer Diktator kann sich ungestraft in den USA zur Ruhe setzen. Kennedy war von dieser Idee besessen. Marcos rief mich täglich vom Gefängnis aus an und schimpfte auf ihn. »Der ist so jung, hat keine Ahnung. Es wird ihm eines Tages sehr Leid tun.«

Um mit mir telefonieren zu können, musste er den Wachen jedes Mal 200 Dollar Bestechungsgeld zahlen.

Eines Tages teilte Marcos mir mit, dass alle legalen Möglichkeiten ausgeschöpft seien; in Venezuela erwartete ihn die Todesstrafe. Die einzige Möglichkeit, ihn zu retten, bestehe darin, dass ich eine Vaterschaftsklage gegen ihn erheben würde. Doch das wollte ich nicht, weil dann die gesamte Presse hinter mir her und mein Treuhandvermögen gefährdet wäre. Darin war nämlich festgelegt, dass ich niemals den Namen desjenigen nennen dürfe, der es mir überschrieben hatte.

Marcos beruhigte mich: »Mach dir keine Sorgen, du und Mónica, ihr werdet euer Geld bekommen.«

David W. Walters, sein Anwalt und ein ehemaliger FBI-Agent, stimmte zu. Nach einigen Tagen gab ich widerwillig mein Einverständnis. Schließlich wollte ich Marcos retten. Walters engagierte einen Anwalt, der die Klage in meinem Namen erhob. Dieser Rechtsstreit um die Vaterschaft führte dann tatsächlich dazu, dass die Ausweisung aufgeschoben werden musste.

Mónica und ich wurden nun ständig von Reportern belagert und konnten nur noch unter Bewachung einkaufen gehen. Eines Tages erhielt ich Besuch aus Washington: zwei Mitarbeiter von Bobby Kennedy. Einer hieß Karden, an den Namen des anderen erinnere ich mich nicht. Sie verlangten ohne Umschweife von mir, meine Klage gegen

Marcos sofort zurückzuziehen, ich würde die Justiz der USA bei der Arbeit behindern. Washington und vor allem Robert Kennedy persönlich seien sehr empört über mein Verhalten. Ich erwiderte standhaft: »Trotz meines großen Respektes für Bobby Kennedy, meine Antwort lautet nein.«

Einer der beiden spielte den »Guten« und versprach mir, dass mein Treuhandvermögen von den US-Behörden nicht angerührt würde, sollte ich mich dem Wunsch Bobby Kennedys beugen. Ich lehnte ab: «Mónica braucht ihren Vater, und außerdem bin ich wieder von ihm schwanger.«

Sie drohten mir, auch ich würde im Gefängnis landen, in einer Zelle »direkt neben deinem fetten Freund«.

Doch ich ließ mich nicht einschüchtern und antwortete: »Vorsichtig, das ist sehr unamerikanisch. Man bedroht in diesem Land keine Schwangere – noch dazu wenn sie ihrem Land bei der Invasion in der Schweinebucht gedient hat. Eine Operation übrigens, die ihr Schafsköpfe in den Sand gesetzt habt.«

Das nahmen sie dann doch sehr persönlich und schossen zurück: »Wenn du deinen Job erledigt hättest, wäre die Invasion in der Schweinebucht gar nicht nötig gewesen.«

Beim Hinausgehen sah einer der Beamten zu Mónica in die Wiege und sagte: »Entzückendes Mädchen – was für eine Schande.«

Vor den beiden Richtern Weishart und Anderson gab David W. Walters im Namen seines Mandanten zu, dass Marcos Pérez Jiménez der leibliche Vater von Mónica sei. Diesmal konnte die US-Regierung mir keine Befehle erteilen und meine zweite Romanze zerstören. Ich hatte ein Familienleben zu schützen, egal ob der Vater Diktator war oder nicht. Marcos durfte mich nach dem Besuch von Bob Kennedys Mitarbeitern nicht mehr anrufen.

Ein »Reporter« namens Jim Buchanan, der angeblich für den *Miami Herald* arbeitete, schob mir einen Zettel unter der Tür hindurch, auf dem stand, dass er mich dringend sprechen müsse. Als wir uns trafen, warnte er mich, dass ich sterben würde, sollte ich die Vaterschaftsklage nicht fallen lassen. Er habe einen entsprechenden Hinweis bekommen. Ich schwieg, gab aber dem Druck nicht nach.

Eines Tages schob ich Mónica in ihrem Kinderwagen über den Bürgersteig, als ein roter Wagen auf mich zuraste. Ich stieß den Kinderwagen aus dem Weg, wurde aber selbst zu Boden geschleudert und verletzt. Da ich starke Bauchschmerzen hatte, kam ich ins Krankenhaus. Dort verlor ich meinen fünf Monate alten, ungeborenen Sohn.

Ich hatte mir das Kennzeichen des Autos gemerkt, und die Polizei fand heraus, dass es einem Frank Russo aus Chicago gehörte. Der wiederum arbeitete zeitweise für Staatsanwalt Richard Girstein in Miami, einen engen Bekannten von David W. Walters, Marcos' Anwalt.

Wessen Spiel trieb Walters eigentlich? Ich traute ihm seit jenem Tag nicht mehr über den Weg, und auch Marcos war sehr verunsichert. Auf wessen Seite stand Walters?

Am 16. August 1963 war es so weit. Sheriff Buchanan übergab Marcos an venezolanische Beamte, die mit einem Flugzeug gekommen waren, um ihn abzuholen. Ich raste im Auto zum Flughafen – gerade noch rechtzeitig, um zu sehen, wie er in Handschellen in die Maschine geführt wurde. Ich wollte zu ihm, aber die Marshalls hielten mich zurück und führten mich schließlich in Handschellen ab.

Lee Harvey Oswald

Nach Marcos' illegaler Abschiebung ging es mit mir abwärts. Innerhalb einer Woche verlor ich alles. David W. Walters raubte mir förmlich jede Lebensgrundlage. Ich verlor die Wohnung, das Auto und das Treuhandvermögen, das Marcos mir und Mónica übertragen hatte.

Walters, dieser Lump, besaß die Frechheit, mir zu sagen, ich sei selbst schuld, weil ich vertragswidrig den Namen des Stifters preisgegeben hätte.

In meiner Not ging ich zu meiner alten Söldnertruppe zurück und nahm ein paar Jobs an, als Drogenkurierin und beim Transport von Waffen. Ich war wieder unten angekommen – aber immerhin, meine alten Kameraden nahmen mich wie ein verloren gegangenes Schaf wieder in ihrer Familie auf.

Allerdings war die Stimmung in den paramilitärischen Einheiten jetzt anders. Die Regierung hatte den Bewegungsspielraum der in Florida operierenden Gruppen drastisch eingeschränkt. Nach der Raketenkrise um Kuba im Oktober 1962 war Kennedy ein anderer Mensch geworden. Er wollte jegliche Provokation vermeiden und war jetzt überzeugt davon, dass er mit Chruschtschow ein Arrangement treffen könne. Er hatte den Russen versprochen, Kuba nicht mehr zu überfallen.

Den exilkubanischen Gruppen wurde damit der Boden unter den Füßen weggezogen. Es kam zu Zusammenstößen mit der Polizei und dem FBI. Einige Sheriffs machten Jagd auf unsere Einheiten und konfiszierten unsere Waffenlager.

Alle schimpften auf den Präsidenten. Sturgis sagte sogar einmal zu mir: »Ich weiß nicht mehr, wer hier der Feind ist – Castro oder Kennedy.« Oder er sagte: »Das Arschloch wird sterben, so wie er unsere Leute in der Schweinebucht hat sterben lassen.«

Ich hielt seine Sprüche für die übliche Angeberei und nahm sie nicht ernst. Erst als Kennedy tot war, ging mir ein Licht auf. Ich war einige Tage vor dem Attentat mit Sturgis und »Ozzie« nach Dallas gefahren. Später erfuhr ich, dass es sich bei ihm um Lee Harvey Oswald gehandelt hatte, den mutmaßlichen Mörder Kennedys.

Wir waren ungefähr drei Tage vor dem Attentat auf den Präsidenten nach Dallas gefahren. Es war ein langer und heißer Trip, und mir ging es nicht gut. Ich hatte meine Tage und flog bald wieder zurück nach Miami. Von dort aus reiste ich mit Mónica zu meiner Mutter nach New Jersey. Ich musste die ganze Zeit an meine Gruppe denken, die ich in Dallas zurückgelassen hatte: Was wollten sie mit all den Waffen machen?

Über den Bordlautsprecher hörte ich kurz vor der Landung in New York, dass Präsident Kennedy tot war. Da wusste ich bereits, dass Sturgis irgendetwas damit zu tun hatte, aber erst 14 Jahre später traute ich mich, mein Wissen zu offenbaren.

1963 hatte ich zu viel Angst und erzählte nur meiner Mutter, dass ich Oswald in einem so genannten Safehouse in den Everglades kennen gelernt hatte. Ich fühlte mich auch an das Schweigegelübde gebunden, dass ich meiner Gruppe gegeben hatte.

1977 sollte mich der Mord an Kennedy wieder einholen und mein ganzes Leben durcheinander bringen, und zwar als ich vor Ermittlern des Untersuchungsausschusses »Politische Morde« aussagte.

»Ozzie« war als Sündenbock auserkoren, der aus dem Weg geschafft wurde. Ohne Zweifel hat er in Dallas geschossen. Aber selbst die abgebrühtesten Amerikaner wären schockiert, wenn sie erfahren würden, welche komplexen geheimen und illegalen Strukturen hinter ihm standen.

Mit der »Erkenntnis« der von Präsident Johnson eingesetzten Warren-Kommission, dass Oswald die Aktion alleine und ohne Hintermänner geplant und durchgeführt hatte, sollte ein für alle Mal ein Schlussstrich gezogen werden.

Wenn die Wahrheit über den Mord herausgekommen wäre, dann hätten die US-Behörden auch alles andere zugeben müssen: Die Existenz einer verbrecherischen Geheimarmee im Dienst der Regierung, die mit voller Absicht internationale Verträge bricht und den Frieden bedroht. CIA und FBI hofften, es würde mit der Zeit Gras über die Sache wachsen. Doch ihr Wunsch erfüllte sich nicht. Im Gegenteil: Die Vertuschung der Wahrheit hat die Glaubwürdigkeit der Demokratie in den Augen der meisten Menschen in den USA und außerhalb zutiefst erschüttert. »Ozzie« wurde zum Sündenbock für die Verbrechen der ganzen Nation.

Venezuela

Ich hatte keine Ahnung, wohin ich nach dem Attentat von Dallas gehen und was ich tun sollte. Zurück in die Everglades wollte ich auf keinen Fall. Denn dort war das Leben wenig wert, und ich wollte mich um Mónica kümmern und sie schützen.

Wir zogen für eine Zeit lang zu meiner Mutter nach Fort Lee New Jersey, und ich war glücklich, wieder mit ihr zusammen zu sein. Eines Tages kam sogar Papa zu Besuch. Er himmelte Mónica an und bestand darauf, dass ich nach Deutschland zurückkehren solle. Er war zu der Zeit bereits ziemlich krank, dennoch folgte ich ihm nicht – und das war vielleicht einer der größten Fehler, die ich in meinem Leben gemacht habe. Drei Jahre später starb er an Krebs.

Ich wollte Vater zwar gerne nach Deutschland begleiten, aber ich hatte Klage gegen Walters eingereicht und dachte, ich müsse deswegen in Amerika bleiben.

Ich arbeitete bei Prentice Hall Publishing Co. in New Jersey, als ich eines Abends von fünf Polizeioffizieren umringt wurde. Als sie sagten: »Kommen Sie mit, und bleiben Sie ruhig«, wurde mir eiskalt ums Herz, weil ich dachte, Mónica sei etwas zugestoßen. Doch sie wollten mich nur in ein Zeugenschutzprogramm stecken. Der Polizeichef von Fort Lee zeigte mir ein Telegramm aus Miami: Dort hatte die Polizei einen Tipp bekommen, dass vier Männer in zwei in Miami zugelassenen Wagen unterwegs seien, um mich umzulegen. Die Killer hätten 200 000 Dollar für den Job bekommen. Ich hatte keine Ahnung, was dahinter stecken könnte. Der Einzige, der meines Erachtens ein Motiv hatte, war David W. Walters.

Nachdem meine Beschützer verschwunden waren, rief ich ihn an: »Hallo David-Baby, wie geht es meinem Treuhandvermögen? Hast du dir eine schöne Zeit mit meinem Geld gemacht? Ich lebe noch, und du bist ein ganz mieser Dreckskerl.« Er legte den Hörer auf.

Kurz entschlossen reiste ich nach Miami, um die Sache in die Hand zu nehmen. Im Gerichtsgebäude wurde ich von zwei Offizieren der Einwanderungsbehörde INS angesprochen, die mich baten, sie in ihrem Wagen zu begleiten.

Sie sagten, sie hätten ein paar Fragen zu meiner deutschen Staatsangehörigkeit, und machten mir Vorwürfe wegen meines Vaters: Er sei ein Spion der Nazis gewesen, und meine amerikanische Staatsangehörigkeit sei deswegen ungültig. Ich schäumte vor Wut: »Ihr Arschlöcher, ihr wisst genau, dass meine Mutter mich 1939 bei der US-Botschaft registrieren ließ – ich habe die doppelte Staatsbürgerschaft.«

Erbost sprang ich aus ihrem Auto und rannte nach Hause. Unterwegs wurde ich von einem anderen Wagen verfolgt und angefahren.

Ich wollte nur noch zurück zu meiner Mutter. Hastig packte ich ein paar Sachen und fuhr mit Mónica zum Flughafen. Doch alle Flüge nach New York waren ausgebucht. Vedammt! Spontan entschloss ich mich, ein Ticket nach Venezuela zu kaufen und zu Marcos zu fliegen. Ich musste ihm unbedingt erzählen, was der Verwalter seines Vermögens hier anstellte.

Im Flugzeug setzte sich ein gut gekleideter Geschäftsmann neben mich, bewunderte die kleine Mónica und sprach mich an: »Seien Sie unbesorgt. Ich bin Ihr Freund – und ein Freund des Generals. Vielleicht werden Sie am Flughafen Caracás verhaftet, aber ich behalte Sie im Auge.«

Sicherlich hatten die US-Behörden ihre Kollegen in Venezuela schon über mein Kommen informiert. Außerdem war Mónica in meinem Pass unter dem Namen »Mónica Mercedes Pérez Jiménez« eingetragen. Sie hätten uns also kaum übersehen können.

An der Zollkontrolle wurde ich dann tatsächlich von Polizisten in Zivil angesprochen und in ein Vernehmungszimmer geführt. Sie tasteten mich ab und fragten: »Was ist das Ziel Ihres Besuches in Venezuela?«

Ich antwortete: »Ich komme, um General Marcos Pérez Jiménez zu besuchen – und natürlich Ihr wundervolles Land.«

Daraufhin legten sie mir Handschellen an und überstellten mich in das Militärgefängnis *El Moro*.

Während der Fahrt hielt ein Offizier Mónica auf dem Schoß. Ich spürte, dass sie ihr nichts tun würden. Sie behandelten sie sehr freundlich und stellten fest, dass sie ihrem Vater unglaublich ähnlich sehe, diesem »Banditengeneral«.

Das Gefängnis sah aus wie ein mittelalterliches Schloss. Im Innenhof ein spanischer Brunnen und hohe Palmen. Ich wurde ohne Umschweife zu Hauptmann Durans Büro gebracht, wo mich ein unangenehmer, finster schauender

Kerkermeister empfing: »Willkommen in El Moro, Frau Lorenz, bitte setzen Sie sich.«

Er blätterte in seinen Papieren und gab sich schließlich als Hauptmann der SIFA, des Militärgeheimdienstes, zu erkennen. Er sagte: »Alle Ihre Wächter hier sind handverlesene Opfer Ihres Liebhabers. Sie wurden während seiner Diktatur gefoltert und misshandelt.«

»Das tut mir sehr Leid«, sagte ich. »Mir ist klar, dass er kein Engel war. Doch ich kann dafür nichts. Zu mir war er immer anständig.«

Der Hauptmann lächelte: »Ihr beiden habt euch wirklich gegenseitig verdient.«

In meiner Zelle schlief ich ruhig bis 5.30 Uhr am nächsten Morgen. Ich durfte mich und Mónica sogar im Bad des Hauptmanns waschen. Dann nahmen mir zwei Offiziere meine Tochter weg. »Nein!«, schrie ich aufgebracht und dann noch lauter: »Gebt mir mein Kind zurück!«

Die anderen Gefangenen stimmten in meinen Protest ein, doch nichts geschah. Als ich begann, Marcos' Namen zu rufen, wurden die anderen jedoch ganz still. Er musste hier irgendwo im Gefängnis sein. Ich verlor vollkommen die Beherrschung, verfluchte die Wachen und trat gegen die Gitterstäbe.

Ich fürchtete, Mónica würde für immer verschwinden, wie mein gemeinsamer Sohn mit Fidel. Nun würde auch Mónica aufwachsen, ohne ihre leiblichen Eltern zu kennen.

Plötzlich bekam ich fürchterliche Kopfschmerzen und schleppte mich zum Wasserhahn, um zu trinken. Aber es kam kein Wasser heraus. Gegessen hatte ich auch nichts, und mir wurde übel. Ich fiel einfach um und rollte mich vor Schmerz zusammen. Dann war alles still. Auf einmal stand der Hauptmann mit meinem Kind auf dem Arm in der Zelle. Mónica hielt eine große Flasche Milch und ein Plätzchen in der Hand und lächelte mich an.

Beim nächsten Verhör sagte der Hauptmann: »Ich weiß alles über Sie und Ihren Liebhaber Fidel Castro.«

»Sehr gut, ich bin stolz auf Sie«, war meine Antwort.

Dann wurde ich mit einem Militärjeep in das Hotel *Avila* gebracht – ein wundervolles Vier-Sterne-Hotel im Kolonialstil mitten in den Bergen. Ich war überrascht: »Bin ich jetzt frei?«

»Nein«, entgegnete der grimmige Hauptmann, »Sie bleiben unsere Gefangene. Sie dürfen das Hotel nicht verlassen und auch nicht telefonieren.« Bevor er ging, zog er eine Zeitung unter seinem Arm hervor und ließ sie mir da. Die Schlagzeile lautete: »Marcos Pérez Jiménez' Geliebte und Kind in Caracás von der SIFA verhaftet.«

Ich fühlte mich in Venezuela sicher – obwohl ich in einem Luxusgefängis eingesperrt war. Der Duft von Bougainvillea wehte durch die offene Balkontür herein, und im Schlafzimmer fand ich einen Strauß Rosen mit einer Karte: »Willkommen in den Anden.« Das war wohl eine Art Entschuldigung des Hauptmanns für sein ungehobeltes Benehmen.

Am nächsten Morgen wurde ich in das Hauptquartier des Geheimdienstes gebracht und saß etwa zwölf oder 13 Militärs gegenüber. Sie wollten alles Mögliche von mir wissen: über mein Verhältnis mit Fidel, meine militärische Ausbildung, ob ich eine Agentin Castros sei, ob ich gekommen sei, um Venezuela zu destabilisieren und Castros Revolution zu unterstützen. Ob ich etwas von den aus Kuba stammenden Waffentransporten nach Venezuela wüsste?

Zwei Tage vor meiner Ankunft war in der Hauptstadt ein geheimes Waffenlager entdeckt worden, das offenbar einer revolutionären Gruppe mit Verbindungen zu Kuba gehörte. Ich antwortete so schnell und ehrlich wie ich konnte und sagte ihnen, dass ich nicht mehr als Agentin arbeite, ich sei eine CIA-Agentin im Ruhestand.

Doch sie konnten sich einfach nicht vorstellen, dass ich so verrückt war, mit meinem Kind nach Venezuela einzureisen, nur um den ehemaligen Diktator des Landes im Gefängnis zu besuchen. Es war alles andere als einfach, sie davon zu überzeugen, dass ich keine revolutionäre Untergrundbewegung in Venezuela aufbauen wollte.

Sie legten mir ein Papier vor, das ich unterschreiben sollte. Darin musste ich garantieren, dass ich nicht versuchen würde, Marcos während seines Prozesses zu kontaktieren, und alles zu unterlassen, um die Regierung Venezuelas zu stürzen.

Ich sagte: »Ich unterzeichne nur den zweiten Teil.«

Ich wollte keinesfalls auf die Begegnung mit Marcos verzichten, worüber sie sehr ungehalten waren. Ein Offizier brüllte mich an: »Frau Lorenz, möchten Sie, dass wir Sie nach Kuba deportieren?«

Ich war verblüfft und dachte sogar eine Minute lang ernsthaft über diesen Vorschlag nach. Was würde Fidel wohl dazu sagen? Er verdankte mir zwar sein Leben, aber was, wenn ich mit Marcos' Kind bei ihm auftauchen würde? Schließlich sagte ich: »Ich bleibe hier in Venezuela. Ich gehöre zu Ihnen.«

Sie erklärten mir, dass Marcos etwa 20 Jahre im Gefängnis bleiben müsse. Ich antwortete, dass ich dann eben so lange auf ihn warten würde. Ein Offizier musste darüber laut lachen und erklärte: »Bis dahin haben Sie sich längst in den nächsten Diktator verliebt.«

Wahrscheinlich hatte er gar nicht einmal so Unrecht. Irgendwann gaben sie auf und sagten mir, ich sei frei und könne gehen. Doch wohin sollte ich gehen? Ich wusste, dass Marcos in Venezuela mehrere Häuser besaß. Sie sollten mir sagen, wo, dann würde ich in einem der Häuser bleiben.

Stattdessen lachten sie mich aus: Marcos habe seinen gesamten Besitz zusammengeraubt, und der sei natürlich längst vom Staat konfisziert worden. Also sagte ich: »Schön, wer von Ihnen hat ein freies Schlafzimmer?«

Das fanden alle noch lustiger. Ich bekam meinen Pass mit einem Visum für unbegrenzten Aufenthalt zurück. Sie ließen mich noch für ein paar Tage im Hotel *Avila* wohnen.

Ausgesetzt im Regenwald

Eines Morgens brachte mich ein Luftwaffenoffizier zum Flughafen, wo ich mit Mónica zusammen in eine Cessna verfrachtet wurde. Man wollte mir die Schönheit des Landes zeigen, so lautete die offizielle Erklärung.

Der Pilot, Pedro Fernández, erklärte mir die Topographie des Landes wie ein Fremdenführer. Die Sicht war großartig, unter uns lagen Erzadern in satten, blutroten Farben. Unser Ziel war Ciudad Bolívar, die letzte zivilisierte Station am Orinoko. Aufregend – wie die wunderschönen samtgrünen Berge aus dem Nichts auftauchten. Der Pilot streifte sie fast im Tiefflug. Der braune Orinoko, der sich durch den Regenwald schlängelt. Kurz darauf setzte Fernández zu einer holprigen Landung in Ciudad Bolívar an.

Wir wurden in eine kleine Pension gebracht, die einem sehr liebenswerten alten Ehepaar gehörte. Die beiden kochten für uns und bemutterten uns drei Wochen lang. Sie waren unsere Diener und Aufseher zugleich. Die Pension war eine Art Sicherheitshaus der Regierung.

»Moniquita«, wie meine jetzt zweieinhalb Jahre alte Tochter von unseren Gastgebern genannt wurde, fing schon an, die ersten Sätze auf Spanisch zu sprechen, als unsere Piloten wieder auftauchten.

Wir waren etwa drei Wochen in Ciudad Bolívar gewesen. Nun setzten die Offiziere uns wieder in das Flugzeug, und wir flogen Stunde um Stunde weiter, Kurs Südost, über die wundervollen Angel-Wasserfälle und weiter in Richtung brasilianische Grenze. Der Dschungel wurde immer undurchdringlicher.

Flugkapitän Fernández erzählte, die Indios seien hier sehr wild. Sie würden andere Menschen aus rituellen Gründen töten und ihnen die Köpfe abschneiden. Vor allem aber würden sie die Weißen hassen: »Möchten Sie sie kennen lernen?«, fragte er schließlich.

»Ach, eigentlich nicht«, antwortete ich.

Plötzlich streifte er mit seiner Maschine die Baumwipfel und krachte auf eine winzige Landebahn mitten im Urwald herunter. Als wir mit einem harten Schlag aufsetzten, schrie Mónica vor Angst. Ich sah, dass nackte Indios auf uns zurannten, erstaunt über den riesigen weißen Vogel. Die Männer mit den rot gefärbten Ponyfrisuren richteten ihre Speere auf uns und verfielen dabei in einen Singsang. Der Pilot gab mir den Rat: »Wenn du überleben willst, lächle nicht. Das ist für sie ein Zeichen der Schwäche.« Ich wollte nicht aussteigen, aber der Pilot meinte, damit würde ich zu viel Furcht zeigen. Die Indios bestaunten uns, aber vor allem interessierten sie sich für Mónica in ihren putzigen Lederhosen. Mir wurde von der unerträglich feuchten Hitze ganz mulmig.

Der Pilot checkte das Flugzeug und rollte auf die Landebahn zu, angeblich, um die Startpiste zu testen. Plötzlich warf er meinen blauen PanAm-Koffer aus der Tür und startete durch. Als ich ihm laut schreiend hinterherrannte, fiel ich dabei hin: »Nein, nein, nein, lass mich bitte nicht hier, du verdammtes Schwein.«

Ich war total fertig und sah dem Flugzeug nach, bis vollkommene Stille herrschte. Dann starrte ich die Indios an, die drohend und bösartig zurückstierten. Mónica fand die Kinder allerdings amüsant und lief bald mit ihnen im Kreis herum. Gemeinsam gingen wir in Richtung der

Strohhütten. Die Männer schaukelten in Hängematten, die Frauen knieten auf dem Boden, machten Feuer und kochten. Alle starrten uns neugierig an und berührten uns.

Doch als die Männer nach meiner Reisetasche griffen, entriss ich sie ihnen wieder. Ich verstand kein Wort und bemühte mich, keine Angst zu zeigen. Kurz darauf saß ich an einem Baum und dachte fieberhaft nach, was ich tun sollte.

Irgendwann zog eine ältere Frau Mónica die Lederhose aus – und dann auch noch ihre schicken weißen Stiefel. Die Alte beschäftigte sich die nächsten Stunden damit, die Lederhose zuzunähen. Schließlich füllte sie Wasser aus dem Fluss in die Hose. Das Ganze kam mir furchtbar unheimlich vor, und als es langsam dunkel wurde, bekam ich Angstanfälle: Wie kann ich hier schlafen? Werden sie mich in der Nacht umbringen? Ich war weiß, und sie hatten gute Gründe, die Weißen zu hassen.

Zum Glück hatte Mónica dank Marcos' Vorfahren ein leicht indianisches Aussehen und wurde von den Indios schnell akzeptiert. Die Frauen behandelten sie wie ihre eigenen Kinder und gaben ihr grässliches Zeugs zum Essen.

Ich weinte mich in dieser ersten Nacht in den Schlaf – Mónica auf dem Arm und den Kopf auf die Reisetasche gebettet; auf mir krabbelten Tausende verdammter Viecher: Wanzen, Flöhe, Moskitos, Fliegen und Würmer.

Im Morgengrauen verschwanden die Frauen im Gänsemarsch im dunklen Grün des Regenwaldes. Verdammt, lasst mich hier nicht alleine!, schoss es mir durch den Kopf. Aber sie kümmerten sich gar nicht um mich. Ich ging zum Ufer und pinkelte, ohne meine Jeans auszuziehen, ins braune Wasser. Als mich irgendein Tier am Bein berührte, rannte ich vor Schreck aus dem Wasser. Ich bemerkte erst jetzt die Männer, die wieder in ihren Hängematten lagen, mich beobachteten und lachten.

Wie komme ich hier nur wieder raus?, zermarterte ich mir den Kopf. Wenn ich ein Kanu hätte, könnte ich dem Lauf des Flusses folgen. Aber mit Mónica war das Risiko zu groß. Ich entschied mich, einfach abzuwarten. Als ich Hunger hatte, deutete ich mit dem Finger auf den Mund, und die Indios gaben mir Wasser und Bananen.

Mit meinem Taschenmesser schnitzte ich meinen und Mónicas Namen in einen Stamm. Ab jetzt würde ich bei jedem Sonnenaufgang eine Kerbe in das Holz ritzen, um die zeitliche Orientierung nicht zu verlieren. Die Männer sahen meine »Axt« voller Bewunderung an.

Bei den *Yanomami,* bei denen wir – wie ich später erfuhr – gelandet waren, waren Selbstverstümmelungen in Mode:

Sie hatten sich die Lippen, Ohren und Nasen aufgeschnitten. Hoffentlich kamen sie nicht auf die Idee, diese Art von »Kunst« auch an Mónica auszuprobieren. Mit Hilfe von Zeichensprache machte ich klar, dass ich ihnen bei der Arbeit helfen möchte.

Abends kehrten die Männer mit ihrer Beute von der Jagd heim: Mit Blasrohren und Speeren hatten sie Tapire, Affen, Fische, Vögel, Ameisenbären und Wildschweine erlegt. Sie nahmen die Tiere aus und legten sie, in Blätter eingewickelt, auf ein inzwischen nur noch glühendes Feuer.

Manchmal legten sie auch einen Affen auf das Feuer und sengten ihm so die Haare ab. Der Gestank machte mich wahnsinnig, aber ich schlang das Fleisch trotzdem hinunter. Während unserer Zeit bei den Indios aßen wir Paranüsse, Pilze, Palmenherzen, Eier, Melonen, Mangos, Honig und viele andere Dinge, von denen ich bis heute nicht weiß, was es war. Das ekelhafteste Mahl bestand aus fetten, runden weißen Larven oder Schnecken, die sie von den Blättern der Bäume sammelten. Sie aßen sie roh, und wenn ich sie auf einem Spieß über das Feuer hielt, um sie zu rösten, nahmen sie mir den Spieß weg.

Wenn ich mich im Fluß wusch, lachten sie mich aus. Bald war auch meine Seife aufgebraucht, meine Fingernägel waren abgebrochen und schmutzig. Die Haare hingen mir zottelig in die Augen. Mein Gesicht war sonnenverbrannt und von Insekten zerstochen.

Zwar durchbrach jeden Nachmittag ein heftiger tropischer Regenfall die Monotonie der Hitze und Feuchtigkeit und verschaffte mir etwas Erleichterung, aber sobald der Regen vorbei war und der Urwald dampfte, kamen die Viecher in noch größerer Zahl zurück, um mich zu quälen.

Am meisten hat mich jedoch die Tatsache verblüfft, dass es im Regenwald furchtbar laut war: Die zahllosen Insekten, Säugetiere und Vögel machten einen unbeschreiblichen Lärm. Mónica lernte sehr schnell, wie man mit einem Speer Fische fängt; mir fehlte dazu die Geduld.

Nach ein paar Tagen machte mir ein Indio mit narbigem und bemaltem Gesicht und einem düsteren Blick ein Bett aus Stroh und Blättern. Zum Dank schenkte ich ihm meinen Schminkkoffer. Glücklich spielte er mit dem Taschenspiegel. Aber die anderen versuchten, ihm den Spiegel wegzunehmen, und es gab ständig Krach deswegen.

Und immer lauschte ich vergeblich auf das Dröhnen eines Flugzeuges. Die ganze Zeit saß mir nämlich die Furcht im Nacken, dass es zu einem Krieg mit einem anderen Stamm kommen könnte. Was sollte ich dann wohl machen? Das hier war nicht meine Liga. Ich fühlte mich nackt, hilflos und unwissend.

Nach vielleicht einem Monat bei den Indios bekam ich plötzlich Schüttelfrost. Ich musste mich immer wieder übergeben und bekam heftigen Durchfall. Als mich auch noch ein hohes Fieber niederstreckte, war die Diagnose klar: Malaria. Lange Zeit war ich zu schwach, um aufzustehen, und bekam auch noch Halluzinationen.

Ich kann mich nur noch schemenhaft daran erinnern,

dass eine alte India mich dazu zwang, Wasser zu trinken und vorgekaute, bittere Blätter hinunterzuschlucken. Nach wochenlangem Dahindämmern kehrte ich wunderbarerweise ins Leben zurück und konnte meine Arme wieder bewegen. Dennoch sollte es noch lange dauern, bis ich wieder gehen konnte. Der Saft bitterer Blätter dämpfte zumindest meine Schmerzen.

Nachdem ich die Malaria überstanden hatte, gab ich das Warten auf das Flugzeug auf. Ich konnte mein Leben nicht damit verbringen, von der weißen Welt zu träumen, in der es mehr Menschen gab, die einander wehtaten, als bei meinem Indiostamm.

Ich weinte nicht mehr, schnitt mir die Haare ab, studierte die einfache, reine Kultur meiner »Gastgeber« und lernte einige Worte ihrer Sprache. Wenn ich mit den anderen Frauen Holz sammeln ging, hielten wir uns an den Händen. Alles, was sie taten, erschien mir nach und nach sinnvoll.

So vergingen einige Monate, und Mónica musste bereits drei Jahre alt sein. Ich fand mich langsam damit ab, dass mein Leben im überschaubaren Kosmos des Regenwaldes zu Ende gehen würde. Ich ließ alles hinter mir. Keine Sekunde dachte ich daran, Selbstmord zu begehen. Heimweh war mir auch fremd, denn ich hatte kein wirkliches Zuhause.

Vielmehr lauschte ich tief in mich hinein und suchte Gott auf der Erde. Ich versuchte mein altes »Ich«, das voller Hass und Selbstmitleid war, zu vergessen.

Wie ich die Indios beneidete: Sie waren so einfach und dennoch perfekt organisiert! Irgendwann legte ich einen kleinen Garten an und baute mir eine eigene Hütte. Zwei Jungen halfen mir dabei, die anderen protestierten, weil das Bauen einer Hütte eigentlich Männersache ist. Als ich einige Seile mit Seemannsknoten befestigte, rief das anerkennendes Gemurmel hervor. Ich machte das Beste aus meinem Leben bei den *Yanomami* und fand schließlich in der Natur meine innere Ruhe.

Ich liebte die Kinder und die Tiere. Ein kleiner Affe wurde mein treuester Gefährte. Ich hatte ihn tagelang umworben, bis er zu mir zog. Sogar einen Verehrer hatte ich. Katchu, ein großer, kräftiger Mann von rotbrauner Farbe und mit Plattfüßen, interessierte sich für mich. Er berührte mich mit seiner Nase, was als Zeichen der Zuneigung gilt, und schnalzte vor Vergnügen mit der Zunge. Oft stand er stundenlang unbeweglich im Wasser, um für mich zu fischen. Katchu brachte mir Früchte, Beeren und folgte mir überallhin mit den Augen. Doch ich weigerte mich, seine Frau zu werden. Dann hätte ich ihm nämlich gehorchen und ihn bedienen müssen. Außerdem wollte ich mitten im Urwald nicht auch noch schwanger werden.

Eines Tages im Morgengrauen drang das ferne Brummen eines Flugzeuges wie ein unwirkliches Signal an mein Ohr. Ich fühlte mich eher bedroht als glücklich. Alle außer Katchu rannten zu dem lärmenden Flugzeug. Ich saß nur wie erstarrt am Ufer des Flusses und fühlte mich vollkommen willenlos.

Als vier Uniformierte auf mich zukamen, brachte ich keinen Ton heraus. Ich klammerte mich an Katchus Bein, und die Soldaten starrten mich ungläubig und erschrocken an. In ihren Augen muss ich wie ein wildes Tier ausgesehen haben. Sie sagten: »Wir sind hier, um Sie auf Ersuchen Ihrer Mutter in die Vereinigten Staaten zu bringen.«

Mein Herz und mein Verstand kämpften miteinander. Doch dann entschied ich mich mitzufliegen. Als einzige Andenken nahm ich den Schrumpfkopf eines Affen mit, den mir mein Stamm zum Abschied geschenkt hatte, und die aufgerollte und getrocknete Haut einer Boa. Irgendwann einmal möchte ich zu meinem Stamm zurück – und zwar bevor der tropische Regenwald, der mein Zuhause war, vollständig zerstört ist.

Wieder in Miami, wurden Mónica und ich als Erstes in einer Klinik eine Woche lang gegen verschiedene Infektionen mit Tropenerregern behandelt.

Mónicas Erinnerung

Mónica Mercedes Pérez Jiménez lebt heute als allein erziehende Mutter im Stadtteil Brooklyn in New York. Marita sieht es nicht gerne, dass ich ihre Tochter besuchen und nach ihren Erinnerungen fragen will. Zwischen den beiden herrscht gerade Eiszeit.

Marita fühlt sich von ihrer Tochter im Stich gelassen. Mónica habe ihr nicht einmal das Geld für eine Krücke gegeben, als ihr Hüftgelenk kaputt war. »Leider hat sie den gleichen Charakter wie ihr Vater – und sieht auch genauso aus«, bemerkt Marita bitter.

Letzteres zumindest ist Wunschdenken. Als ich Mónica treffe, fällt mir im Gegenteil eine große Ähnlichkeit mit der jungen Marita auf. Eine attraktive Frau, voller Energie, drahtig und mit auffallend kräftigen Muskeln. Eine Kämpferin. Sie hat es bis zur »Miss Fitness« der USA gebracht. Mit regelmäßigen Trainingsstunden im Karateclub hält sie sich für ihren Job fit: Sie ist Stuntfrau und Theaterschauspielerin.

Wir treffen uns in ihrer geräumigen Etagenwohnung in Brooklyn: 3000 Dollar Miete im Monat. Die zahlt ihr getrennt von ihr lebender zweiter Ehemann, Neil Ortenberg, Erbe des Modekonzerns Liz Claiborne und damit einer der reichsten Männer Amerikas.

An den Wänden hängen viele Fotos ihrer Großmutter Alice June Lorenz. Alice, so Mónica, sei für sie ein großes Vorbild gewesen, eine klar denkende, warmherzige und tatkräftige Frau, die Einzige, die in der ganzen Familie »normal« gewesen sei.

Ihre Analytikerin habe Mónica geraten, sich von Marita fern zu halten. Sie müsse sich mit fast 40 Lebensjahren endlich von der dominanten Mutter befreien.

Als Kind, so Mónica, sei Marita für sie Vater und Mutter zugleich gewesen. Ihre Kindheit sei voller dramatischer und unverarbeiteter Ereignisse. An die Zeit im Regenwald Venezuelas habe sie keine »richtigen Erinnerungen«. Dazu sei sie zu jung gewesen: »Manchmal steigt ein Bild in mir hoch, wie ich im Urwald stehe und mich an Mamas Bein klammere. Sie weint.«

Sie habe sich stets von Marita vernachlässigt gefühlt. Alles sei deren Agentenleben untergeordnet gewesen, nie habe sie richtig Kind sein können. Deshalb habe sie als Jugendliche, genau wie ihre Mutter, »am Abgrund« gelebt und die Extreme gesucht. Einmal habe sie versucht, sich das Leben zu nehmen: »Danach musste ich mich an den eigenen Haaren aus dem Dreck ziehen. Ich konnte entweder untergehen oder mich von Marita lösen.«

Da Maritas Leben so unstet war, habe sie als Kind keine stabilen Freundschaftsbeziehungen entwickeln können: ständig auf Achse, immer neue Wohnorte, Schulen und neue Identitäten.

Marita habe sehr eigenwillige Erziehungsmethoden gehabt: Statt sie mit Puppen spielen zu lassen, habe Marita ihr beigebracht, wie man Molotowcocktails baut und Gewehre zusammensetzt. In der Tiefgarage des Apartmenthauses habe Marita mit ihr und ihrem Bruder Mark Wettkämpfe im Scharfschießen veranstaltet. »Marita wünschte sich eine starke und unverwundbare Tochter. Sie wollte eine kleine Soldatin aus mir machen«, fügt Mónica erklärend hinzu.

Marita habe ihr von dem Polizeirevier, auf dem sie damals arbeitete, immer wieder Fotos von vergewaltigten und ermordeten Mädchen mitgebracht. Die musste sie sich zur Abschreckung genau ansehen: »Damit wollte sie mich von der Gosse fern halten.«

Als sie einmal nicht gehorchen wollte, habe die Mutter ihr eine geladene und entsicherte Pistole an die Schläfe gehalten, bis sie das getan habe, was Marita wollte. »Sie hätte mich aus Versehen erschießen können«, setzt Mónica schluchzend nach. »Ich hätte so gerne eine normale Familie gehabt, wie alle anderen Kinder, aber mein Vater war ein blutiger Diktator und Mom seine Mätresse.«

Erschrocken hält sie inne, als ob sie schon zu viel gesagt hätte. Mit gepresster Stimme relativiert sie ihr Urteil: »Aber sie war trotzdem eine gute Mutter. Sie hat sich im Rahmen ihrer Möglichkeiten als allein erziehende Agentin nach Kräften bemüht.«

An ihren Vater, Marcos Pérez Jiménez, hat Mónica keine Erinnerung mehr. Als er 1963 deportiert wurde, war sie noch zu jung. Später, nach dem Zwangsaufenthalt im venezolanischen Regenwald, habe Marita ihr viel von ihrem Vater erzählt, aber leider sei es nie zu einem Treffen gekommen.

Sie trage den Namen Pérez Jiménez, obwohl er ihr viele Probleme eingehandelt hat. Er löse bei Lateinamerikanern immer noch Schaudern aus, »aber Marcos hat mir sein indianisches Blut vererbt, und darauf bin ich stolz«.

Immer wieder habe sie ihrem Vater geschrieben, der heute als alter und kranker Mann in einer Villa in Madrid lebt, aber er habe nie geantwortet. »Der Grund ist meine Mutter. Irgendetwas muss sie ihm getan haben.«

Matías kommt herein, Mónicas siebenjähriger Sohn. Er war bei einem Drehtermin im Filmstudio. Mónica hat ihn erfolgreich als Kinderschauspieler vermarktet. Der Junge hört unserem Gespräch sehr aufmerksam zu, und als ich erwähne, dass ich mal für ein paar Monate in Chile gewohnt habe, unterbricht er mich mit vor Aufregung roten Wangen: »Hast du in Chile meinen Opa getroffen?«

Zu meiner Verblüffung erfahre ich, dass sein Großvater Orlando Letelier war, unter Salvador Allende Außen- und Verteidigungsminister der Unidad Popular. Orlando Letelier wurde 1976 im Auftrag von Pinochets Geheimdienst DINA in Washington durch eine Autobombe ermordet.

Sein Sohn Francisco, Matías' Vater, musste als Kind mit ansehen, wie sein Vater verstümmelt und ohne Beine auf der Straße lag. Er heiratete Mónica im Jahr 1991, zwei Jahre später trennte sich das Paar allerdings wieder.

Die Mörder von Matías' Großvater, die Brüder Novo, sind alte Bekannte Maritas: Gemeinsam mit ihr trainierten die Exilkubaner in den 60er Jahren für die geplanten Terrorakte gegen Kuba.

Diese Familiengeschichte wird den kleinen Matías sicher noch häufig beschäftigen. Sein Großvater Marcos Pérez Jiménez, der Ex-Diktator, will ihn nicht kennen lernen; sein »linker« Großvater Orlando Letelier ist von den Freunden seines »rechten« Großvaters und seiner Großmutter Marita ermordet worden; und Marita, seine Oma, darf ihn nur sehen, wenn die Analytikerin seiner Mutter es für ratsam hält.

6. Spionin in New York

Nach dem Abenteuer im Regenwald kehrten Mónica und ich zu meiner Mutter nach New York zurück. Durch ihre Geheimdienstkontakte war es ihr schließlich gelungen, mich ausfindig zu machen. Doch es gab noch jemand, der sich nach der venezolanischen Periode rührend um mich kümmerte: »Onkel« Charlie Tourine, genannt »die Klinge«. Bald schon zog ich mit Mónica zu ihm.

Ich hatte Charlie schon als Kind kennen gelernt, wenn ich mit den Schiffen meines Vaters nach New York kam. Er war damals für die Stauergewerkschaft tätig, die von der Mafia kontrolliert wurde.

Jeder Kapitän musste sich mit ihm gut stellen. Papa war ein hervorragender Diplomat, und jedes Mal, wenn er am Pier 97 festgemacht hatte, lud er Charlies Boss Eddie und seine Leute zu einem vorzüglichen Mahl an Bord ein. Dazu gab es den besten Whisky, den er hatte.

Vor der Revolution hatte Charlie Tourine den Nachtclub *Sans Souci* im Hotel *Capri* in Havanna betrieben. Er war zwar ein Spieler, doch stets ein Gentleman und behandelte mich wie seine Tochter. Wir redeten damals viel über die alten Zeiten. Er kochte für Mónica und mich und spielte Musik aus Sizilien. Wenn er auf Geschäftsreisen war, hütete ich seine Wohnung.

Ich habe niemals mehr menschliche Loyalität erlebt als bei ihm. Leider ist er vor wenigen Jahren gestorben – beim Spiel.

Charlie besorgte mir damals auch einen Job: als Empfangsdame im *Hilton New York*. Dort lernte ich einen Kubaner kennen – Humberto. Er gab sich als wohl situierter Geschäftsmann aus und behandelte mich sehr zuvorkommend. Schließlich heiratete ich ihn, zog mit Mónica zu ihm und führte seinen Haushalt. Jeden Tag verließ er, fleißig wie er war, das Haus und ging zur Arbeit. Ich kochte, bügelte, putzte.

Eines Tages ging seine Aktentasche versehentlich auf, als ich sie in den Schrank stellen wollte. Heraus fielen zwei Pistolen, Dietriche und mehrere Tausend Dollar in Scheinen. Bei dem Anblick lief es mir eiskalt den Rücken hinunter. Sofort packte ich meine Sachen und zog zu Mutter zurück, ohne ihr etwas zu erzählen. Sie hätte doch nur gesagt: »Ich habe es ja gleich gewusst.« Humberto hinterließ ich einen Zettel, auf dem stand: »Tut mir Leid, aber ich bin für die Ehe ungeeignet.« Bevor ich ging, nahm ich 5000 Dollar aus dem Haufen und steckte sie ein. Er hat es nicht einmal gemerkt.

Ich hatte Humberto fast vergessen, als ich den Leihschein eines Pfandhauses fand, den ich vor langer Zeit aus einer seiner Hosentaschen herausgenommen hatte. Aus Neugierde ging ich hin, nur um zu fragen, worum es sich handelte. Aber bevor ich eine Antwort bekam, war die Polizei da und nahm mich fest: »Sie sind verhaftet wegen Besitzes von gestohlenem Eigentum.«

Auf dem Revier klärte sich bald alles auf, und ich arbeitete mit der Polizei zusammen, um Humberto zu schnappen. Er war tatsächlich ein gesuchter Berufsverbrecher. Als er aus dem Apartment verschwunden war, hatte er auch keinerlei Spuren hinterlassen – nur ein paar Fingerabdrücke.

Von den gestohlenen 5000 Dollar bezahlte ich die Einschreibgebühren für eine Sprachenschule und kaufte Kleider und Spielzeug für Mónica.

Mit dem Polizeioffizier J. J., den ich auf dem Revier kennen gelernt hatte, weil er den Fall Humberto bearbeitete, ging ich danach oft aus. Einmal, als wir in einem deutschen Restaurant an der 84. Straße saßen, piepte sein Funkgerät: »FBI hat gesuchten Kubaner Humberto N. W. gefunden.«

Später rief J. J. mich zu Hause an und sagte: »Wusstest du, dass er Geldfälscher war?«

Ich fühlte mich schuldig. Was sollte ich jetzt nur mit den Blüten machen? Ich sah mir die 100-Dollar-Scheine genau an, konnte aber nichts Besonderes an ihnen feststellen. Das gute Mädchen in mir sagte: Gib das Geld zurück, das böse Mädchen hielt dagegen. Ich hatte noch 2000 Dollar übrig und entschloss mich, einen Teil davon durch Einkäufe in Supermärkten zu »waschen«. Das Wechselgeld war garantiert sauber.

Unter anderem kaufte ich als Geschenk für Onkel Charlie ein Hemd für 200 Dollar. Als ich ihm erzählte, woher das Geld dafür stammte, wurde er richtig wütend: »Jesus Christus, du wirst noch einmal im Gefängnis landen, und was wird dann aus Mónica? Du wirst so etwas nie wieder tun!«

Er riss die mir verbliebenen Scheine in kleine Stücke und warf sie kurzerhand in die Toilette. Doch das ging mir zu weit, und ich brach einen heftigen Streit mit ihm vom Zaun. Er schlug mit der Faust gegen die Tür seines Kleiderschranks und rief: »Hier drin sind zwei Millionen Scheiß-Dollar in einem Schuhkarton. Brauchst du etwas? Nimm es!«

Er sagte mir, ich müsse endlich mit dem Unsinn aufhören, der Krieg sei vorbei: »Wir werden dir immer dankbar sein, dass du unsere Leute in Kuba aus dem Gefängnis geholt hast, aber jetzt häng dein Gewehr in den Schrank, es ist vorbei.«

Er spielte mit seiner Bemerkung darauf an, dass ich 1959 in meiner Funktion als Geliebte Fidels zwei Mafiosi aus dem kubanischen Gefängnis entlassen hatte. Die Mafia hat mir diesen Freundschaftsdienst nie vergessen.

Irgendwann rief Onkel Charlie meine Mutter an und sagte ihr: »Hör zu, Marita kommt mit der Vergangenheit nicht klar, sie ist voller Aggressionen und spielt ständig Räuber und Gendarm. Wie wäre es, wenn wir sie für eine Weile nach Deutschland schicken würden?«

Charlie war trotz seines schlechten Rufes ein ehrenwerter Mann. Überhaupt sind nach meiner Erfahrung die so genannten »bösen Jungs« immer die anständigsten und ehrlichsten gewesen. Ganz im Gegensatz zu den »guten« Staatsdienern, die bei jedem Test mit einem »Ehrendetektor« – wenn es so etwas gegeben hätte – durchgefallen wären.

Wenn man sich an die Spielregeln hält, stößt einem die Mafia niemals ein Messer in den Rücken, selbst wenn man Fehler macht. Als ich zum Beispiel einmal mit Leuten aus einer Familie ausging, die mit »meiner« Mafia-Familie verfeindet war, ermahnte mich das Oberhaupt. Da ich meinen Fehler sofort einsah, passierte mir nichts. Das ist bei der CIA anders. Selbst wenn du einen Fehler bereust, erschießen sie dich hinterrücks.

Irgendwann musste ich Humberto in seiner Zelle in Sing-Sing besuchen, ich brauchte seine Unterschrift, um unsere kurze Ehe zu annullieren. Er unterschrieb tatsächlich, aber nur weil ich versprach, ihm Pakete ins Gefängnis zu schicken. Allerdings hatte ich nicht vor, dieses Versprechen jemals einzulösen.

Bei dieser Gelegenheit fragte ich ihn, woher er eigentlich das Falschgeld habe. Er gab zu, es bei einer Serie von »Urlaubseinbrüchen« zufällig gefunden zu haben. Bei dem Einbruch in ein Haus in der Nähe von Coney Island entdeckte er in der Küche fünf Wäscheleinen, an denen Geldscheine zum Trocknen hingen. Er steckte sich einen Stapel frisch getrockneter Scheine ein. Sie waren in Tee getunkt worden, damit sie echt aussahen.

Noch etwas erfuhr ich bei diesem letzten Gespräch mit Humberto: Er war Mitglied der anticastristischen »Gruppe Alpha 66« gewesen, hatte sich jedoch mit der Organisation überworfen. Er wollte schnelles Geld machen und nach Kuba zurückkehren. Ich sagte ihm: »Du bist wirklich ein Stück Scheiße. Erst haust du aus Kuba ab und arbeitest für die CIA. Dann ist dir das zu schmutzig, und du kommst nach New York, um unschuldige, hart arbeitende Menschen auszurauben. Pass auf: Wenn du bei der Aktion mit den Blüten die italienische Mafia beklaut haben solltest, werden sie dich finden.«

Aufgewühlt stürmte ich aus dem Gefängnis – in erster Linie wütend auf mich selbst. Ich schämte mich, dass ich mich mit diesem Verbrecher eingelassen hatte. Ein Wärter sah mich an und sagte: »So ein hübsches Ding und dann so ein Kerl.«

Ich fuhr – wie Charlie es vorgeschlagen hatte – mit Mónica nach Deutschland, um meinen Vater zu besuchen, der zu der Zeit bereits todkrank war. Wir wohnten bei Onkel Fritz und Tante Lotte in Bad Münster am Stein, wo Papa geboren war. Täglich besuchten wir ihn im Krankenhaus, am Nachmittag arbeiteten wir im Garten oder wanderten duch die Weinberge.

Papa starb am 14. Juli 1966. Heute heißt die Uferpromenade in seinem Geburtsort Bad Münster am Stein Kapitän-Lorenz-Ufer.

Nach Papas Tod flog ich nach New York zurück und lebte wieder mit Mónica bei meiner Mutter in der 86. Straße

Ost. Die Kleine konnte ich bald auf einer Privatschule unterbringen, ich selbst begann eine Ausbildung zur Krankenschwester.

Mit Marcos hielt ich brieflichen Kontakt, denn ich wollte in ihm die Erinnerung an seine Tochter wach halten. 1968 las ich dann in der Zeitung, dass Marcos aus dem Gefängnis entlassen worden und nach Madrid ins Exil gegangen war.

Er freute sich sehr, als ich ihn in Madrid in seinem Hotel anrief. Er habe alle meine Briefe und die Fotos von Mónica bekommen. Sie sei wunderschön und sehe ihm sehr ähnlich. Es tat ihm sehr Leid, als er von mir hörte, dass Walters unser Treuhandvermögen annulliert hatte, und er versprach mir, alles wieder gutzumachen. Er bat mich, mit Mónica nach Madrid zu kommen. Dann sprach seine Tochter zum ersten Mal in ihrem Leben mit ihm – wenn auch nur am Telefon.

In der folgenden Woche flog ich nach Madrid und checkte im *Castellano Internacional* ein. Am Morgen nach meiner Ankunft frühstückte ich ausgiebig, bevor ich ins Zimmer zurückging, um Marcos anzurufen. Auf dem Weg nach oben wurde mir schwindlig. Ich konnte nicht mehr atmen, und jeder Muskel, jeder Knochen meines Körpers tat furchtbar weh. Ich kroch in mein Zimmer und fiel auf das Bett. Irgendetwas musste in meinem Kaffee oder im Essen gewesen sein.

Ein Mann mit britischem Akzent fand mich im Zimmer, weil er durch die offene Tür ein Stöhnen gehört hatte. Er fragte, ob er einen Arzt holen solle. Ich bat ihn, es nicht zu tun, sondern mir zu helfen, den erstbesten Flug nach Amerika zu buchen. Ich flüsterte Mutters Telefonnummer in New York, und er rief dort an. Ich war überzeugt davon, dass die CIA mich von meinem Treffen mit Marcos abhalten wollte – mit allen Mitteln. Diese Art »Warnung« war typisch für sie.

Es dauerte noch zwei Tage, bis ich wieder stehen und mit dem Taxi zum Flughafen fahren konnte. Meine Mutter erwartete mich in New York am Kennedy-Flughafen mit einem Krankenwagen. Im New York Doctor's Hospital diagnostizierten die Ärzte eine Vergiftung infolge eines unbekannten Toxins. Ich verbrachte eine ganze Woche im Krankenhaus.

Beziehungskomödien

Bald nach meiner Genesung lernte ich zwei sehr unterschiedliche Männer kennen, die mein Leben grundlegend verändern sollten: Edward (Ed) Levy und Louis Yurasits.

Louis war in unserem Mietshaus Hausverwalter. Er wirkte sehr anständig, freundlich und war sehr attraktiv. Wir hatten ein gutes nachbarschaftliches Verhältnis miteinander, bis ich eines Abends die Wahrheit über ihn erfuhr: Ich kam von einer Autopsie im Rahmen meines Medizinkurses zurück und wollte mich für eine Party umziehen. Louis erwartete mich am Hauseingang und bat mich in sein Büro. »Darf ich Ihnen zwei Freunde vorstellen?«, fragte er freundlich.

Es waren Al Chestone und John, beides FBI-Agenten. Sie enthüllten ihre Identität, weil sie mich als Informantin gewinnen wollten. Mónica spielte regelmäßig mit den Kindern einer Hausbewohnerin, die genau über uns ein großes Apartment gemietet hatte. Diese Frau sei, so die FBI-Agenten, die Tochter eines der führenden Mafia-Gangster der USA. In ihrer Wohnung würden Blüten hergestellt. Die beiden Agenten erwarteten, dass ich mich mit der Frau anfreundete und ihnen Beweismittel für die Geldfälscherei lieferte.

»Na hören Sie mal«, widersprach ich empört, »ich bin doch kein Spitzel.«

Ihre kühle Antwort: »Wir kennen Ihre Personalakte.«

Ich sagte: »Wenn Sie meine Akte gelesen haben, dann wissen Sie auch, dass ich alles verloren habe. Ich will nicht wieder in euren Verein zurück.«

Dabei blieb ich, und sie mussten ihre Beweise bei einer Razzia in der Wohnung selbst zusammensuchen. Offensichtlich mit Erfolg – die Frau landete im Gefängnis.

Durch diese Geschichte lernte ich Louis näher kennen. Er war ein erfahrener FBI-Mitarbeiter und in verschiedenen Missionen als Undercoveragent tätig gewesen. Er arbeitete schon lange für Al Chestone und hatte einmal mit ihm zusammen in Kanada den Versuch der Russen verhindert, ein Atomkraftwerk mit KGB-Spionen zu unterwandern.

Eines Abends, als meine Mutter ausgegangen war, lud ich Louis zu mir in die Wohnung ein. Erst redeten wir eine Weile, dann verführte ich ihn. Bald darauf wurde ich schwanger. Das Problem war allerdings, dass ich zu jener Zeit noch einen anderen Liebhaber hatte, nämlich Ed Levy.

Ed war ebenso wie Louis davon überzeugt, dass er der Vater des Kindes sei. Ed kannte ich schon eine ganze Weile. Er war in Brooklyn aufgewachsen, und einige seiner Geschäftspartner waren Mafiosi. Ed besaß 36 Rennpferde und hatte auch in diesem Geschäft mit einigen Gestalten des organisierten Verbrechens zu tun. Es waren Leute der »Kosher Nostra«, der jüdischen Mafia von New York. Ed saß an der Quelle zum großen Geld, und ich bekam hin und wieder ein wenig davon ab.

Wir hatten uns ganz zufällig in einer Bar kennen gelernt. Ich stolperte mehr oder weniger über den Tisch, an dem er saß. Er machte damals eine schwere Krise durch, da seine Tochter einem Gehirntumor zum Opfer gefallen war. Im gleichen Monat starben seine Mutter und sein Vater. Obendrein verließ ihn seine Frau. Wir freundeten uns an, und sobald die Scheidung unter Dach und Fach war, wollte Ed mich heiraten.

Kurz und gut, daraus entstand eine wirre Beziehungskomödie. Einmal versuchte ich zum Beispiel, Marcos in Spanien ans Telefon zu bekommen, weil ich endlich Klarheit darüber verlangte, ob er mit uns noch etwas zu tun haben wollte.

Louis war zur selben Zeit im Kinderzimmer dabei, ein Kinderbett zu bauen. Er war zwar sehr verblüfft über die Schwangerschaft, freute sich aber dennoch darauf, wieder Vater zu werden. Dann kam auch noch Ed vorbei und brachte etwas zum Naschen mit, damit ich bei Kräften blieb.

Mit Louis verband mich eine eher freundschaftliche Arbeitsbeziehung, Ed hingegen ermöglichte mir ein Leben im Luxus. Keiner der beiden merkte jemals etwas von der Existenz des anderen.

Brisanter Müll

Die beiden FBI-Agenten ließen nicht locker. Immer wieder sprachen sie mich an und wollten wissen, was ich vorhätte. »Es ist nicht gut«, sagten sie, »ein Kind in die Welt zu setzen, das keinen Vater hat.«

Sie wollten, dass ich Louis heiratete, damit das Baby eine ordentliche Familie bekäme. Aber das war nicht die ganze Wahrheit. Eigentlich brauchten sie für einen neuen Undercoverauftrag ein vertrauenswürdiges Ehepaar.

Bevor ich einwilligte, wurde Mark geboren, und zwar am 13. Dezember 1969. Kurz darauf schickten uns die FBI-Agenten nach Mexiko, weil dort eine schnelle Scheidung von Louis' vorheriger Ehe möglich war.

Wir heirateten und zogen in das neue, 32-stöckige Luxusapartmenthaus 250 East an der 87. Straße. In dem

Haus wohnten neben normalen Mietern viele UN-Diplomaten aus sozialistischen Ländern. Getarnt als Verwalterehepaar sollten wir sie ausspionieren.

Unser eigenes Apartment lag im ersten Stock; es war geräumig, luxuriös und bot eine fantastische Aussicht auf das Gebäude, in dem die russische UN-Delegation residierte. Eine ideale Lage, um Fotos zu machen. Der sowjetische Geheimdienst KGB schickte damals jede Menge Agenten nach New York, um die eigenen Delegationsmitglieder zu überwachen, und viele Diplomaten waren in Wirklichkeit Agenten. Der Kalte Krieg war damals in seiner Hochphase, und jeder bespitzelte jeden.

Die Ostblock-Profis rechneten natürlich damit, dass sie belauscht würden, und führten regelmäßig Routineüberprüfungen in ihren Wohnungen durch. Sie nahmen die Schutzplatten aller Steckdosen ab, weil dort normalerweise die Wanzen versteckt waren. Aber da das Gebäude neu war, hatten wir die Wanzen vor Abschluss der Bauarbeiten hinter den Steckdosen versteckt und verdrahtet. Sie konnten bei den Routinechecks nicht gefunden werden. Unten im Keller gab es einen gut verborgenen Abhörraum, in dem zwei Agenten rund um die Uhr die Gespräche im Hause belauschten und aufzeichneten.

Unsere Mieter waren natürlich auch nicht auf den Kopf gefallen. Sie dachten sich allerlei Tricks aus, um festzustellen, ob während ihrer Abwesenheit amerikanische Agenten in ihren Wohnungen gewesen sein könnten. Sie spannten zum Beispiel einen winzigen Seidenfaden vor die Eingangstür, der zerriss, wenn jemand die Wohnung betrat.

Ich bekam vom FBI einen Schnellkurs in Kriminaltechnik.

Nach dieser Ausbildung zur Spionin war ich in der Lage, Fingerabdrücke zu nehmen und zu identifizieren, außerdem Überwachungsfotos zu machen. Unsere Wohnung hatte zwei Bäder. Eines davon war zu einem ab-hörsicheren Büro umgebaut worden, das auch als Dun-kelkammer zum Entwickeln der Fotos verwendet wurde. Zudem besaß ich eine Standardausrüstung, um Drogen testen zu können.

Jeden Abend ging ich mit den Kindern in den Keller, um Unterlagen und Notizen aus der Müllpresse zu fi-schen, die die Diplomaten achtlos in ihre Müllschlucker geworfen hatten. Sie gingen davon aus, dass die Müll-presse ständig in Betrieb war, und machten sich oft nicht die Mühe, die Notizen zu zerreißen. Mit den Kindern ver-anstaltete ich oft einen Wettbewerb im Beweismaterialfi-schen.

Alles, was nach Briefen oder Dokumenten aussah oder sonst von Interesse sein konnte, nahm ich mit in mein Büro und las es nach Geheimcodes und irgendwelchen In-formationen von politischer Bedeutung durch. Es war wirklich interessanter Müll. Ich wurde mit der Zeit zu ei-ner wahren Müllexpertin.

Der Müll der Albaner war für das FBI am wichtigsten. Kein Mensch wusste, was sie eigentlich in New York trie-ben. Einer meiner größten Erfolge war daher die Ent-schlüsselung eines Dokumentes aus dem Müll der Alba-ner, aus dem hervorging, dass sie eine revolutionäre Terrorgruppe der USA mit Geld und Waffen belieferten. Die ganze Gruppe wurde schließlich vom FBI verhaftet.

Unser Führungsoffizier war Al Chestone, von allen »Onkel Al« genannt. Er kam fast jeden Morgen gegen acht auf eine Tasse Kaffee vorbei, um sich als Freund der Familie zu etablieren. Er wechselte sogar Marks Windeln und brachte uns regelmäßig einen Umschlag mit Geld. Zusätzlich bekamen Louis und ich ein Hausverwalterge-halt von je 2000 Dollar im Monat.

Einer unserer Mieter galt als führende Persönlichkeit der militanten Schwarzenbewegung. Er erhielt ständig Besuch von unterschiedlichen Personen, die immer nur kurz blieben. Wir vermuteten, dass die Wohnung eine Art Treff oder Umschlagplatz war.

Doch wir kamen nicht weiter, und so sah ich mich eines Tages in der Wohnung um. Drinnen lag überall Munition herum. Der Boden war mit Literatur der *Black Liberation Army* bedeckt: »Vereinigte Arbeiter der Welt«, »Wie man Bomben baut«, »Weatherman-Underground«. Dazu ein ansehnliches Waffenarsenal.

Es war die Zeit der Vietnam-Proteste. Weiße Polizisten galten als »Schweine«, und das halbe Land empörte sich über die Armut in Amerika und die Methoden von FBI-Chef J. Edgar Hoover, der alle möglichen Leute bespitzeln ließ, von Martin Luther King bis John Lennon.

Als weiterer Hinweis auf Gewaltaktionen fand ich einen Nachlader. Mit diesem Gerät kann man bereits benutzte Patronen nachfüllen. Louis verwanzte das Apartment, während ich meinen Freund J. J. von der Mordkommission anrief, mit dem ich dann noch einmal in das Apartment eindrang. Als Beweismittel nahmen wir eine Patronenhülse mit, die schon einmal nachgeladen worden war. Das Polizeilabor stellte fest, dass sie aus demselben Nachlader stammte wie die Kugeln, mit denen einige Wochen zuvor in Harlem zwei Polizisten auf Streife erschossen worden waren – ein Schwarzer und ein Weißer. Der Mieter wurde verhaftet und so lange in die Mangel genommen, bis er die Namen der Todesschützen preisgab. Sie wurden noch im gleichen Jahr in Kalifornien aufgespürt und verhaftet.

Polizeichef in Unterhosen

Die Ermittlungen gegen die *Black Liberation Army* wurden von Chief Frank X. geleitet. Er war Chef der Abteilung Organisierte Kriminalität und außerdem stellvertretender Polizeichef von New York. Al Chestone arrangierte ein Treffen zwischen uns beiden.

Frank war ein kräftiger, sehr irisch aussehender Polizist mit blauen Augen, der sich auf distanzierte und professionelle Weise mit mir über den Fall unterhielt. Ein hartgekochter Bulle. Er wirkte so unnahbar, dass ich schon beim ersten Treffen große Lust bekam, ihn zu verführen. Ich wollte diese Bastion polizeilicher Korrektheit schleifen. Er sollte vor mir in Unterhosen dastehen. Das war 1972. Unser Verhältnis dauerte 15 Jahre. Wir trafen uns jeden Mittwoch in einem Zimmer des *Marriott*.

Frank ist nach Fidel der Mann, den ich am meisten geliebt habe. Wir waren voneinander besessen. Natürlich wollte er auch einiges von dem wissen, was ich in meiner übrigen Zeit tat: über Ed Levy und meine anderen Freunde aus der Mafia, mit denen ich dann und wann ausging, oder über Oleg L., einen russischen Spion, mit dem ich mich angefreundet hatte, weil ich ihn im Auftrag des FBI aushorchen wollte.

Ich habe ihm wohl ein bisschen zu viel erzählt, denn einmal wurde Frank so eifersüchtig, dass er mir mit seinem Wagen folgte, als ich ein Treffen mit Oleg hatte. Ich war furchtbar wütend auf Frank und begann hinterher mit ihm im Auto einen heftigen Streit, weil er mit seiner Eifersucht meinen FBI-Auftrag gefährdete. Es regnete in Strömen, und Frank lenkte den Wagen in eine Nebenstraße, wo er ihn unter Bäumen parkte. Ich merkte nicht, dass ich mit dem Knie gegen einen Schalter gestoßen war und damit das Funkgerät eingeschaltet hatte. Franks Kollegen hatten jedenfalls großen Spaß daran, die Liebesszene und unser Gequatsche über Kollegen, Vorgesetzte und Ehepartner am anderen Ende der Leitung in der Zentrale mit zu verfolgen. Zu guter Letzt löste sich auch noch die Handbremse, und der Wagen rollte rückwärts in ein großes Wasserloch, die Schnauze in der Luft.

Bei dem Versuch auszusteigen verlor Frank nicht nur seine Pistole, sondern löste aus Versehen auch die Alarmanlage des Wagens und das Blaulicht aus. Ich musste lachen und rief über Funk: »Hilfe, zwei Polizeioffiziere in Lebensgefahr!«

Frank drohte, mich zu erschießen, sollte er seine Pistole im Wasserloch wiederfinden. Schließlich konnte er sich befreien, und mit heruntergelassener Hose fiel er ins Wasser.

Mir machte das Agentendasein großen Spaß. Es war faszinierend und aufregend – manchmal natürlich auch gefährlich. Ich fühlte mich damals vor allem durchtrieben und unbesiegbar.

Oleg, mein KGB-General

Oleg L. war der größte »Erfolg« meiner gesamten Agentenlaufbahn. Dabei hätte Al Chestone die ganze Sache zu Beginn beinahe verpatzt. Und das war so: In meinem »Badezimmerbüro« hingen überall Fotos von KGB-Offizieren, die vom FBI gesucht wurden. Eines Tages zeigte mir Onkel Al das Foto eines großen, gut aussehenden KGB-Generals. Al Chestone vermutete, dass dieser besonders wichtige Agent mit Namen Oleg L., den er schon seit Monaten suchte, mit Diplomatenpass in die USA eingereist sei.

Ich erkannte diesen Mann sofort. Er war vor etwa zwei Wochen in unser Haus eingezogen. Sicher würde er, wie jeden Tag um diese Zeit, in der nächsten halben Stunde nach Hause kommen. Also setzte ich Mark in den Kinderwagen und fuhr mit ihm und Onkel Al im Aufzug hinunter. Unten kam uns tatsächlich Oleg L. entgegen. Er grüßte freundlich und ging weiter. Da wurde Onkel Al ganz blass, und ich war furchtbar wütend auf ihn. Schließlich hatten wir Oleg L. schon mehrmals fotografiert und die Fotos an das FBI geliefert. Offenbar gab es große Lücken beim FBI.

Noch ärgerlicher war, dass Onkel Al auf den ersten Blick als FBI-Agent zu erkennen war. Wie unter J. Edgar Hoover üblich, hielt auch Onkel Al sich an den konservativen Kleidungskodex seines Arbeitgebers: Er war angezogen wie ein Büroangestellter. Dazu am Schlips die unverwechselbare Krawattennadel PT-109, die alle FBI-Agenten als Geschenk noch von der Kennedy-Regierung erhalten hatten. Oleg L. wusste nun also Bescheid. Aber da ich einige Schritte hinter Onkel Al hergegangen war, brachte er mich zum Glück nicht mit ihm in Verbindung.

Louis und ich freundeten uns nach und nach mit Oleg und seiner Frau an. Hilfreich dabei war, dass Louis fließend Russisch sprach. Außerdem war die Frau des KGB-Generals ganz offensichtlich an einer Affäre mit Louis interessiert. Eines Tages bat Oleg mich, ihm eine Seiko-Uhr zu kaufen, er selbst durfte das nämlich nicht. Ich besorgte ihm die Uhr und machte ihn langsam mit kleinen Geschenken vom Kapitalismus abhängig, bis ich irgendwann mit ihm ein Verhältnis begann. Offiziell war er Erster Sekretär der sowjetischen UN-Mission, also ein ziemlich dicker Fisch. Nach zwei Jahren hatte ich ihn so weit, dass er überlaufen wollte. Ich besorgte ihm alles, was er nicht haben durfte: eine Bibel, Diamanten, Kleidung und Medikamente für seine Familie in Moskau. Die Diamanten stammten aus beschlagnahmten Mafia-Beständen, die das FBI wieder verwendete.

Eines Tages nahm ich Oleg zu einem Ausflug nach Connecticut mit. Unser Ziel lag außerhalb der 25-Meilen-Zone, die er eigentlich nicht verlassen durfte. Oleg suchte nun ernsthaft nach einer Möglichkeit, auszusteigen. Seine Zeit in New York war um, und sein Rückruf stand bevor. Allerdings befürchtete er, der KGB würde seine Familie umbringen, sollte er zu uns überlaufen. Ich sagte zu ihm: »Dann lass es lieber, du würdest dich sonst selbst zerstören.«

Er tat es trotzdem, auch weil er sich unsterblich in eine junge Kanadierin verliebt hatte. Ich übergab ihn Onkel Al, und auf der CIA-Farm in Virginia quetschten sie ihn so lange aus, bis sein Kopf völlig leer war. Dann bekam er eine neue Identität, mit der er heute noch in den USA lebt. Seine Frau ist leider tatsächlich vom KGB ermordet worden, seine Kinder allerdings nicht. Spionage ist ein dreckiges Geschäft.

Um Überwachungsfotos in der Nachbarschaft zu machen, hatte ich extra ein Fahrrad mit Kindersitz für Mark angeschafft. Damit fuhren wir regelmäßig durch den Park und in die nähere Umgebung. Ich fotografierte meine Kinder und machte ganz nebenbei den einen oder anderen Schnappschuss von Agenten aus Albanien, Russland, Bulgarien oder der DDR. Ich hatte immer eine eigens angefertigte Minox-Kamera bei mir, die über eine besonders hohe Lichtstärke verfügte und sich für Telefotos an ein Fernglas anschließen ließ.

Neben meiner Arbeit als FBI-Informantin war ich tagsüber als Hilfspolizistin beim Hilfskorps des 23. Polizeireviers tätig. Auch dort ging ich meiner Lieblingstätigkeit nach: verdeckte Ermittlungen. Ich ging in einem eigens für Polizeizwecke umgebauten Taxi mit zwei Detektiven auf Streife. Einer lenkte den Wagen, der andere und ich spielten Taxigäste. So konnten wir unerkannt überall hinfahren. Einmal bekamen wir über Polizeifunk den Hinweis, dass im Central-Park eine Frau vergewaltigt worden sei, der Tatverdächtige, ein Spanier, sei auf der Flucht. Wir fuhren auf einem Serviceweg durch den Park, als ich den Flüchtigen plötzlich sah und instinktiv die Tür öffnete, um ihn zu fassen. Mein Kollege schrie mir zu, im Wagen zu bleiben – genau eine Sekunde zu spät. Ich war schon gesprungen, und die offene Wagentür knallte gegen einen Baum.

Ich hastete zurück in den Wagen und hielt die verbogene Tür während der nun folgenden Verfolgungsjagd fest. Wir jagten dem Verdächtigen hinterher, der die Treppe zu einem Teich hinunterrannte. Wir holperten mit dem Wagen über die Stufen, völlig vom Jagdfieber gepackt. Da die Treppe ziemlich steil war, landeten wir im Wasser, und der Motor starb mit einem Gurgeln ab. Wir kümmerten uns jedoch nicht weiter darum, sondern stürztenn aus dem Auto und rannten dem Mann nach. In der 96. Straße schnappten wir ihn, legten ihm Handschellen an und brachten ihn zu Fuß zum Revier.

»Wo habt ihr den Wagen gelassen?«, fragte der Revierleiter. »Der steht im Park und springt nicht mehr an«, erwiderten wir nur.

Wir bekamen wegen der Sache noch ordentlich Ärger, als herauskam, dass der Wagen Totalschaden hatte.

Oft saß ich abends ab 19.00 Uhr in meinem Büro im 23. Revier und bearbeitete Akten. Ich erstellte Täterprofile und listete die Verbrechen nach unterschiedlichen Typen auf. Meine Hauptaufgabe bestand jedoch darin, Anrufe von Mietern unseres Hochhauses entgegenzunehmen. Und die kamen immer dann, wenn ein Mieter festgestellt hatte, dass während seiner Abwesenheit jemand in die Wohnung eingedrungen war. Die Betroffenen gingen dann zu Louis, der ihnen voller Mitgefühl dringend riet, Anzeige im 23. Polizeirevier zu erstatten. Ich sprach in so einem Fall immer mit einem nasalen Südstaaten-Akzent, um nicht erkannt zu werden, nahm geduldig alle Einzelheiten des Einbruchs auf und versprach den Opfern, so schnell wie möglich meine besten Kriminalbeamten vorbeizuschicken.

Zwei vom FBI ausgewählte und instruierte Kriminalisten holten sich dann das Formular für Einbruchsdelikte, die Utensilien für Fingerabdrücke und was sie sonst noch brauchten und machten sich auf den Weg. Mit ihrer leisen, mitfühlenden und professionellen Art konnten sie die betroffenen Ostblock-Mieter meist beruhigen. Diese gelangten dann zu der Einsicht, der Eindringling sei wohl nur ein Drogensüchtiger gewesen, der etwas gesucht hatte, was sich zu Geld machen ließ. Schließlich wohnten wir in einem Junkieviertel.

Ratten

Fast wäre unser ausgeklügeltes Spionagenetzwerk durch die Rattenplage aufgeflogen. Mark war 19 Monate alt, als er eines Nachts erbärmlich schrie. Ich wachte auf und sah, dass er im Gesicht ganz blutig war, auf seiner Wange waren noch Milchreste zu sehen. Eine Ratte hatte sie abgeleckt und ihn dabei gebissen. Als ich das Biest im Wandschrank fand, wurde ich hysterisch und holte meine Pistole, um es zu erschießen. Die Ratte verschwand im Luftschacht, und ich schoss ihr wütend hinterher.

Die Gesundheitsbehörde stellte kurz darauf fest, dass das Gebäude bis in den sechsten Stock hinauf mit Ratten verseucht war. Sie wollte das ganze Gebäude evakuieren lassen, aber das FBI bestand auf einer dezenten Entseuchung, bei der die Mieter nicht verschreckt würden. Dazu mussten alle Zuleitungen zur Klimaanlage versiegelt werden.

Mark erkrankte am Rattenbissfieber. Als er in der Notaufnahme eingeliefert wurde, war er bereits halb komatös, und sein Zustand wurde von den Ärzten als ernst bezeichnet. Eine Woche lang saß ich an seinem Bett. Noch Monate später brach die Wunde an seiner Wange immer wieder auf.

Die besondere Ironie dieser Geschichte ist, dass Mark

schließlich von einer russischen Ärztin, die für die sowjetischen UN-Diplomaten zuständig war, geheilt wurde. Sie hatte nämlich in ihrem Giftschrank eine Wundersalbe, mit der sie meinen Sohn behandelte. Die Wunde verschwand. Die Ärztin bat als Lohn für ihre Hilfe um eine Bibel. Da auch sie von KGB-Agenten überwacht wurde, traute sie sich nicht, in eine Buchhandlung zu gehen und sich selbst eine zu kaufen. Ich besorgte ihr die Bibel, ein Kochbuch und noch ein paar andere Geschenke.

Wir kauften unseren Mietern damals alles, was sie sich wünschten, und überreichten ihnen die Waren als »Geschenke«. Die durften sie nämlich annehmen. Nur Geld ausgeben durften sie nicht.

Als Mark 22 Monate alt war, übertrug ich ihm die Aufgabe, die Päckchen mit den Geschenken bei den Russen abzugeben. So gewann er ihre Herzen. Und weil wir gründliche Berichte erstellten, tauchten auch seine Botengänge darin auf. So kam er zu seiner operativen Akte und wurde der jüngste FBI-Kontraktagent aller Zeiten.

Onkel Al nahm eine kleine Probe der russischen Wundersalbe von Marks Backe ab und ließ sie analysieren. Später brachte ein großer Pharmakonzern eine komplette Nachahmung des Medikaments auf den Markt.

Pino Fagiano

Als Mark in Lebensgefahr schwebte, legte ich mich mit der Geschäftsführung von Glenwood an, der Firma, die das Haus verwaltete und es auf schnelle und schlampige Art hatte errichten lassen. Ich drohte den Managern, das ganze Gebäude in die Luft zu sprengen, sollte mein Sohn sterben. Außerdem würde ich der Presse von ihren schmutzigen Geschäften erzählen.

Daraufhin engagierte die Geschäftsführung Giuseppe

Pino Fagiano, um mich einzuschüchtern. Pino arbeitete freiberuflich für alle fünf New Yorker Mafia-Familien. Ich kannte ihn, weil er schon einmal für Glenwood tätig geworden war, als die Gesellschaft ein neues Hochhaus auf einem ihrer Grundstücke bauen wollte. Das Problem war, dass darauf alte, vierstöckige Häuser aus Ziegelsteinen standen, in denen seit Jahren dieselben Familien mit einer gesetzlich garantierten Niedrigmiete lebten. Da sie nicht weichen wollten, schickte ihnen Glenwood Pino Fagiano vorbei. Der versuchte es erst mit den üblichen Tricks: Wasser und Strom abstellen, Treppen ansägen.

Als eines Tages das Gebäude in Flammen aufging, kamen zwei behinderte Bewohner, die im Rollstuhl saßen, nicht mehr rechtzeitig ins Freie und starben in den Flammen. Als ich Pino einige Zeit später in der Lobby unseres Gebäudes herumlungern sah, schrie ich ihn in aller Öffentlichkeit an: »Warum hast du das getan? Zwei Menschen sind in den Flammen umgekommen.« Er reagierte eiskalt: »Na und, die wären doch sowieso bald gestorben.«

Nun also fühlte ich mich von ihm bedroht. Eines Tages sprang er zu mir in den Aufzug, als ich auf dem Weg zu Mark ins Krankenhaus war, drückte den Revolver gegen meine Schläfe und zischte: »Wehe, du sagst noch ein Wort gegen das Management ...«

Er war verblüfft, dass ich keinerlei Angst zeigte und ihm auch noch eine freche Antwort gab. Er wusste nichts von meinem Banditenleben in den Everglades.

Seit diesem Zusammentreffen ging ich nicht mehr ohne Pistole aus der Wohnung. Bis zu seiner Verhaftung im Jahre 1984, an der ich einen nicht unerheblichen Anteil hatte, hat dieser Furcht einflößende Kerl immer wieder auf unheilvolle Art und Weise meinen Weg gekreuzt.

Marks Erinnerung

Mark ist inzwischen dreißig Jahre alt, ein kräftig gebauter junger Mann, das Haar zu einem buschigen schwarzen Zopf zusammengebunden, Militärstiefel an den Füßen und meistens schwarz gekleidet. Unter der Lederjacke trägt er fast immer sein Lieblings-T-Shirt mit der Aufschrift: »Shit happens«.

Mark studiert an einem College Geologie und bastelt in seiner Freizeit Modelle von Kampfflugzeugen. Voller Begeisterung beschäftigt er sich mit dem Zweiten Weltkrieg und kann alle Kampfflugzeuge, die in den letzten hundert Jahren die unterschiedlichsten Kriege der Neuzeit beflügelten, mit ihren wichtigsten Leistungsmerkmalen aufzählen.

Gemeinsam mit seiner Mutter pflegt er eine gewisse Bewunderung für die militärischen Leistungen der deutschen Wehrmacht und verachtet, genauso wie Marita, das »Dilettantentum« der amerikanischen Armee. Deutschland stellt sich in der Familienmythologie als eine Art verlorenes Paradies dar.

Wenn man aus Maritas Küchenfenster in den dunklen verklinkerten Innenhof des Wohnblocks schaut, sieht man schräg gegenüber Marks winziges Apartment. Sie braucht nur das Fenster hochzuschieben und »*Mark, are you there?*« zu rufen – und schon ist er zur Stelle.

»Er ist der einzige Mensch, dem ich trauen kann«, sagt sie über ihn, sie ruft ihn »Beegie« (Bienchen). Seit seiner Geburt ist er fast ohne Unterbrechung mit Marita zusammen. »Er ist mit mir durch dick und dünn gegangen und hat mich nie im Stich gelassen«, bekräftigt sie.

Marks großes Ziel ist, Marita einen sorgenfreien Lebensabend zu ermöglichen. »Hier hat sie zum ersten Mal in ihrem Leben ein Zuhause. Ich kümmere mich um sie. Früher war ich der Kleine, jetzt hat sich das Verhältnis eben umgekehrt. Sie ist das Kind, und ich bin nun ihr Kapitän Lorenz.«

Er hat eine Art Seilbahn quer über den Innenhof gebaut, mit der er ihr Botschaften und Lebensmittel schicken kann. Aus der Kantine des Altenheims, in dem er gerade jobbt, hat Mark eine Currywurst mit ein paar Salatblättern mitgebracht. Marita schlingt das Essen hinunter. Einen Löffel für sie, einen Löffel für ihren alten Hund Wussie.

Spannungen gibt es zwischen Mutter und Sohn immer dann, wenn Mark eine Episode aus gemeinsam bestandenen Abenteuern erzählt und sie ihn verbessert (was sie fast jedes Mal tut). Dann hat er plötzlich einen eiskalten Ausdruck in den Augen und sagt mit schneidender Stimme: »*Please, Mom*, ich kann für mich alleine sprechen, unterbrich mich bitte nie wieder!«

Wie bei seiner Schwester Mónica ist Marks größter Schmerz, dass er keine Beziehung zu seinem Vater hat. Er hat zwar vor einigen Jahren nach langem Suchen die neue Adresse von Louis Yurasits herausbekommen und ihn auch angerufen, aber sein Vater habe ihm klipp und klar erklärt, dass er mit ihm und Marita nichts zu tun haben möchte. Sollte Mark noch einmal anrufen, würde er ihn wegen Belästigung anzeigen.

Immer wieder hat Mark seine Mutter gefragt, warum sein Vater ihn so vehement ablehne. Maritas Erklärung, Yurasits dürfte immer noch im Dienst des FBI stehen und deswegen keinen Kontakt zu ihm haben, überzeugt ihn nicht ganz. In einer stillen Stunde verrät er mir, dass er immer noch sehr wenig über seine Herkunft wisse.

Als Louis Yurasits ihn und Marita verließ, sei er sehr verstört gewesen, denn er liebte seinen Vater sehr. Da habe Marita, um ihm die Trennung zu erleichtern, behauptet, nicht Louis sei sein Vater, sondern Ed Levy.

Als er in die Pubertät kam und seiner Mutter aus dem

Ruder zu laufen drohte, habe sie ihm erklärt, auch nicht Ed Levy, sondern Polizeichef Frank X. sei in Wirklichkeit sein Vater. Damit habe sie ihn einschüchtern wollen. Ganz sicher ist Mark sich auch heute nicht, wessen Sohn er wirklich ist. Er kramt das einzige Foto hervor, das er von Louis Yurasits hat, und verkündet entschlossen: »Ihm sehe ich am ähnlichsten.«

In den Unterlagen des FBI findet sich der vertrauliche Vermerk eines Agenten aus Miami über ein Gespräch mit Marita Lorenz. Datiert ist der Eintrag auf den 2.1.1982, der Name des Agenten ist jedoch geschwärzt. Er berichtet an die FBI-Zentrale:

»Marita Lorenz gebar Ed Levy einen Sohn, Mark Edward Lorenz Yurasits. Levy zahlte Louis Yurasits 50 000 Dollar, damit dieser die Lorenz heiratete und ihrem Sohn einen legalen Status gab. L. Yurasits nahm die Vaterschaft an. Ed Levy traf Lorenz mindestens zweimal wöchentlich und zahlte ihr monatlich etwa 3000 Dollar für Auslagen.«

Marita kann sich an diesen FBI-Vermerk, der in ihrer eigenen FBI-Akte zu finden ist, gut erinnern. »Ach«, erklärt sie, »das habe ich doch nur behauptet, um mich an Ed zu rächen.« Ed Levy habe nämlich später, im Jahr 1979, Geld von ihr verlangt, weil er an die Gambino-Familie eine monatliche Provision von 10 000 Dollar zahlen musste, damit sie ihn am Leben ließ.

Ein Racheakt mit Mitteln der Desinformation entspricht durchaus Maritas Stil, denn »Marita liebte das Spiel«, so ihr älterer Bruder Joe. »Sie hat das Schauspieltalent von unserer Mutter geerbt. Es war schon immer wichtig, dass sich alles um sie dreht.«

Viele scheinbar unvereinbare Handlungen in Maritas Leben werden so für ihren Bruder nachvollziehbar. Dass sie gegen Fidel Castro gekämpft, ihn aber gleichzeitig geliebt hat, sei für sie nie ein Widerspruch gewesen: »Sie ist sehr spontan und tut das, was ihr gerade einfällt.«

Es habe sie zum Beispiel gereizt, New Yorker Mafia-Familien zu infiltrieren, dabei gleichzeitig eine Ehe mit einem FBI-Agenten zu führen und nebenbei zwei Liebesaffären zu haben: eine mit dem Polizeichef und die andere mit einem Mafioso. Irgendwann wusste niemand mehr, für wen sie eigentlich arbeitete. Joes Meinung dazu: »Eigentlich nur für sich selbst, wichtig war das Spiel, nicht das Ergebnis.«

Maritas Affäre mit Ed Levy hat bei Bruder Joe besonders angenehme Erinnerungen hinterlassen, denn davon habe die ganze Familie profitiert. Ed Levy sei häufig bei Marita und ihrer Mutter zu Gast gewesen, ein Gentleman mit besten Manieren. Mutter Lorenz habe ihn zum Beispiel dazu überredet, ihrem jüngsten Sohn Philip, einem bekannten Konzertpianisten in den USA, einen prächtigen Konzertflügel zu kaufen. Und als »Eddy« ihn einmal zum Essen im Restaurant einlud, habe er jedem Kellner 100 Dollar Trinkgeld gegeben.

Ed habe bei jedem Besuch 20 Filets Mignon mitgebracht und die in den Kühlschrank gelegt. Einmal, als Joe noch studierte, wollte er auch ihm einen Job als »Friedhofswärter« auf einem verlassenen Industriegelände anbieten, auf dem die Mafia ihre Opfer aus Familienfehden »beerdigte«, indem sie sie in Beton eingoss. Doch er habe den Job dankend abgelehnt, da er sich auf eine Stelle im Außenministerium bewerben wollte und noch einmal sicherheitsüberprüft werden musste: »Okay«, habe Ed Levy gesagt, »dann bist du nichts für mich.«

Begeistert von seiner Anekdote, bricht Joe in sein ansteckendes und fröhliches Lachen aus.

Einmal habe er seine Schwester in ihrem Agentenhochhaus in New York besucht, als sich gerade ein Schwerverbrecher vor einem Polizeieinsatz in den Keller des Hauses geflüchtet hatte. Marita sei alleine mit ihrer Pistole hinter dem Gangster hergegangen, habe ihn gestellt und 20 Minuten lang in Schach gehalten, bis die Polizei eintraf. Als der Polizeioffizier ihr den Revolver abgenommen und kontrolliert habe, musste er zu seiner großen Verblüffung feststellen, dass die Waffe gar nicht geladen war. Joe fügt anerkennend hinzu: »Sie hat vor nichts Angst.«

Mein Watergate

Im Jahr 1972, während meiner FBI-Ehe mit Louis Yurasits, geschah der Watergate-Einbruch im Hauptquartier der Demokratischen Partei, der zum Sturz Präsident Nixons führte. In einem Zeitungsartikel über den Einbruch waren die Fotos von Nixons Einbrechern abgebildet. Ich erkannte in ihnen auf den ersten Blick meine Kameraden aus alten Zeiten in den Everglades: E. Howard Hunt, den ich in Miami als »Eduardo« kennen gelernt hatte und der uns immer die Umschläge mit dem Geld brachte, und meinen alten Freund und Instrukteur Frank Sturgis.

Frank wurde zu einer Gefängnisstrafe verurteilt, die er in Danbury in Connecticut absitzen musste. Er hatte für Nixon außer dem Watergate-Einbruch auch noch andere Drecksarbeiten erledigt. Auch wenn er einige Menschenleben auf dem Gewissen hatte, hielt er sich selbst für einen Patrioten und erwartete deshalb, dass er begnadigt wurde. Als dies nicht der Fall war, fühlte er sich verraten und verkauft und nahm Kontakt mit der New Yorker Zeitung *Daily News* auf, um sich zu rächen. Er wollte der Zeitung seine Lebensgeschichte als James Bond der CIA verkaufen.

Unser Portier sagte mir eines Tages, ein Reporter der Zeitung sei erschienen und habe nach einer gewissen Marita Lorenz gefragt: »Wer soll das sein?«, erwiderte ich. Der Türsteher kannte mich nur als Frau Yurasits.

Später, nach Absprache mit dem FBI, unterhielt ich mich dann doch mit dem Reporter, um herauszubekommen, was er vorhatte. Er erzählte mir von der Story, die er mit und über Frank Sturgis schrieb und die in der kommenden Woche erscheinen sollte. Meine Rolle in Florida und auch mein Attentatsversuch auf Fidel sollten darin im Detail ausgemalt werden. Selbst dass eine Bazooka unter Fidels Bett lag, wenn wir uns liebten, wollte er auf Anregung von Sturgis erwähnen. Er hatte auch Fotos vorgesehen, darunter das von mir und Fidel an Bord der *Berlin*.

Wenn die Geschichte erschien, flog meine Tarnung auf, und ich wäre für das FBI wertlos. Ich wusste instinktiv, dass genau das beabsichtigt war. Sie wollten mich zu ihrem Verein zurückholen. Das FBI versuchte verzweifelt, die *Daily News* von der Veröffentlichung abzuhalten. Ich besuchte in der Zwischenzeit Frank Sturgis im Gefängnis. Er tat sehr erfreut, aber ich war außer mir und beschimpfte ihn: »Warum musst du mich da mit hineinziehen?«

Ich fragte ihn auch, ob er Alexander Rorke und Camilo Cienfuegos umgebracht habe. Er lachte nur und sagte, das sei die CIA gewesen. Er wusste, dass unser Gespräch abgehört wurde. Sturgis war der Meinung, dass er zu Unrecht im Gefängnis saß. Wir beide hätten schließlich viel für die Regierung geleistet und unsere Köpfe für das Land riskiert. Er habe sich immer auf den Schutz seiner politischen Paten verlassen, doch nun sei er leider betrogen worden.

Dann gab er zu, dass er mich ganz bewusst als Sahnehäubchen für seine Story auserkoren hatte, und gab mir den Rat, die Publicity zu nutzen und Geld damit zu verdienen. Die Geschichte sollte in sechs Teilen veröffentlicht werden.

Als ich eines Tages im Sommer 1975 mit Mónica am Zeitungskiosk in der 86. Straße vorbeikam, konnte ich schon von weitem die Schlagzeile erkennen: »Ihr Auftrag: Töte Fidel!« Zwar war ich inzwischen 15 Jahre älter, aber ich war mir sicher, dass mich jeder, der die Fotos in der Zeitung sah, auf Anhieb erkennen würde.

Sturgis verkaufte die Geschichte anschließend noch an eine ganze Reihe anderer Zeitschriften, immer mit anderen Episoden aus seinem ausgedehnten Agentenleben. Dabei gab er jedoch niemals zu, dass er irgendetwas mit dem Attentat auf John F. Kennedy zu tun gehabt hatte.

Als der Artikel erschien, war für mich alles vorbei – die Arbeit für das FBI, meine Ehe mit Louis, die ganze Undercoveroperation. Die Mieter begriffen jetzt, was mit uns los war, und zogen fluchtartig aus dem Gebäude aus. Die Russen bauten für sie ein neues Gebäude – ohne Wanzen.

Louis und ich ließen uns bald darauf scheiden. Er ist heute wieder Gebäudemanager in einem anderen Hochhaus. Er lehnt jeden Kontakt mit mir und seinem Sohn Mark ab. Nachdem meine Vergangenheit aufgeflogen war, wusste ich nicht, wie es weitergehen sollte. Ich wusste nur, dass ich es der CIA heimzahlen würde.

Spezialagent Chestone

Als ich im Rahmen des Gesetzes über Informationsfreiheit, das den Zugang zu Geheimdienstunterlagen ermöglicht, um Auskunft über die ehemalige FBI-Mitarbeiterin Marita Lorenz bitte, erhalte ich die lapidare Antwort, dass sie »zu keinem Zeitpunkt für das FBI tätig war«.

Das einzige schriftliche Zeugnis ihrer Arbeit für das FBI ist die offizielle Dankesurkunde, die über Maritas Bett hängt. Darin schreibt ihr der stellvertretende FBI-Direktor John F. Malone am 29. Oktober 1971, dass er ihr für ihre »außerordentlich hingebungsvolle und extrem wertvolle Arbeit im Dienste der Regierung der Vereinigten Staaten und des FBI« danken möchte.

Abgesehen von dieser Urkunde ist Marita vollständig aus dem offiziellen Gedächtnis der Geheimdienste und Polizeibehörden gelöscht worden. Sie gilt bei CIA und FBI seit langem als »unberechenbar« und »illoyal«.

Einzig ihr ehemaliger Führungsoffizier Al Chestone, heute Chef der Sicherheitsfirma Supreme Associates, bekennt sich zu ihr. Er ist inzwischen über 80 Jahre alt und fährt vor unserem Hotel in New York in einem eleganten weißen Chevrolet vor. Ein wahrer FBI-Gentleman. Er fragt mich etwa eine Stunde lang aus: wen ich in den USA kenne, wo diese Personen wohnen, ob ich zufällig die Telefonnummern dabeihabe und so weiter. Alte Agentenangewohnheit.

Als er von meiner Seriosität überzeugt ist, erkundigt er sich ausführlich danach, wie es Marita und Mark geht. Er möchte die beiden gerne wieder sehen.

Auch Al Chestone findet die Sprachregelung des FBI zu Marita unfair. »Ich mache das nicht mit. Sie war meine beste Agentin, außergewöhnlich begabt und hingebungsvoll. Ein regelrechter Polizeifreak«, bestätigt er.

Er, Chestone, habe damals die Aufgabe gehabt, Mitarbeiter zu rekrutieren, um die rapide wachsende Zahl kommunistischer Agenten in New York unter Kontrolle zu bekommen. Der Kalte Krieg habe sich auf einem Höhepunkt befunden, und New York sei ein regelrechter Tummelplatz für Agenten geworden.

Marita habe vor allem die wertvolle Fähigkeit gehabt, das Vertrauen anderer zu gewinnen. Sie habe durch »ihren natürlichen Charme« überzeugt. Mit FBI-Geldern habe sie Partys veranstaltet, zu denen sie Ostblockdiplomaten und deren Ehefrauen einlud. Sie habe alles und jeden genau beobachtet und mit ihrem exzellenten Gedächtnis nützliche Persönlichkeitsprofile geschrieben, wodurch das FBI viel über die Agententätigkeit verdächtiger Diplomaten erfahren habe.

Maritas Vorgeschichte habe er aus den Akten gekannt, selbstverständlich. Aber, so Al Chestone: »Ihre Affäre mit Castro lag lange zurück, und sie war eine einmalige Entgleisung. Ich spreche Marita davon frei, und auch sie selbst hat es im Nachhinein bedauert«.

Für ihn sei Marita Lorenz eine leidenschaftliche amerikanische Patriotin, die viel dafür getan habe »die Wühlarbeit der Kommunisten gegen unser Land zu stoppen«.

7. Zeugin im Mordfall Kennedy

In der Zeit, als die Story über meine und Franks CIA-Aktivitäten in der *Daily News* erschien und ich damit enttarnt war, setzte der Kongress mehrere Ausschüsse ein, die die illegalen Operationen der CIA und ihre mögliche Verwicklung in politische Morde untersuchen sollten: die *Church Commission*, die *Rockefeller Commission* und schließlich das *House Select Committee on Political Assassination*, das sich speziell mit den Morden an Martin Luther King und John F. Kennedy befasste.

Ein paar alte Bekannte aus den Everglades-Zeiten wurden nun ziemlich nervös, und auch einige Mitglieder der Mafia bekamen kalte Füße, weil sie jetzt befürchten mussten, dass man sie als Sündenböcke opfern würde, damit die Öffentlichkeit nichts von ihren Verbindungen zu den Politikern erfuhr.

Rossellis Tod

Als Ersten erwischte es Johnny Rosselli, der mir 1960 die Giftpillen für Fidel gegeben hatte. Er war als Zeuge geladen, um über seine Kontakte zur CIA und sein Wissen über den Mord an Kennedy auszusagen. Seine erste Aussage blieb ziemlich allgemein, aber er hatte vor, noch eine zweite, wahrscheinlich sehr viel wichtigere Aussage zu machen. Doch dazu sollte es nicht mehr kommen.

Am 7. August 1976 entdeckte ein Fischer in der Dumfoundling Bay in Florida eine treibende Öltonne. Sie wurde aus dem Wasser gefischt und geöffnet: In ihr fand man Johnnys zerstückelte Leiche. Auf den ersten Blick sah alles nach einem Mafia-Mord aus, aber die Sache wurde nie aufgeklärt.

Nur wenig später wurde Sam Giancana in seiner Küche erschossen, kurz bevor er vor dem Untersuchungsausschuss aussagen konnte.

Im Oktober 1977 sprachen Frank Sturgis und ich über den Untersuchungsausschuss. Er war wieder ein freier Mann. Ich hatte bei dem Gespräch das Gefühl, dass er mich zum Schweigen bringen und davon abhalten wollte, über bestimmte Operationen unserer alten Gruppe auszusagen.

Gaeton Fonzi, der Ermittler des Senatsausschusses »Politische Morde«, hatte mich bereits zweimal vernommen und wollte mich vor den Untersuchungsausschuss zitieren. Ich hatte Fonzi von dem Autokonvoi nach Dallas erzählt, bei dem Frank und »Ozzie« damals mitgefahren waren.

Verräterin

Frank bezeichnete mich wegen meiner Bereitschaft auszusagen als »Verräterin«, bot mir aber gleichzeitig an, wieder mit ihm zusammenzuarbeiten. Ich sollte mit ihm nach Angola fliegen. Er wollte dort eine neue, geheim operierende Front gegen die kubanischen Truppen aufbauen, wohingegen ich Fidels Militärberater infiltrieren sollte.

Ich lehnte seine Einladung ab, da ich sicher war, von dieser Mission nicht lebend zurückzukommen. So sagte ich Frank, dass ich nicht für ihn arbeiten könne, weil meine Mutter krank sei, ich zwei Kinder und außerdem einen Freund hätte, nämlich Ed Levy. Darauf erwiderte Frank: »Den hast du nicht mehr lange, dieser Jude wird aus deinem Leben verschwinden.«

Hinter meinem Rücken führte Sturgis dann Ermittlungen gegen Ed durch und leitete deren Ergebnisse an die Steuerfahndung IRS weiter. Ed wurde wegen Versicherungsbetruges verhaftet und angeklagt. In den Zeitungen New Yorks erhielt er den Titel: »Der brillanteste Versicherungsbetrüger aller Zeiten.«

Ed verdiente Millionen durch Scheinversicherungen, mit denen er die Rennpferde italienischer Mafiabosse versichert hatte. Allerdings waren die Policen unecht, und Ed hatte das Geld auf einem Konto in der Schweiz angelegt. Er wurde nicht nur zu einer hohen Gefängnisstrafe verurteilt, sondern hatte außerdem noch die Mafia im Nacken, die ihr Geld zurückverlangte, schon bevor es zum Prozess kam. Da er zu Recht Angst hatte, dass die Mafia ihn im Gefängnis ermorden ließ, bat er das FBI um Hilfe, das daraufhin seine Verlegung in das Bundesgefängnis von Tallahassee in Florida veranlasste.

Von dort schrieb er mir noch einen Brief, in dem er sich über meinen »CIA-Freund« Sturgis beschwerte, der ihm die ganze Sache eingebrockt habe. Dabei ist er selbst schuld – man legt sich nicht ungestraft mit der italienischen Mafia an. Außerdem hatte er mich in seine Geschichten hineingezogen. Er verlangte von mir Geld, um seine Schulden bei der Gambino-Familie zu bezahlen. Sein Kumpel Murray Schackman drohte mir an, mich »aufzumischen«, sollte ich Eddy nicht helfen.

Ed wollte, dass ich ein Buch über mein Leben mit den beiden Diktatoren Fidel Castro und Marcos Pérez Jiménez schrieb. Mit dem Erlös sollte ich monatlich 10 000 Dollar an die Gambino-Familie zahlen, damit er am Leben blieb. Deswegen hasste ich ihn. Er war ein Feigling, weil er seine Probleme mit der Mafia nicht selbst in den Griff bekam.

Nachdem ich Sturgis' Angebot abgelehnt hatte, mit ihm nach Angola zu gehen, um eine »fünfte Kolonne« gegen Kuba aufzubauen, telefonierte ich noch mehrmals mit ihm. Dabei bekam meine Tochter Mónica, die damals 15 war und zur Loyola-Schule an der Park Avenue ging, den Eindruck, Sturgis würde mich bedrohen. Ich hatte nur einmal im Spaß gesagt: »Der will mich umbringen.« Sie hatte immer Angst vor ihm gehabt. Als Sturgis nach New York flog, um mit mir zu sprechen, besorgte sie sich einen Revolver und versteckte sich in einem Gebüsch vor dem Haus gegenüber. Dann rief sie mich aus der Telefonzelle an, um mir ihren Plan mitzuteilen. Sie bestand darauf, mich zu retten.

Ich nahm Kontakt zu meinem Freund, Polizeichef Frank X., auf, der wiederum das 23. Revier alarmierte. Als Sturgis aus dem Taxi stieg, begann Mónica, auf ihn zu schießen. Sie traf ihn aber Gott sei Dank nicht. Anschließend rannte sie weinend davon. Die Polizei kreiste meine Tochter ein. Drei Blocks zwischen East End und York Avenue wurden abgeriegelt, auf den Dächern postierten sich Scharfschützen.

Mónica verlangte nach »Onkel Terry«, Terry McSwiggin, einem Polizisten, den sie kannte – und ließ sich von ihm festnehmen. Frank Sturgis hingegen wurde in meiner Wohnung verhaftet – wegen versuchter Erpressung. Gegen eine Kaution von 25 000 Dollar kam er jedoch wieder auf freien Fuß.

Auf der Flucht

Nachdem Frank Sturgis in meiner New Yorker Wohnung verhaftet und wenige Tage später wieder freigelassen worden war, begannen die Drohungen.

So schob mir jemand, als Johnny Rossellis Leiche zerstückelt in einer Öltonne in der Dumfoundling Bucht angetrieben worden war, eine Zeitung mit der Meldung unter der Tür hindurch. Neben den Artikel über Johnny war gekritzelt: »Du bist die Nächste.«

Ich bin fest davon überzeugt, dass die CIA mich ermorden wollte. Wenn sie dich erst einmal auf dem Kieker haben, dann hilft kein Wegrennen und kein Verstecken.

Praktisch gesehen, hätte ich seit langem tot sein müssen. Aber ich war und bin immer einen Schritt schneller, weil ich meine Gegner kenne und weiß, wie sie vorgehen. Ich bin eine Überlebende. In Bergen-Belsen musste ich lernen, wie man weiteratmet, auch wenn einem der Kopf unter Wasser gedrückt wird.

Nach den Problemen mit Ed und Sturgis' Drohungen bekam ich Polizeischutz und wurde in ein Zeugenschutzprogramm überführt. Man brachte uns in ein kleines Haus in Miami Springs Villa, einem abseits gelegenen Gelände in der Nähe des Flughafens von Miami.

Eines Nachts erwachte ich von einem leichten Druck im Nacken. Als ich die Augen öffnete, sah ich neben mir einen nackten Mann, der mir die Klinge seines Messers ins Genick drückte. Meine beiden Bewacher waren nirgendwo zu sehen. Der Nackte, offenbar ein geistig gestörter Perverser, redete auf mich ein und malte mir in den leuchtendsten Farben aus, welche sexuellen Misshandlungen er mit mir vorhatte.

Er schwitzte und keuchte heftig. Die Spitze seines zweischneidigen Stiletts drang immer tiefer in meine Haut ein, während er mit der anderen Hand sein Glied umfasste.

Zwar hatte ich keine Pistole bei mir, aber unbewaffnet war ich nie. In der Gesäßtasche meiner Jeans, die am Fußende des Bettes lag, steckte ein Springmesser. Ich sprach ruhig und beherrscht mit ihm und überredete ihn, mit mir ins andere Zimmer zu kommen, damit die Kinder nicht aufwachten.

Dabei drängte ich ihn rückwärts zur Tür, holte das Messer aus der Tasche, ließ die Klinge herausspringen und brachte ihm einen harmlosen Schnitt am Handgelenk bei. Dabei sprang ich hin und her, hielt ihn in Bewegung und passte auf, dass er mich nicht erwischte.

Plötzlich stand Mónica in der Tür und schrie: »Mami, Mami!« Dadurch wurde der Irre abgelenkt, ich stieß mit dem Messer zu und schlitzte den Kerl dabei an der Brust und am Arm auf. Er fiel rückwärts auf einen Couchtisch, rappelte sich hoch und zog sich zur Tür zurück. Als er draußen war, warf ich die Tür zu und begann sie zu verbarrikadieren. Mónica rief Steve Czukas an, das war mein zuständiger Agent.

Der Mann begann damit, seine Messerklinge von draußen durch die Jalousie vor dem Badezimmerfenster zu stoßen. Er versuchte, mit der Hand hineinzugreifen und das Fenster zu öffnen. Mark, der ebenfalls aus dem Schlaf hochgeschreckt war, rannte zu seinem Bett und zog sich die Decke über den Kopf. Mónica lief zu ihm und hielt ihm die Ohren zu, obwohl sie selbst in Panik war.

Als endlich sechs Beamte und ein Notarztteam eintrafen, flüchtete der Nackte. Ich war völlig erschöpft und nicht imstande, das Messer loszulassen. Steve war geschockt und leichenblass. Mónica bekam eine Beruhigungsspritze. Für die Kinder war das ein sehr traumatisches Erlebnis.

»Was hatte der Kerl an?«, fragte Steve.

»Schamhaar und ein Messer«, erwiderte ich sarkastisch.

Wir wurden in ein Hotel in Flughafennähe gebracht, wo wir in der Flitterwochensuite mit großer Badewanne, einem Balkon und Fernseher einquartiert wurden. Man brachte uns Austern, Steaks und auch sonst alles, was wir uns wünschten. Der Täter wurde einige Wochen später gefasst, und unsere Wächter, die sich unerlaubterweise verdrückt hatten, bekamen einen ordentlichen Rüffel.

Mein Grünes Buch

Die letzten Tage unter Polizeischutz verbrachte ich damit, meine Erinnerungen an den November 1963 in mein »Grünes Buch« zu schreiben. Es hieß deswegen so, weil Steve mir eine Kladde mit grünem Einband besorgt hatte. Ich sollte alles genau aufschreiben, was ich in den Tagen vor dem Mord an John F. Kennedy gemacht hatte. »Nur Tatsachen, keine Vermutungen, nichts weglassen«, lautete die Anweisung.

Mein Erinnerungsprotokoll sollte dem Untersuchungsausschuss in Washington vorgelegt werden.

Steve Czukas schaffte das »Grüne Buch« nach Washington, wo es im November 1977 dem Untersuchungsausschuss des Kongresses (HSCA), der sich mit den Morden an Kennedy und Martin Luther King beschäftigte, vorgelegt wurde. Danach blieb es jahrelang unter Verschluss. Erst vor kurzem wurde es deklassifiziert, und ich habe mir aus dem Nationalarchiv eine Kopie meiner damaligen Erinnerungen besorgt. Hier ein Auszug:

»Etwa einen Monat vor dem 22. November 1963 fuhr ich mit Frank Fiorini (Sturgis), Ozzi (Lee) und einigen Kubanern in zwei Wagen zum Haus von Dr. Orlando Bosch. Dort fand ein konspiratives Treffen statt, bei dem über eine Fahrt nach Dallas gesprochen wurde. Die Männer beugten sich über Straßenkarten. Ich dachte, es gehe wieder mal darum, Waffen aus einem Depot zu holen. Deswegen achtete ich nicht weiter auf das Gespräch, auch weil ich über mein zukünftiges Leben mit meinem Kind nachdachte. Marcos Pérez Jiménez war gerade aus den USA ausgewiesen worden, und ich hatte alles verloren.

Ich kann mich nur an einzelne Wörter erinnern, die bei dem Gespräch im Haus von Orlando Bosch fielen: »Gewehre mit hoher Feuerkraft«, »Stative«, »Gebäude«, »Kontakt« und so weiter. Draußen wartete ein anderer Wagen, in dem vier Männer saßen.

Frau Bosch servierte kubanischen Kaffee, ein Kind wurde aus dem Raum geschickt. Als Frank das Wort »Kennedy« aussprach, wurde ich aufmerksam und sagte: »Was ist mit dem?« Aller Augen waren auf mich gerichtet, und Ozzie wollte von Bosch und Frank wissen, was ich hier zu suchen hätte. Ich konterte: »Was hat dieser schleimige Bastard hier verloren?«

Frank setzte sich für mich ein: »Hört mal zu, sie hat sich mit Bobby Kennedy angelegt, als der Marcos ausweisen wollte, und deswegen alles verloren. Sie bleibt!«

Ich weiß noch, dass ich Ozzie bei dieser Auseinandersetzung auf Spanisch als *chivato,* als Denunziant, bezeichnete. Er reagierte heftig darauf, also fragte ich ihn, woher er die Bedeutung dieses Wortes kenne. Er sagte, er habe es auf Kuba gehört.

Irgendwann im November sagte ich Frank dann, dass ich ihn auf einer geplanten Fahrt nach Dallas begleiten würde. Ich fühlte mich verloren und flüchtete vor den Presseleuten, die mir wegen Marcos und der Vaterschaftsklage immer noch auf den Fersen waren.

Auch nach dem Treffen in Boschs Haus hatte ich den Eindruck, wir würden einen Waffentransport durchführen. Ich ließ meine Tochter Mónica in der Obhut meiner Freundin und Babysitterin Willie May Taylor. Sie war meine Dienerin gewesen, als ich mit General Marcos Pérez Jiménez zusammen war.

Nach Mitternacht fuhren wir in zwei ziemlich heruntergekommenen Wagen los – insgesamt acht oder neun Personen. Zuvor wurden wir von Frank, Bosch und Pedro Diaz Lanz gebrieft: keine Telefonate von unterwegs, in Texas kein Spanisch sprechen und nicht in Restaurants gehen. Absoluter Gehorsam. Wir trugen dunkle Kleidung und fuhren die ganze Nacht die Küste entlang. Niemand sprach ein Wort. Frank lenkte den Wagen. Ich saß hinten neben einem Kubaner und schlief ein. Es war heiß, eng und stickig.

Wir fuhren durch Dallas hindurch in einen Vorort und hielten bei einem Drive-in-Motel an. Ich erinnere mich noch, dass es dort ein Restaurant mit einem riesigen Stier auf dem Dach gab. Der Werbespruch hieß: »Die größten Steaks im Staate Texas.«

Als wir im Motel angekommen waren, luden die Männer Unmengen von Waffen aus dem Kofferraum: ein ganzes Arsenal von Maschinenpistolen und Gewehren, dreibeinigen Stativen, Fernrohren und Schrotflinten. Auch den Sprengstoff C-4 und eine Campingausrüstung hatten sie mitgenommen. Dem Motelmananger erklärte Frank, wir seien eine Jagdgesellschaft. Frank und Pedro checkten die Zimmer. Wir hatten zwei Räume, jeder mit einem Doppelbett. Ozzie besorgte eine Zeitung, die alle aufmerksam lasen. Erschöpft und noch angezogen fiel ich auf eines der Betten und schlief für eine Weile ein. Frank ging irgendwann los, um Sandwiches und Soda zu holen.

Nur Frank und Bosch durften ans Telefon gehen, wenn es klingelte. Frank erwartete noch ein »Mitglied« – Jack Ruby, der später Lee Harvey Oswald erschießen würde. Als er kam, sprach Frank mit ihm draußen auf dem Parkplatz. Dieser Ruby schien über meine Anwesenheit erstaunt und fragte Frank über mich aus. Später sagte ich zu Frank: »Was ist das für ein Mafia-Punk? Was geht hier eigentlich vor, was zum Teufel machen wir hier?«

Er sah mich ruhig an und führte mich nach draußen. »Du machst die Männer nervös«, erklärte er mir. »Es war ein Fehler, dich mitzunehmen. Das ist eine Nummer zu groß hier. Ich möchte, dass du nach Miami zurückkehrst.«

Ich war einverstanden und sagte ihm, dass ich die neu hinzugekommenen Typen sowieso nicht mochte: Ozzie und Ruby waren keine richtigen Mitglieder unserer Gruppe. Als ich ging, tauchte Eduardo (H. Hunt) auf, und es gab eine Diskussion darüber, wer mich zum Flughafen bringen sollte. Frank und Bosch taten es schließlich. Eduardo wartete im Motel. Ich flog unter dem Namen Maria Jiménez zurück.

Ich blieb einen Tag in Miami und war glücklich, wieder mit meinem Kind zusammen zu sein. Ich nahm mir vor, die Verbindung zu Frank und seiner Anti-Castro-Gruppe abzubrechen. Die ganze Chose hing mir zum Hals heraus.

Außerdem hatte ich das ungute Gefühl, dass Franks Gruppe nach Dallas gefahren war, um jemanden umzubringen. Dennoch war ich nicht in der Lage, zwei und zwei zusammenzuzählen, und hatte keine Ahnung, was sie wirklich vorhatten.«

Im Capitol

Im Mai 1978 war es dann so weit: Ich musste vor dem Untersuchungsausschuss »Politische Morde« in einer nicht öffentlichen Sitzung aussagen.

Mark, Mónica und unsere beiden Bichon-Welpen nahm ich mit, da ich nicht wusste, wo ich sie lassen sollte. Einer der Welpen pinkelte während der stundenlangen Vernehmung auf einen der kostbaren, mit Samt bezogenen Stühle im Anhörungssaal des Senates.

Vor der Vernehmung hatte ich am 1. Mai 1978 eine Immunitätsbescheinigung von dem Distriktrichter William B. Bryant erhalten. Darin wurde angeordnet, »*dass keine Aussage oder sonstige Mitteilung, die von ihr verlangt oder auch indirekt erlangt wird, gegen Marita Lorenz in einem öffentlichen Gerichtsverfahren verwendet werden darf, es sei denn, es ergebe sich daraus ein Verfahren gegen sie wegen Meineides*«. Damit waren alle meine Verbrechen, die ich im Auftrag der CIA in den sechziger Jahren begangen hatte, auf einen Schlag straffrei.

Als ich den Saal im Senatsgebäude betrat, zeigte man mir als Erstes die Beweismittel, darunter mein »Grünes Buch« und mehrere Tonbänder mit abgehörten Telefongesprächen. Einige davon brachten meinen Geliebten, Chief Frank X., in ziemliche Schwierigkeiten.

Bei einem dieser mitgeschnittenen Telefonate hatte ich versucht, ihn von einer Golfpartie weg in mein Bett zu locken. Ein andermal war er gerade im Dienst, als er sagte: »Scheiß auf die ganze Polizei, ich komm rüber.«

Die Senatoren wollten genauere Angaben von mir: Wann ich Oswald das erste Mal getroffen hätte, wer sonst noch in den beiden Wagen auf der Fahrt nach Dallas gesessen habe. Ich konnte mich daran erinnern, dass außer Orlando Bosch und Frank Sturgis noch Gerry Patrick Hemming dabei war, die beiden Novo-Brüder, Pedro Diaz Lanz und eben die Nervensäge »Ozzie«.

Ich sagte den Ausschussmitgliedern auch, dass ich damals sehr beunruhigt über die Stimmung in meiner Gruppe gewesen sei, als ich von Dallas nach Miami zurückflog. Ich beschloss, Mónica bei meinem Kindermädchen in Homestead abzuholen und zu meiner Mutter nach New Jersey zu fliegen.

Am 22. November 1963, als sich unsere Maschine schon im Landeanflug auf Newark befand, meldete sich der Kopilot über die Bordlautsprecher: Die Landung würde sich verzögern, der Flughafen sei vorübergehend gesperrt. Der Präsident der Vereinigten Staaten sei ermordet worden, und der Flughafen müsse für Regierungsflugzeuge freigehalten werden.

Ich weinte und dachte: Mein Gott, das darf doch nicht wahr sein. Meine Gruppe ist dort geblieben, und sie wollte Kennedy umbringen! Aber das kann nicht wahr sein. Mir wurde eiskalt ums Herz.

Dann kam die Nachricht von »Ozzies« Verhaftung. Mir war gefühlsmäßig klar, dass er nur das Bauernopfer sein konnte, dass er unfähig gewesen wäre, den Präsidenten alleine zu ermorden. Bevor Ozzie weich geklopft werden konnte, erschoss Jack Ruby ihn. Beweisen konnte ich jedoch nichts.

Ich sah Frank Sturgis erst nach Jahren wieder und fragte ihn nach seiner Rolle beim Mord an Kennedy. Er wich mir aus und erwiderte nur: »Er hat es verdient. Er hat uns in der Schweinebucht verraten, er war gegen den Vietnamkrieg, er wollte die Nigger an die Macht bringen, und er hat mit den Kommunisten kollaboriert. Ich würde es noch mal machen.«

Auch das FBI war natürlich auf den Gedanken gekommen, dass Frank hinter dem Attentat stecken könnte. Sie sagten ihm bei der ersten Vernehmung: »Wenn einer in diesem Land fähig ist, den Präsidenten zu erschießen, dann sind Sie es.« Das erzählte mir Frank mit einem gewissen Stolz.

Er habe den FBI-Beamten Recht gegeben und ihnen gesagt, dass er bedauerlichweise zur Tatzeit zu Hause in Miami gewesen sei und mit seiner Frau eine Daily Soap im Fernsehen angesehen habe. Seine Frau bestätigte das Alibi.

Der Untersuchungsausschuss fragte mir Löcher in den Bauch, und kam zu dem Ergebnis, meine Aussage sei nicht »glaubwürdig«. Das mag an meinem schlechten Gedächtnis für Zeitangaben gelegen haben. Ich hatte zuerst ausgesagt, dass ich Oswald schon 1961 in Florida kennen gelernt hätte. Da war er aber noch in der Sowjetunion. Später habe ich die Aussage dahingehend korrigiert, dass ich ihn erst im Spätsommer 1962 zum ersten Mal getroffen hätte.

Immerhin kam der Untersuchungsausschuss in seinem Abschlussbericht zu dem Ergebnis, dass das Attentat auf John F. Kennedy »wahrscheinlich auf eine Verschwörung« zurückzuführen sei.

Damit war die Einzeltätertheorie vom Tisch. Wer die Verschwörer waren, konnte der Untersuchungsausschuss nicht ermitteln. Vielleicht sollte es auch gar nicht ermittelt werden, denn die Nachforschungen wurden eingestellt, obwohl einige der aktivsten Ausschussmitglieder eine Verlängerung in die nächste Legislaturperiode hinein für notwenig hielten. Doch die Fraktionsvorsitzenden der Kongressparteien stoppten die eifrigen Ermittler. Vielleicht waren sie zu nahe an der Tür, die zur Wahrheit führt.

Im Labyrinth: Der Fall Kennedy

Marita Lorenz' Aussage vor dem Kennedy-Untersuchungsausschuss im Jahr 1978 war Wasser auf die Mühlen der politischen Linken, die schon immer davon überzeugt waren, dass Präsident Kennedy Opfer einer Verschwörung von CIA und Machteliten der USA gewesen war.

Jetzt schien man endlich den Zipfel eines Beweises in der Hand zu haben, und Marita wurde als Kronzeugin von vielen Autoren zitiert, unter anderem von Mark Lane in seiner aufrührenden Analyse des Falles Kennedy, die unter dem Titel »Plausible Denial« erschien.

Auch Oliver Stone ließ sich von Marita Lorenz beraten, als er seinen Politkrimi »JFK« drehte, der in der Öffentlichkeit wie eine Bombe einschlug. Nachdem dieser Film in den Kinos gelaufen war, glaubte mehr als die Hälfte der Amerikaner, dass John F. Kennedy vom Establishment der USA ermordet worden sei.

Der Fall Kennedy spaltet seit nahezu 40 Jahren die amerikanische Nation. Der Interpretationsstreit um seinen Tod wird als politischer Glaubenskrieg geführt. Beweise gibt es weder für die Hypothese, Lee Harvey Oswald sei ein psychopathischer kommunistischer Einzeltäter gewesen, noch für die Verschwörungstheorie. Auch die dritte Vermutung, wonach Lee Harvey Oswald Kennedy im Auftrag Fidel Castros umgebracht haben soll, kann nicht bewiesen werden. Es ist noch nicht einmal sicher, ob Lee Harvey Oswald tatsächlich der Kommunist und Bewunderer der Sowjetunion und Kubas war, als der er sich ausgab, oder ob er mit dieser Biographie von der CIA ausstaffiert wurde.

Das Leben des jungen Präsidenten J. F. Kennedy bietet für alle drei Attentatshypothesen plausible Erklärungen, denn seine Politik war voller Widersprüche: Einerseits wollte er Frieden mit der sozialistischen Welt schließen, andererseits wollte er Castro aus Rache für die Demütigung in der Schweinebucht eliminieren lassen. Einerseits erhöhte er die Mittel der CIA für den Schattenkrieg gegen Kuba, andererseits unterstellte er ihn aber der rigiden Kontrolle seines Bruders Robert und entmachtete somit die alten kalten Krieger aus dem Dunstkreis von Allen Dulles.

Einerseits befahl er neue Sabotage- und Mordaktionen in Kuba, andererseits ließ er die radikalen antikommunistischen Söldnertruppen in Florida entwaffnen und ausbluten.

Er hatte in der CIA Freunde und Feinde, wie bei den

Exilkubanern auch. Es gibt keine eindeutig verlaufenden Fronten. Das Attentat von Dallas bleibt bis heute eines der großen Rätsel des 20. Jahrhunderts.

Auch Marita Lorenz kann es nicht lösen. Aber vielleicht ist das, was sie selbst erlebt hat, ein kleiner Baustein auf dem Weg zu einer plausiblen Erklärung. Wie wird ihre Erzählung über die Fahrt nach Dallas, die sie mit Lee Harvey Oswald gemacht haben will, von den Betroffenen und von Zeitzeugen bewertet? Ich begebe mich auf Spurensuche im Labyrinth:

Frank Sturgis ist im Dezember 1993 gestorben. Bis zu seinem letzten Atemzug trainierte er in Florida Söldner für die »Befreiung« Kubas. Er starb an Lungenkrebs.

Nachdem Marita im Mai 1978 ausgesagt hatte, er sei zur Tatzeit gemeinsam mit Lee Harvey Oswald in Dallas gewesen, bezichtigte er sie öffentlich der Lüge und des »Verrats« ihrer langjährigen Freundschaft: »Ich fühle in meinem Herzen, dass sie das nicht aus freien Stücken getan hat. Ich glaube, sie wird von kommunistischen Agenten unter Druck gesetzt.«

Sturgis ließ sich in einer Fernsehshow sogar an einen Lügendetektor anschließen, um zu beweisen, dass er an Kennedys Tod unschuldig sei.

Als CIA- und FBI-Agentin habe Marita »wertvolle Arbeit«« im Dienste des Vaterlandes geleistet und unter anderem einen hohen KGB-General, der als UN-Diplomat getarnt in New York tätig war, bearbeitet und zum Überlaufen gebracht. Marita habe »mehr Mumm als 20 männliche Agenten«.

Vielleicht, so Sturgis, stecke auch Castros Geheimdienst hinter Maritas Aussage. Die Kubaner wollten die CIA in der öffentlichen Meinung der USA diskreditieren und von der Tatsache ablenken, dass Oswald eigentlich Agent der kubanischen Staatssicherheit gewesen sei.

Steve Czukas, Maritas Führungsoffizier in Miami, der sie

für ihren Auftritt im Untersuchungsausschuss vorbereitet habe, sei in Wahrheit ein Doppelagent im Sold Kubas.

Frank Sturgis gründete Ende 1963 ein Pressebüro, das alle Welt mit Informationen über die »Kuba-Connection« Lee Harvey Oswalds versorgte: Castro habe Oswald als Werkzeug benutzt, um Kennedy in einer Art »Präventivschlag« zu ermorden, als Vergeltung für die CIA-Anschläge auf sein Leben.

Fidel Castro selbst hat dieser Hypothese durch eine gezielte Warnung Glaubwürdigkeit verliehen: Anfang September 1963 erschien er auf einem Empfang in der brasilianischen Botschaft in Havanna und verwickelte den Korrespondenten der Associated Press, den Kanadier Daniel Harker, in ein Gespräch, in dessen Verlauf er sagte: »Wenn die politischen Führer der USA weiterhin terroristische Pläne zur Eliminierung kubanischer Politiker unterstützen, werden sie selbst nicht mehr sicher sein.«

In den Tagen nach dem Attentat vom 22. November 1963 fanden die Ermittler des FBI heraus, dass Lee Harvey Oswald tatsächlich einen besonderen Draht zu Kuba hatte: Nach seiner Rückkehr aus der Sowjetunion im Juni 1962 baute er intensive Kontakte zu Kuba, zur KP der USA und zum *Fair Play for Cuba Committee*, dem Solidaritätskomitee für Kuba auf. Er galt bei den US-Behörden als Sonderling und fanatischer Kommunist. Im Juli 1963 verteilte Oswald in New Orleans Flugblätter, in denen er die kubanische Revolution pries, und legte sich in einem Streitgespräch im Rundfunk mit Vertretern der Exilkubaner an.

Alarmiert waren die Ermittler im Mordfall Kenendy allerdings erst, als sie entdeckten, dass Oswald am 26. September 1963 mit dem Bus nach Mexiko gefahren war, um sich in der kubanischen Botschaft ein Visum für die Karibikinsel zu beschaffen. Sollte doch Fidel Castro hinter dem Attentat stecken?

Offensichtlich hatte sich Oswald in Mexiko-City auch

außerhalb der Botschaft mehrmals mit Mitarbeitern der Mission getroffen.

James Hosty, pensionierter FBI-Offizier, war 1963 als Fall-offizier für Lee Harvey Oswald zuständig. Er sollte ihn we-gen seiner »kommunistischen Kontakte« beobachten. Er ist seit langem im Ruhestand und erklärt sich am Telefon zu einem Gespräch bereit.

Hosty wohnt in einer bewachten Villenanlage am Stil-len Ozean in Punta Gorda. Der Geist Lee Harvey Oswalds hat ihn sein ganzes Leben lang verfolgt. Er kennt den Fall wie seine Westentasche und ist sich ganz sicher, dass Os-wald ein besessener Einzeltäter war, der glaubte, mit sei-ner Tat das Leben Fidel Castros und den Kommunismus in Amerika retten zu können.

Andere seriöse Attentatsforscher, wie Seymour Hersh und der Schriftsteller Norman Mailer, kommen nach der Auswertung von sowjetischen Archivunterlagen zu dem gleichen Ergebnis: Es gab keine politische Verschwörung gegen Kennedy, Lee Harvey Oswald war ein fanatischer Einzeltäter.

Hosty bekommt vor Aufregung rote Wangen, als er auf die »Lebenslüge« der politischen Linken zu sprechen kommt. Sie habe sich mit der »Verschwörungsindustrie« rund um das Attentat eine billige Legitimationsideologie geschaffen und weigere sich hartnäckig, die Realität zur Kenntnis zu nehmen.

Hostys Karriere bekam 1963 einen Knick, weil er nichts von Oswalds Vorbereitungen zu dem Attentat bemerkt hatte, obwohl er dessen Haus zweimal aufgesucht hatte, am 1. und am 5. November 1963.

Er habe aber nur Oswalds russische Frau Marina an-getroffen und befragt. Kurz darauf schickte Oswald ihm einen Brief ins Büro, in dem es heißt: »Wenn Sie mit mir re-den wollen, tun Sie es direkt, aber hören Sie auf, meine Frau zu belästigen.«

Doch Hosty reagierte nicht auf diesen Kontaktversuch Oswalds und heftete den Zettel kommentarlos ab. Diese kleine Nachlässigkeit führte nach dem Mord an Kennedy dazu, dass man versuchte, ihm den schwarzen Peter zuzuschieben.

Der FBI-Agent war auch bei den ersten Vernehmungen Oswalds dabei, ebenso wie später bei der Fahndung nach möglichen Hintermännern. Doch alle Spuren verliefen im Sand, es habe keine Geheimdienst-Verschwörung hinter Lee Harvey Oswald gegeben, dessen ist Hosty sich ganz sicher.

Es hätte auch keinen Grund für die CIA gegeben, den eigenen Präsidenten umzubringen. Das »Kuba-Projekt« entwickelte sich zur vollen Zufriedenheit des Geheimdienstes.

Kennedy hatte zwar den »Versager« der Schweinebucht, Allen Dulles, entlassen und die Spitze des Geheimdienstes mit Leuten seines Vertrauens besetzt, aber gleichzeitig den Etat der CIA deutlich erhöht. Es habe also gar kein Tatmotiv gegeben. Diese Aussage verleitet mich zu der Gegenfrage: »Wenn das alles so einfach ist, warum gab und gibt es dann so viel Geheimniskrämerei um den Mordfall Kennedy und warum werden viele wichtige Akten erst im Jahr 2029 zugänglich sein?«

Für James Hosty ist die Antwort klar: »Weil die Spur, die nach Kuba führt, verwischt wurde. Präsident Lyndon B. Johnson stoppte die Ermittlungen in Mexiko, als es dort noch heiße Spuren zu Oswalds Kontakten mit den Kubanern gab. Die CIA-Agenten mussten unverrichteter Dinge abziehen. Fast wäre es bei den Ermittlern zu einem Streik gekommen.«

Erst als der Bruder des ermordeten Präsidenten, Robert Kennedy, sich einschaltete und den Befehl von Präsident Johnson bestätigte, habe die Meuterei aufgehört. Später habe er von einem Vertrauten des neuen Präsidenten den Grund für die Verhinderung der Spurensuche erfahren: Johnson war davon überzeugt, dass Fidel Castro aus Gründen der Vergeltung hinter dem Mord an J. F. Kennedy stand.

Wäre diese Vermutung bewiesen worden, hätte er angesichts der antikubanischen Hysterie mit einer Invasion Kubas reagieren müssen. Da er aber unter keinen Umständen einen Dritten Weltkrieg riskieren wollte, ließ er die Ermittlungen einstellen und Beweise verschwinden.

James Hosty glaubt persönlich nicht, dass Fidel Castro Kennedy ermorden ließ, er habe lediglich von dem Attentat gewusst und Oswald freie Hand gelassen.

Für die Mitwisserschaft Castros gebe es erdrückende Beweise: Oswald sei im September 1963 mehrmals in der kubanischen Botschaft in Mexiko gewesen, um ein Visum zu beantragen. Bei einem Gespräch mit kubanischen Diplomaten, das von der CIA mitgeschnitten wurde, habe Oswald angekündigt, er werde den »Hundesohn Kennedy« töten.

Einen Tag nach dieser Morddrohung habe er sich in Mexiko-City mit dem KGB-Hauptmann Wladimirovitsch Kostikov getroffen, einem Angehörigen der Abteilung 13 des KGB, die für Terrorismus, Sabotage und politische Morde zuständig war. Außerhalb der Botschaft habe Lee Harvey Oswald zudem mit der Agentin der kubanischen Staatssicherheit, Luisa Calderón, Kontakt aufgenommen. Sie sei sofort nach dem Attentat aus Mexiko abgezogen worden.

Einen Tag vor der Ermordung Kennedys habe Havanna Oswald das gewünschte Visum ausgestellt. Luisa Calderón sei die einzige Kubanerin, der Castro nie erlaubte, vor der Delegation des Senatsausschusses »Politische Morde« auszusagen, die eigens nach Kuba gefahren war, um Zeugen zu befragen.

Hosty nennt noch ein Argument, das seine These belegt: Am 27. November 1963 habe Castro in einer seiner endlosen Reden nebenbei den Satz fallen lassen, Lee Harvey Oswald habe bei seinem Besuch in der kubanischen Botschaft in Mexiko eine »provokative Erklärung« abgegeben. Das FBI sandte daraufhin Jack Childs nach Havanna, um mehr herauszubekommen.

Jack Childs war damals Finanzchef der KP der USA und einer der wertvollsten FBI-Informanten, geführt als »SOLO-Quelle«. Childs, selbst ein Jude russischer Herkunft, hatte innerlich mit dem Sowjetkommunismus gebrochen, als Stalin 1953 angeordnet hatte, die kommunistischen Parteien von Juden zu »säubern«.

Bei seinem Gespräch mit Fidel Castro bat Jack Childs um eine Erläuterung, was er mit dem Ausdruck »provokative Erklärung Oswalds« gemeint habe. Der Commandante sagte ihm vertraulich, dass Oswald in der kubanischen Botschaft in Mexiko den Mord an Kennedy angekündigt habe.

James Hostys Schlussfolgerung aus einer ganzen Indizienreihe lautet: »Die Kubaner haben Oswald nach meiner Kenntnis nicht mit dem Mord an John F. Kennedy beauftragt, aber sie haben davon gewusst, sie hätten also unseren Präsidenten retten können.«

Bleibt die Frage, ob Oswald aus eigenem Antrieb nach Mexiko gefahren ist, um eine Fluchtmöglichkeit nach Kuba vorzubereiten, oder ob sein Auftritt in Mexiko eine Inszenierung der CIA war, um Spuren zu hinterlassen, die nach Kuba führten.

Auf Kuba versuche ich, General Fabian Escalante ausfindig zu machen, der jahrelang Chef der kubanischen Spionageabwehr war und die exilkubanische Szene mit seinen Agenten durchsetzt hatte. Er gilt auf der Karibikinsel als Spezialist zum Kennedy-Mord.

Über einen Mittelsmann nehme ich Kontakt zu Escalante auf, der nicht mehr im aktiven Dienst ist, sondern nach seiner Pensionierung als Direktor des kubanischen »Institutes für Studien zur Nationalen Sicherheit«, einer Art Forschungsinstitut zur Geschichte der Staatssicherheit, gearbeitet hat.

Was ich nicht weiß: Escalante ist inzwischen in Ungnade gefallen, weil er sich im Innenministerium für einen »weicheren« Kurs gegenüber den Dissidenten ausgesprochen haben soll. Die harte Unterdrückung der Opposition würde Kubas Ansehen im Ausland schweren Schaden zufügen.

Zur »Bewährung« bekam der Divisionsgeneral einen Job als Parkplatzwächter. Inzwischen ist er Angestellter der Havanna-Vertretung einer französischen Autofirma. Er ist bereit, ein Interview zu geben, aber das Innenministerium untersagt ihm den Kontakt.

Ich muss also auf die wenigen öffentlichen Aussagen zurückgreifen, die es von Fabián Escalante zum Fall Kennedy gibt.

Zum ersten Mal gab er im Jahr 1994 der brasilianischen Journalistin Claudia Furiati ein Interview. Sie genießt das Vertrauen der kubanischen Staatssicherheit und erhielt als erste Ausländerin auch Zugang zu bislang geheimen Unterlagen im Mordfall Kennedy.

Auf einer Konferenz von US-amerikanischen und kubanischen Experten zum Mord an J. F. Kennedy im Jahr 1995 auf den Bahamas, die der ehemalige Geschäftsträger der USA in Kuba, Wayne Smith, arrangiert hatte, ergänzte und präzisierte General Escalante seine Aussagen und zog folgendes Resümee:

»Wir glauben, dass Kennedy zum Hindernis für die US-amerikanische Aggression gegen Kuba geworden war. Das Attentat verfolgte zwei Ziele: Kennedy umzubringen und Kuba dafür verantwortlich zu machen.«

Kennedy, so Escalante habe in einer Art Geheimdiplomatie im Sommer 1963 über seinen Vertrauten William Attwood Kontakt zu Kuba aufgenommen und signalisiert, dass er das Eis zwischen den beiden Ländern brechen wolle und einen politischen Dialog anstrebe. In einer Art zweigleisiger Politik gingen gleichzeitig die Versuche weiter, Kuba zu sabotieren und mit Terrorakten zu destabilisieren.

Escalante ist davon überzeugt, dass Informationen über die als »privat« bezeichneten Geheimgespräche zwischen dem kubanischen UN-Botschafter Carlos Lechuga und William Attwood durchgesickert waren und bei den Feinden Kennedys Alarm ausgelöst hatten. Als letztes Mittel, Kennedy aufzuhalten, entschieden sie sich für den politischen Mord.

Im Interview mit Claudia Furiati bestätigt General Escalante, dass Lee Harvey Oswald tatsächlich im September 1963 in der kubanischen Botschaft in Mexiko gewesen war und darauf gedrängt hatte, ein Visum für Kuba zu bekommen. Die ganze Aktion sei jedoch nur ein Manöver der CIA gewesen, um Oswalds »kommunistische Legende« zu vervollständigen und den Verdacht auf Kuba zu lenken. Oswald sollte für ein paar Tage in Kuba bleiben, damit ihn alle nach dem Attentat für einen kubanischen Agenten hielten. Escalante wörtlich: »Oswald war ein Geheimdienstagent der USA – CIA, FBI, Militärgeheimdienst oder alle drei, das wissen wir nicht. Er wurde manipuliert. Man ließ ihn glauben, dass er eine Gruppe kubanischer Agenten unterwandern sollte, die Kennedy töten wollten.«

Am Attentat in Dallas seien nach Quellen von kubanischen, in die CIA eingeschleusten Agenten 15 Personen beteiligt gewesen. Er, Escalante, wisse, dass Oswald nicht der einzige Schütze vor Ort war. Nach seinen Erkenntnissen seien neben Schützen aus Mafiakreisen auch die Exilkubaner Eladio del Valle, alias Yito, und Herminio Díaz García als gut trainierte Scharfschützen am Attentat beteiligt gewesen. Schon während der Batista-Diktatur hätten sich die beiden als Gangster einen Namen gemacht.

Es habe in Dallas zwei Gruppen von Schützen gegeben: »Eine unter dem Kommando von Jack Ruby und die andere unter dem Kommando von Frank Sturgis. Der Mord wurde im Frühling 1963 in New Orleans neben Rosselli, der die Mafia vertrat, auch von General Cabell, einem ehemaligen stellvertretenden CIA-Direktor, Frank Sturgis, Gerry Hemming und anderen Offizieren der CIA-Abteilung für spezielle Operationen geplant.«

Bis ins Detail stimmen die Behauptungen General Escalantes mit den Beobachtungen und Aussagen von Marita Lorenz überein, zum Beispiel, dass Frank Sturgis und Jack Ruby vor Ort in Dallas gewesen seien. Seine Quellen will Escalante allerdings nicht preisgeben. Die Beweise für seine Thesen bleibt er schuldig.

Auch Joe Lorenz hat etwas zu dem Thema beizusteuern. Trotz seiner Stellung als Funktionär der Republikanischen Partei habe er stets geglaubt, dass Marita die Wahrheit gesagt hat und dass alle anderen »Informationen« nur den Zweck haben, die CIA von der Bürde der historischen Verantwortung zu entlasten. Spätestens nachdem er 1978 nach New York gefahren sei, um seine Mutter und Marita zu besuchen, seien ihm die Augen aufgegangen. Die Mutter war zu der Zeit bereits todkrank. Sie hatte einen Gehirntumor und wurde vor ihrem Tod ein Jahr lang von Marita gepflegt. »So ist Marita«, merkt Joe dazu an. »Niemand von uns anderen Geschwistern hätte das getan, sie hat wirklich ein sehr großes Herz.«

Marita habe Hunderte von Fotos in Schuhkartons aufbewahrt:

»Ich blätterte darin rum, und plötzlich entdeckte ich

ein Foto, auf dem Marita in Uniform zu sehen war, zusammen mit vier Männern. Ich guckte genau hin und stutzte. Kein Zweifel, einer von den Männern war Oswald, Lee Harvey Oswald, der Kennedy umgebracht hat. Ich fragte sie, sehr erschrocken: ›Du hast doch mit dem Mord an Kennedy nichts zu tun gehabt? Bitte nicht, Marita – Castro, Pérez Jiménez, CIA und jetzt auch noch der Kennedy-Mord? Das glaube ich nicht.‹ Sie sagte: ›Ja, Ozzie ist mit mir in der gleichen Gruppe gewesen, in den Everglades.‹ Meine Mutter bestätigte ihre Behauptung. Sie hatte es als Einzige schon immer gewusst. Marita hatte zu ihr ein enges Vertrauensverhältnis. Meine Mutter sagte dann noch: ›Wir wollten es dir nicht erzählen, es wäre für dich zu gefährlich gewesen.‹«

Auch Senator Howard Baker habe das Foto von Oswald und Marita mit eigenen Augen gesehen und vorsichtshalber mit zu sich nach Hause genommen. Leider sei der Karton mit Maritas Unterlagen bei einem Einbruch in seiner Wohnung wenige Tage später gestohlen worden. Das habe ihm Howard Liebengood, Bakers Stabschef, persönlich erzählt.

Die politische Klasse der USA habe, so Joe, immer noch Angst davor, dass die Institutionen des Landes erschüttert werden könnten, sollte die Wahrheit über den Mord an Kennedy herauskommen. Kopfschüttelnd fügt er hinzu: »Das Einzige, was ich dabei nicht verstehe, ist, dass Marita noch lebt.«

Mónica Mercedes Pérez Jiménez kann sich ebenfalls an das Oswald-Foto erinnern. Sie sei damals 16 gewesen, als Marita sie und Mark für ein paar Wochen nach Deutschland zu ihrem Onkel in Bad Münster am Stein schickte. »Sie hatte Angst um uns und dachte, wir seien in den USA nicht mehr sicher«, fügt Mónica erklärend hinzu.

Vorher habe die Mutter ein Foto in ihren Teddybären genäht und gesagt, sie solle es in Deutschland wieder herausnehmen. »Als ich dann dort war, gab sie mir den Auftrag, das Foto zu zerreißen und in die Nahe zu werfen.«

Weiter kommt Mónica in ihrer Erzählung nicht. In Tränen aufgelöst, will sie nun nichts mehr sagen. Sie sei wütend auf ihre Mutter, weil sie als Kind immer für undurchsichtige politische Manöver »benutzt« worden sei.

Gaeton Fonzi, der ehemalige Ermittler des Untersuchungsausschusses »Politische Morde«, ist davon überzeugt, dass hinter Oswald eine Verschwörung gegen J. F. Kennedy stand. Ich besuche ihn in seinem Haus direkt am Ufer der Biscayne Bay im Norden von Miami. Er hat sich in den Jahren 1976 bis 1978 mehrmals mit Marita getroffen und sie vernommen. Er hält ihre Geschichte von der Fahrt mit Oswald und Sturgis nach Dallas allerdings für pure Fantasie. Maritas Erzählungen über die CIA-Aktivitäten in den Everglades seien dagegen allesamt sehr aufschlussreich und glaubwürdig gewesen.

Als er die Deutsche 1975 kennen lernte, arbeitete sie in Miami für die Zollfahndung an der Aufdeckung illegaler Waffengeschäfte. Gemeinsam mit Sturgis war sie zur gleichen Zeit aber auch als Informantin der Rauschgifffahndung DEA und des FBI tätig. Gaeton Fonzi beurteilt Marita so: »Geheimnisse zu wahren zählte nicht gerade zu ihren Stärken. Ich hatte auch den Eindruck, dass es ihr nicht ungelegen kam, wenn sie in problematische Situationen geriet.«

Mit ihrer Aussage über den Autokonvoi nach Dallas habe sie jedoch ihre eigene Glaubwürdigkeit zerstört. Es gebe zu viele Ungereimtheiten in ihrer Schilderung: Zu dem Zeitpunkt, zu dem sie Oswald in den Everglades getroffen haben will, sei er noch in der Sowjetunion gewesen, und einige der Männer, mit denen sie nach Dallas gefahren sein will, hätten ein überprüfbares Alibi vorweisen können, darunter auch Gerry Hemming, den sie bei den ersten Vernehmungen überhaupt nicht erwähnt habe. Erst nach und nach habe sie die Besetzung der beiden Autos »komplettiert«. Es müsse auf dieser Fahrt immer »ungemütlicher« geworden sein, fügt Gaeton mit ironischem Unterton hinzu, wenn man bedenke, dass alleine Hemming 270 Pfund wog.

Maritas Aussage sei ein Schock für die Ausschussmitglieder gewesen und habe die Untersuchungen für eine Weile lahm gelegt. Das, so Fonzi, sei auch der Sinn von Maritas furiosem Auftritt gewesen.

Der erneute Versuch, endlich Licht in den Mordfall zu bringen, sei durch Maritas Manöver auf das Niveau einer Wildwestklamotte heruntergezogen worden.

Seiner Ansicht nach war ihr Auftritt ein geheimdienstlich inszeniertes Manöver, um von der richtigen Spur abzulenken: »Ganz einfach. Eine CIA-Agentin gibt etwas zu, das zuerst sehr plausibel klingt. Nach einer Weile aber kommt zwangsläufig heraus, dass die Geschichte nicht stimmen kann. Damit ist die CIA erst einmal aus dem Schussfeld. Der Geheimdienst schafft so ein Labyrinth mit unzähligen Spiegeln, in dem sich dann niemand mehr zurechtfindet.«

Ich werfe ein, dass Sturgis immerhin versucht habe, Marita Lorenz zum Schweigen zu bringen. Fonzi lässt sich dadurch nicht erschüttern: »Das war der Gipfel der Seifenoper. Marita sagte mir eines Tages ganz aufgeregt am Telefon: ›Frank Sturgis ist auf dem Weg hierher, ich habe entsetzliche Angst vor ihm und traue ihm alles zu.‹ Daraufhin flog ich mit zwei anderen Ermittlern zu ihr – Al Gonzales und Eddie Lopez. Als ich klopfte, flog die Tür auf, und Eddie bekam einen Schlag mit dem Gewehrkolben auf den Schädel. Ich schrie: »Marita!« Da löste sie ihren starren Blick von Eddie und erkannte mich. Sie sagte entspannt: ›Oh, Sie sind es, ich dachte, es sei ein Kubaner, den Frank geschickt hat.‹«

Heute glaubt Gaeton Fonzi, dass das Ganze inszeniert war, möglicherweise von Sturgis selbst. »Er war ein Meister der Desinformation. Er hat niemals gedroht, sie zum Schweigen zu bringen, das habe ich überprüft. Gehen Sie mal ins Nationalarchiv und hören Sie sich das mitgeschnittene Telefonat an, in dessen Verlauf Sturgis sie angeblich bedroht.«

Vom Nationalarchiv in Maryland erhalte ich prompt eine Kopie des Telefongespräches. Es ist seit kurzem deklassifiziert und damit öffentlich zugänglich. Tatsächlich – Sturgis bedroht Marita nicht, sondern sie bittet ihn händeringend darum, zu ihr zu kommen. Sie brauche seine »Hilfe als Freund«. Frank Sturgis ziert sich, weil er eine Nagelbettentzündung am Fuß habe und ihm außerdem das Geld für ein Flugticket fehle. Erst als Marita verspricht, das Ticket zu kaufen und für ihn zu hinterlegen, erklärt sich Sturgis bereit, nach New York zu reisen. Dort erwarten ihn zwei unliebsame Überraschungen: Mónica mit dem Revolver und zwei Polizisten, die ihm in Maritas Wohnung auflauern und ihn verhaften.

Als ich Marita mit dem Mitschnitt dieses Telefongespräches aus dem Jahr 1978 konfrontiere, bleibt sie gelassen. Sie habe nie behauptet, Frank wolle sie ermorden, Mónica habe sie damals »missverstanden« und überreagiert. Sie habe doch nur einen Scherz gemacht.

Auf die Gefahr hin, sie sehr zu verärgern, frage ich Marita jetzt direkt, ob sie ihre Aussage vor dem Kennedy-Untersuchungsausschuss nicht doch Fidel zum Gefallen gemacht habe, sozusagen im Auftrag der kubanischen Staatssicherheit. Sie winkt ab: »So etwas tut man nicht. Ich stand schließlich unter Eid. Nicht einmal für Fidel hätte ich das getan.«

Bei einem gemütlichen Zusammensein Monate später, als sie von den frustrierenden Erinnerungen an ihre große Liebe geplagt wird, rutscht ihr allerdings der Satz heraus:

»Fidel ist so undankbar mir gegenüber. Dabei habe ich ihm zwei große Gefallen getan: 1959 habe ich ihm das Leben gerettet, und 1978 habe ich für ihn ausgesagt.«

Dann findet sich unerwarteter Weise doch noch ein Kronzeuge, der die Wahrhaftigkeit von Maritas Version bestätigt: der ehemalige Söldnerchef Gerry Patrick Hemming.

Zwar bestreitet er, im November mit Marita, Oswald und Sturgis kurz vor dem Attentat nach Dallas gefahren zu sein:

»Ich war nicht dabei«, sagt er ganz entschlossen, doch nach einer kurzen und sehr nachdenklichen Pause fügt er hinzu: »Maritas Geschichte mit dem Autokonvoi stimmt.«

Ich glaube erst, mich verhört zu haben, aber Hemming fährt fort: »Ja, es gab in dieser Woche einen Autokonvoi nach Dallas.« Woher er das wisse, hake ich sofort nach.

»Ich wurde von Sturgis und Díaz Lanz aufgefordert mitzukommen«, lautet die prompte Antwort.

Gerry Hemming traut Sturgis die Tat durchaus zu, hält es aber genauso gut für möglich, dass der Konvoi nach Dallas fuhr, um mit Ölmillionären über die Finanzierung neuer Sabotagekommandos gegen Kuba zu verhandeln. Auch das sei zu der Zeit mehrmals vorgekommen.

Er selbst habe lange über den Mord an Kennedy nachgedacht und auch eigene Ermittlungen angestellt. Es gebe aber weder für die eine noch für die andere Theorie Beweise. Oswald habe durchaus die Ausbildung, die Intelligenz und die Energie besessen, um das Attentat alleine auszuführen, er könnte als »durchgeknallter Agent« auf eigene Faust gehandelt haben.

»Wieso Agent?«, frage ich. Hemming lacht: »Ja, er war CIA-Agent, ganz sicher. Wir wussten es damals alle.« Oswald sei nie ein überzeugter Kommunist gewesen. Seine gesamte »linke« Biografie war eine Geheimdienst-

legende. Nach seiner Ausbildung beim Marinegeheimdienst auf einem amerikanischen Luftwaffenstützpunkt
in Japan sei Oswald auf obersten Befehl hin in die Sowjetunion gereist.

Einen weiteren Beleg für Oswalds Rolle im geheimen
Krieg gegen Kuba sieht Gerry Hemming darin, dass ihm
im Juni 1963 von einem der in Florida agierenden US-Ge-
heimdienste, dessen Namen er nicht nennen möchte,
der Vorschlag gemacht worden sei, Lee Harvey Oswald
als Spion auf Kuba einzusetzen. Er hätte, wie andere
Agenten auch, als Tourist einreisen können. Mit seiner politischen Biografie hätte Oswald in Kuba keine Probleme
gehabt. Er sollte als *road watcher* Ziele für Sabotagekommandos ausspähen.

Als ich Gerry Hemming frage, was er denn für die plau-
sibelste Mordtheorie halte, antwortet er: »Die Castro-Brü-
der schrecken zwar vor keinem Verbrechen zurück, aber
so dumm sind sie nicht, alles auf eine Figur wie Oswald
zu setzen. Ich kenne sie sehr gut. Die Lösung des Rätsels
liegt viel näher: Am meisten hat die Atomwaffenindustrie
von Kennedys Tod profitiert. Hätte er seinen angekün-
digten Atomwaffenvertrag mit der Sowjetunion durch-
gesetzt, hätte die Industrie Milliarden verloren.«

Beweise habe er nicht, aber das sei für ihn die wahr-
scheinlichste Variante. Es gab auch zahlreiche andere,
die an J. F. Kennedys Tod interessiert waren, Feinde habe
der Präsident mehr als genug gehabt: die Waffenin-
dustrie, die Exilkubaner, die Mafia, die Rechtsradikalen.
»Hier in Florida gab es mehrere paramilitärische Gruppen,
die den Willen und die Fähigkeiten hatten, diesen Mord-
auftrag auszuführen.« Er selbst habe mehrfach das Angebot bekommen, John F. Kennedy gegen Geld umzubringen.

Nach vielen Gesprächen mit Zeitzeugen und Historikern, die sich auf den Mord an J.F. Kennedy spezialisiert haben, bleiben mir nur wenige Erkennntnisse und viele Rätsel. Aber das Puzzle ergibt ein vorläufiges Bild. Manchmal passen auch sich scheinbar widersprechende Aussagen der gegensätzlichen Mordtheorien ganz gut zusammen, wenn man den politischen Kontext der 60er Jahre im Auge behält:

Lee Harvey Oswald war offensichtlich Agent des amerikanischen Geheimdienstes. Er ist 1959 schon in dieser Funktion in die Sowjetunion eingereist. Dem widerspricht auch nicht, dass der sowjetische Geheimdienst KGB, der den Asylsuchenden Oswald scharf überwachte, ihm keinerlei geheimdienstliche Aktivitäten nachweisen konnte. Der Grund dafür liegt auf der Hand: Er sollte nicht spionieren, er sollte eine wasserdichte Legende bekommen.

Oswald war eine Schachfigur im verdeckten Krieg gegen Kuba. Nach seiner Rückkehr aus Moskau bekam er die Aufgabe, die Kuba-Solidaritätsbewegung sowie die Kommunistische Partei der USA zu unterwandern. Seine Rolle beim Mord an John F. Kennedy bestand darin, den Verdacht auf Castro zu lenken. Dabei konnten seine Mitverschwörer natürlich nicht ahnen, dass Lyndon B. Johnson diese Karte nicht ausspielen würde.

Oswalds Auftraggeber waren vermutlich die gleichen, die seit 1960 Krieg gegen Kuba gespielt hatten: Exilkubaner, Söldnerführer und Mafiosi, die mit aus dem Ruder gelaufenen CIA-Kontraktagenten in Florida kooperierten.

Ob Oswald die Tat alleine ausgeführt hat oder ob noch andere Schützen vor Ort waren, lässt sich anhand der Indizien und Zeugenaussagen nicht wirklich beweisen. Sicher ist nur, dass aus seinem Gewehr geschossen wurde.

Fidel Castro hat den Mord an John F. Kennedy gewiss nicht in Auftrag gegeben. Aber er und die kubanische Staatssicherheit haben offenbar gewusst, dass Oswald das Attentat plante. Der Commandante hat ihn gewähren lassen, statt Kennedy zu warnen. Vielleicht einfach nur deshalb, weil Castro von seinem Doppelagenten Rolando Cubela wusste, das die Kennedy-Brüder trotz aller Friedensbeteuerungen an dem Plan festhielten, ihn bis zu den nächsten Wahlen im Jahr 1964 zu eliminieren.

Oder schlimmer noch: Chruschtschow hatte Kennedy signalisiert, dass er bei einem plötzlichen Tod Fidel Castros keine sowjetischen Reaktionen befürchten müsse.

Nachdem Castro den sowjetischen Parteichef während der Raketenkrise im Oktober 1962 dazu aufgefordert hatte, den atomaren Erstschlag gegen eine Großstadt der USA zu führen, hielt Chruschtschow seinen karibischen Juniorpartner für unzurechnungsfähig und gefährlich. Für Fidel Castro wurde es im Herbst 1963 eng.

Die Operation AMLASH, der bis dahin vielleicht gefährlichste Versuch, Castro zu ermorden, startete am selben Tag, an dem Kennedy ermordet wurde. In einer konspirativen Wohnung in Paris übergab der Leiter der US-Regierungskommission zu Kuba (Cuban Task Force), Desmond FitzGerald, dem Agenten Rolando Cubela einen Kugelschreiber, der mit einer hochgiftigen Substanz präpariert worden war. Cubela war als ehemaliger Chef des »Revolutionären Direktoriums« und Kommandant der Revolution, der im Januar als erster Havanna erreicht und den Präsidentenpalast besetzt hatte, ein »Held der Revolution«, der jederzeit Zugang zu Fidel Castro hatte. Eine kaum spürbare Berührung mit der Kugelschreiberspitze hätte Fidel Castros sicheren Tod bedeutet. Doch Oswald war schneller.

Als der Anruf aus Washington kam, Präsident Kennedy sei tot, steckte FitzGerald den Kugelschreiber wieder ein.

Die Aktion AMLASH wurde auf Betreiben des neuen Präsidenten Lyndon B. Johnson, abgebrochen. Er hatte
schon als Vizepräsident die Vendettapolitik der Familie
Kennedy abgelehnt.

Gejagt

*» Wie können Sie mich schützen? Egal, ob Sturgis und sei-
ne Leute tatsächlich mit dem Mord an Kennedy zu tun
hatten oder nicht, ich habe zu viel geredet, ich habe mein
Schweigegelübde gebrochen, ich habe Namen genannt.
Ich will noch nicht sterben.« (Marita Lorenz, 1976 lt. Protokoll zum Ermittler im Fall Kennedy, Gaeton Fonzi)*

Meine Angst war nicht unbegründet. Sie wollten mich töten und meine Kinder auch – gnadenlos. In den Jahren
nach meiner Aussage vor dem Untersuchungsausschuss in
Washington gab es mehrere Anschläge auf mich. Die Polizei wurde zwar jedes Mal aktiv, konnte aber nie einen
Täter ermitteln.

Im Oktober 1979, als Fidel Castro nach New York
kam, um vor den Vereinten Nationen zu sprechen, forder-
ten mich mehrere Agenten des Geheimdienstes auf, das
Land so lange zu verlassen.

Ich wohnte zu dieser Zeit in 86 Maywood Road in Darien, Connecticut. Einige Tage vor Fidels Ankunft wurde
mein Haus beschossen, und einige meiner Tiere – Enten,
Schweine, Pferde und Ziegen – wurden dabei getötet. Ich
packte Mónica und Mark in unseren Sevilla und floh mit
den Kindern nach Kanada. Ich fuhr nach Montreal zur
kubanischen Botschaft, um dort um Schutz zu bitten.

Als ich die Botschaft zwei Tage später verließ, um nach
New York zurückzukehren, folgten uns zwei Männer in
einem Wagen. Sie versuchten, mich von der verschneiten

Straße zu drängen, und schossen auf mich. Ich schoss zurück.

Als wir in meine Wohnung in der 88. Straße in New York kamen, die ich auch noch hatte, fanden wir sie völlig verwüstet vor. Irgendjemand hatte eine Brandbombe hineingeworfen. Strom gab es auch nicht mehr, und die Kinder waren verstört. Sechs Wochen lang versteckten wir uns in der kalten und dunklen Wohnung.

Mark, damals neun Jahre alt, baute auf dem Fußboden einen Kohleofen zum Heizen und Kochen auf. Ich hatte kein Geld mehr und musste zu guter Letzt auf der Straße unseren Hausrat verkaufen. Nach sechs Wochen wurden wir zwangsgeräumt.

Kinder in Gefahr

Beide Kinder können sich an die Zeit der Verfolgung erinnern, als sie und ihre Mutter gejagt wurden. Auf der Fahrt von Kanada zurück nach New York, so Mark Lorenz, habe er auf dem Rücksitz zwischen dem Hausrat geschlafen, den sie mitgenommen hatten. Ein Schuss habe direkt neben ihm einen großen Spiegel zertrümmert. Die Killer hätten auch seinen und den Tod seiner Schwester in Kauf genommen.

Mónica erinnert sich noch an zwei weitere Anschläge: »Ich saß im Wohnzimmer unseres Hauses, machte gerade Schularbeiten und hatte Mutters Jacke an. Da durchsiebten ein paar Schüsse das Fenster. Die waren garantiert für Marita bestimmt, nicht für mich. Ich hatte ja niemandem etwas getan. Ich kann mich auch noch sehr gut daran erinnern, dass meine Mutter einmal vergiftet wurde. Ich musste sie wiederbeleben. Als Kind hatte ich einen Kurs in erster Hilfe besucht. Mir war klar, dass ich es einmal brauchen würde. Ich saß auf ihr, machte Mund-zu-Mund-

Beatmung und eine Herzmassage, schlug auf sie ein und schrie: ›Bitte stirb nicht, ich hab doch nur dich.‹«

Einmal, so erinnert sich Mónica, sei sie entführt und für Tage in der Wohnung einer Frau gefangen gehalten worden. Marita habe sie nur gegen Zahlung eines Lösegeldes wieder freibekommen.

Die polizeilichen Ermittlungen, so Mónica, seien stets im Sande verlaufen. Sie habe keine Ahnung, wer hinter den Anschlägen stecken könnte. Dazu wisse sie viel zu wenig über das, was ihre Mutter wirklich alles angestellt habe. Feinde habe sie jedenfalls viele gehabt, auch in Mafia-Kreisen.

In einem FBI-Dokument über eine Vernehmung von Marita Lorenz vom 1.2.1982 finden sich ebenfalls Hinweise auf Maritas Gefährdung: »Eine Woche nach dem Besuch Levys in Lorenz' Haus in Darien, wurde Lorenz' Tochter von einem Scharfschützen verwundet. Im Oktober 1979 wurde noch einmal auf das Haus geschossen. Diese Vorfälle sind bei der Polizei in Darien gemeldet worden. Im Januar 1980 wurde Lorenz' Tochter Mónica entführt.«

Duell mit der Mafia

Nachdem Mónica verschwunden war, überbrachte mir mein alter Bekannter Pino Fagiano eine Lösegeldforderung in Höhe von 20 000 Dollar. Ich wusste nicht, wer hinter Pino stand und für wen er arbeitete oder ob er gar selbst der Anstifter der Entführung war. In meiner Verzweiflung ging ich zum Staatsanwalt, der mir schließlich die Summe in markierten Geldscheinen überreichte. Wie verlangt, deponierte ich sie in einer Telefonzelle.

Einige Tage danach tauchte Pino in meinem Apartment auf und verlangte einen Nachschlag. Sonst würde ich so enden wie Rosselli. Wir waren beide bewaffnet, und nach einem heftigen Wortgefecht kam es zu einer Schießerei zwischen uns. Ich war schneller, und er brach schwer verletzt zusammen. Die Kugel war durch seine teure Gucci-Lederjacke in die Brust eingedrungen.

Als er aus der Wohnung kroch, half ich noch ein wenig nach, indem ich ihn in den Fahrstuhl stieß. Dann drückte ich auf den Knopf, und er wurde nach unten befördert.

Wie ich später erfuhr, schaffte er es, seinen Wagen in der Tiefgarage zu erreichen und bis zu einem Mafia-Arzt nach Brooklyn zu fahren.

Währenddessen saß ich oben total fertig in der Wohung und hatte Angst, er könnte zurückkommen, um mit mir Schluss zu machen. Alles war voller Blut: die neuen Möbel, die Eddy mir geschenkt hatte, der schöne hellgrüne Teppich, selbst im Spiegel war ein großes Einschussloch.

In meiner Angst rief ich Frank X. im Hauptquartier der Polizei an und erzählte ihm, dass Pino schwer verletzt sei, aber wahrscheinlich noch lebe. Frank war wütend: »Du hättest ihn aus dem Fenster werfen sollen, dann hätten wir jetzt ein Problem weniger.«

Ich sagte ihm, dass Pino für mich zu schwer sei, um ihn hochzuhieven und ihn aus dem Fenster im 18. Stockwerk zu werfen.

Nach diesem Vorfall kam ich mit den Kindern wieder in ein Zeugenschutzprogramm, weil die Polizei davon ausging, dass das organisierte Verbrechen hinter mir her war. Ich war mir allerdings gar nicht so sicher, wer Pino geschickt hatte. Möglicherweise wurde er auch von der CIA benutzt.

Drei Monate nach unserer Auseinandersetzung war Pino wieder auf den Beinen. Er tauchte eines Tages auf, als ich die Kinder von der Schule abholen wollte, und verlangte als »Wiedergutmachung« Geld von mir. Er konnte es immer noch nicht fassen, dass ich auf ihn geschossen hatte. Insgeheim bewunderte er mich dafür.

Von anderen Mafia-Leuten weiß ich, dass er jedem erzählte: »Die Lorenz könnte die Patin von New York werden, wenn sie so weitermacht.«

Er war seitdem zeitweise ganz nett zu mir und bot mir sogar an, für mich als Leibwächter zu arbeiten. Er glaubte in mir eine Gleichgesinnte zu erkennen. Aber da täuschte er sich. Er war ein von Hass zerfressener skrupelloser Kerl, während ich mir meine moralischen Werte immer erhalten habe. Ich habe nie leichten Herzens auf jemanden geschossen und immer die Achtung vor dem Leben anderer bewahrt. Ich bin keine Sadistin.

Nach der Schießerei mit Pino luden mich die Repräsentanten der fünf wichtigen Mafia-Familien New Yorks zu einer Aussprache ein. Ich sollte zu einer bestimmten Uhrzeit in einem italienischen Restaurant erscheinen. Da saßen sie dann: Fünf grauhaarige Herren in Tausend-Dollar-Anzügen vor einer reich gedeckten Tafel. Big Pauly war auch dabei. Außer mir waren keine anderen Gäste in dem Restaurant.

Mir war mulmig zumute, aber sie standen auf, um mich mit den Worten zu begrüßen: »Es freut uns, Sie endlich einmal persönlich kennen zu lernen, Mrs. Lorenzo.«

Als hinter mir ein Kellner auftauchte, bekam ich eine Gänsehaut. Ich kann es nicht ertragen, wenn jemand hinter mir steht, und auch nicht mit dem Rücken zum Fenster sitzen. Dann habe ich immer das Gefühl, es könnte gleich eine Kugel kommen.

Ich sagte: »Lasst uns nicht um den heißen Brei herumreden. Wenn Sie wünschen, dass ich mich für die Sache mit Pino entschuldige, dann werde ich das selbstverständlich tun, aber beim nächsten Mal erschieße ich ihn wirklich.« Sie lachten amüsiert und wehrten ab: »Nein, nein, das ist nicht nötig, wir wollten Sie nur einmal kennen lernen.«

Einer von ihnen ließ dann die Katze aus dem Sack: Sie würden mir nie vergessen, dass ich 1959 ein paar ihrer

Leute aus dem kubanischen Gefängnis befreit hätte, und da ich jetzt offenbar in großen Schwierigkeiten steckte, seien sie bereit, mir zu helfen. Da sie mir nicht direkt Geld zustecken wollten, ging einer von ihnen am nächsten Abend mit mir in ein Spielcasino. Ich warf die Würfel, und bevor ich hingucken konnte, sagte er: »Sie hat gewonnen.« Ich bekam auf der Stelle 10 000 Dollar. In der nächsten Zeit trafen bei mir lauter Pakete ein: ein Fernsehgerät, Berge von Filets und Kaffee.

Nach diesem Treffen mit den Paten von New York war mir klar, dass es nicht die Mafia sein konnte, die hinter mir her war.

Die Ziege und der Senator

Die beiden Jahre nach meiner Aussage vor dem Untersuchungsausschuss, 1979 und 1980, waren die schlimmsten meines Lebens. Irgendeine Macht, die sich nicht zu erkennen gab, wollte mich in die Verzweiflung und den Selbstmord treiben. So etwas ist in Amerika durchaus möglich. Deswegen hasse ich dieses Land. Am schlimmsten war, dass auch meine Kinder bedroht wurden. Ich war schließlich so verzweifelt, dass ich die beiden nach Deutschland schickte, damit sie in Sicherheit waren.

Weil in meine Wohnung mehrmals eingebrochen worden war, packte ich alle verbliebenen wichtigen Unterlagen zusammen, um sie zum Senat nach Washington zu bringen. Ich hatte mir einen Termin bei Senator Howard Baker verschafft. Baker war damals nicht nur Chef des Senatsausschusses zur Kontrolle der Geheimdienste, sondern auch einer der mächtigsten republikanischen Politiker des Landes.

Ich steckte auch das Foto ein, auf dem ich mit Lee Harvey Oswald zu sehen bin, und wollte schon losfahren. Doch plötzlich fiel mir ein: Was sollte ich nur mit Billy machen, meiner Ziege? Sie hatte die Anschläge auf mein Haus in Connecticut überlebt, und ich hatte sie mit nach New York in meine Stadtwohnung genommen. Sie saß meistens auf dem Sofa und gehorchte aufs Wort, aber sie mochte nicht alleine sein. Als ich sie am Tag vor meiner Reise nach Washington für ein paar Stunden alleine ließ, hatte sie aus Verzweiflung das halbe Sofa aufgefressen. Da keiner meiner Freunde in New York bereit war, auf Billy aufzupassen, nahm ich sie mit nach Washington. Als ich den Wagen verließ und ins Capitol gehen wollte, schlug sie mit den Hufen so heftig gegen die Scheiben des Wagens, dass ich fürchtete, sie würde sie zertrümmern.

Also versteckte ich Billy – sie war nur eine Zwergziege – unter meinem Mantel und kam so am Pförtner vorbei bis in das Vorzimmer von Howard Baker. Dort ließ ich die Ziege frei und erklärte der verdatterten Sekretärin, dass ich keine andere Wahl gehabt hätte.

Als Howard Baker das Zimmer betrat, sagte er: »Was für ein komischer Hund.« Ich klärte ihn darüber auf, dass es sich um eine Ziege handele. Das erschütterte ihn jedoch keineswegs. Er lachte, und wir gingen zu dritt in sein überaus luxuriös eingerichtetes Büro. Bevor ich es überhaupt sah, hatte Billy auf seinem Schreibtisch ein Käsesandwich entdeckt, das Baker sich gerade hatte holen lassen. Schwup, war es in ihrem Maul verschwunden.

Howard Baker hörte mir geduldig und besorgt zu, als ich ihm erzählte, wie meine Familie und ich bedroht wurden. Er fertigte sofort eine Aktennotiz über das Gespräch an, die er dem Direktor der CIA zukommen ließ.

Nach meinem Besuch bei Senator Baker hörten die unmittelbaren Bedrohungen auf. Ich hatte wieder Ruhe. Mein FBI-Kontaktmann Larry Wack erklärte mir, man wolle mir einen Job weit weg von New York geben, wo ich sicher sei. Im Übrigen sei er davon überzeugt, nicht die CIA, sondern die Mafia sei hinter mir her.

8. Fort Chaffee

Im März 1980 hatte man sich offenbar entschlossen, mir noch eine Chance zu geben. Ich wurde in das Gebäude am One Police Plaza bestellt, wo ein CIA-Agent mir einen 38er Revolver überreichte und mich vor die Alternative stellte: »Entweder Sie gehen ins Nebenzimmer und blasen sich das Gehirn aus dem Kopf, oder Sie kümmern sich um die Flüchtlinge, die Ihr Scheißfreund bei uns vor der Küste absetzt.«

Ohne ihn gelesen zu haben, unterschrieb ich einen Vertrag, mit dem ich in den Armeegeheimdienst eintrat, und wurde nach Fort Indiantown Gap in Pennsylvania geschickt.

Auf dem riesigen Gelände des Forts wurden die *marielitos* untergebracht, die Flüchtlinge aus Kuba. Sie hießen so, weil die Exilkubaner sie mit ihren Booten im Hafen von Mariel in Kuba abholten. Fidel hatte auf einen Schlag 125 000 unzufriedene Kubaner ausreisen lassen und die Gelegenheit genutzt, auch die Gefängnisse des Landes zu leeren. Anfangs war ich als Dolmetscherin und Vernehmerin beim Aufnahmeverfahren eingesetzt. Ich sollte herausfinden, wer von den Flüchtlingen Deutsch, Portugiesisch, Russisch, Tschechisch oder sonstige Sprachen beherrschte. Das gab uns Hinweise darauf, wer von ihnen »Internationalist« gewesen war oder das Recht gehabt hatte, Auslandsreisen zu unternehmen. Diese Flüchtlinge waren möglicherweise interessante Informationsquellen.

Ich kaufte den Leuten Zigaretten und plauderte mit ihnen in ihren Wohnbaracken. Sie erzählten mir von ihren Erlebnissen, und ich bekam schnell heraus, wer viel gereist war und damit eine wichtige Position in Staat oder Wirtschaft gehabt haben musste. Vor allem sollte ich erkunden, ob es unter den internierten Flüchtlingen Spione oder gar Terroristen gab, die in den USA Anschläge durchführen sollten. Unser Geheimdienst wollte auch, dass ich den Kubanern gezielte Fragen über die Lage auf Kuba und die kubanischen Militäreinsätze im Ausland, vor allem in Angola, stellte.

Die *marielitos* wussten, dass ich der Armee angehörte, aber sie waren sehr davon angetan, dass ich Kuba gut kannte, ihre Sprache beherrschte und ihr Land liebte.

Jeder Kubaner bekam eine Akte mit einem Farbcode. Daran konnte man sofort die sexuelle Orientierung und andere persönliche Merkmale erkennen. Männliche und weibliche Singles, verwaiste Kinder, Schwule und Kriminelle kamen in getrennten Baracken unter.

Doch bald waren die Baracken überfüllt und die Spannungen nahmen zu. Täglich kamen Busse aus Miami mit neuen Flüchtlingen an. Auf dem Gelände des Forts waren Soldaten der 82. Luftlandedivision und die Delta Detention Force der Einwanderungsbehörde INS untergebracht. Das Militär stellte die Ordnung nach der Devise her: »Wir sind hier, um euch zu helfen. Im Gegenzug müsst ihr die Vorschriften einhalten. Wenn nicht, prügeln wir sie euch ein.«

Es gab durchaus Internierte, die ordentlich, hilfsbereit und gehorsam waren. Aber bei den meisten Flüchtlingen handelte es sich in Wirklichkeit um deportierte Häftlinge. Deswegen waren sie noch längst keine Kriminellen, denn Fidels Definition von »Rowdytum«, einem der häufigsten Delikte in Kuba, ist sehr eng gefasst.

Ich erinnere mich zum Beispiel an einen 19-jährigen Jungen aus einer Mittelklassefamilie, der an eine Mauer gesprüht hatte: »Nieder mit Castro.« Für dieses Vergehen kam er nicht nur ins Gefängnis, sondern in seine Unterlippe wurde auch noch eine Nummer eintätowiert. Damit war er ein Gezeichneter, und seine Zukunftsaussichten in Kuba waren nicht eben rosig, in den USA aber leider auch nicht.

Jeder, der in Kuba einmal im Gefängnis gesessen hat, trägt diese Tätowierung auf der Lippe. Viele der ehemaligen Gefängnisinsassen waren Schwule. Sie wurden in Kuba immer noch geächtet, und es reichte, wenn sich drei von ihnen am Strand trafen – schon waren sie im Gefängnis. Fidel ist ein Verfechter von Anstand und Ordnung. Nicht einmal die altersbedingte Aufsässigkeit der Jugend duldet er. Wer faul, kriminell oder ungehorsam ist, gilt bei ihm gleich als »Konterrevolutionär«. Die meisten ehemaligen Häftlinge, die zu uns nach Fort Indiantown Gap kamen, waren so genannte »Politische«. Es gab nur wenige Vergewaltiger, Räuber oder sonstige Kriminelle im eigentlichen Sinn des Wortes.

Während meiner Tätigkeit traf ich auch auf Juán, ein großer, blonder Mann, der ein entfernter Verwandter von Raúl Castro war; gebildet und sehr klug. Er sprach fließend drei Fremdsprachen, aber er war schwul. Hier im Lager wurde er bald von einem reichen und »seriösen« Geschäftsmann aus Arkansas entdeckt und aufgenommen. Der Geschäftsmann durfte ihn zu sich bringen und garantierte als Gegenleistung für seinen Lebensunterhalt. Diese Form von »Sponsoring« war für die Internierten die einzige Möglichkeit, aus dem Lager herauszukommen. Tatsächlich aber betrieb dieser ehrbare Bürger ein Pornogeschäft, das sich auf schwulen Sadomasochismus spezialisiert hatte. Juán wurde von ihm als Sexsklave missbraucht und kam geschlagen und vergewaltigt in das Lager zurück. Wir mussten ihn sofort ins Krankenhaus bringen.

Patenschaften wurden von Mitarbeitern des Roten Kreuzes und anderen Wohltätigkeitsorganisationen vermittelt. Aus Mangel an Erfahrung fielen sie häufig auf Sponsoren herein, die alles andere als wohltätige Absichten hatten. Viele suchten billige Arbeitskräfte, Dauerbabysitter oder Sexualobjekte für ihre mehr oder weniger perversen Neigungen.

Mit der Zeit tauchten auch viele einsame und liebeshungrige amerikanische Frauen auf, bei denen es sich herumgesprochen hatte, dass es bei uns über hunderttausend Männer im Sonderangebot gab: weiße, braune, schwarze, dicke, dünne. Männer, so weit das Auge reichte. Einige Frauen lungerten einfach an den Toren herum und fingen Gespräche mit den Internierten an. Andere hatten Familienkontakte, über die sie den Namen eines Gefangenen herausbekamen. Jedenfalls entwickelten sich in den Köpfen fast all dieser Frauen Romanzen. Sie »kauften« die Männer ihrer Wahl auf verschiedene Weise: indem sie ihnen entweder eine Wohnung finanzierten oder sie direkt bei sich zu Hause aufnahmen. Dabei wussten sie in der Regel so gut wie nichts über ihren Schwarm. So kam es dazu, dass mindestens ebenso viele Frauen von ihren Adoptivmännern ausgebeutet wurden wie umgekehrt. Viele Kubaner blieben mit ihren frisch angeheirateten Frauen nur so lange zusammen, bis sie eine Arbeitserlaubnis bekamen. Dann verschwanden sie mit ihrer Sozialversicherungskarte auf Nimmerwiedersehen. Leider wurden auch einige der Frauen von ihren kubanischen Männern vergewaltigt, misshandelt und sogar ermordet.

Einige der Flüchtlinge hatten als Soldaten in Angola

gekämpft und sich dabei mit seltenen Krankheiten angesteckt. Dadurch hatten die amerikanischen Ärzte Gelegenheit, an ihnen tropenmedizinische Studien durchzuführen. Einige Kranke mit seltenen Bluterkrankungen
wurden sogar in Quarantäne gesteckt. Fand sich für einen von ihnen ein Sponsor, wurde der Kranke mit Auf-
putschmitteln auf Vordermann gebracht, damit er eini-
germaßen gesund aussah. Fortan war sein Pate für ihn
verantwortlich – inklusive aller Kosten.

Natürlich warnten unter unserem Personal einige davor, dass auf diese Weise unbekannte Tropen- und Im-
munschwächekrankheiten über das ganze Land verbrei-
tet werden könnten. Wir Mitarbeiter im Fort wurden
deshalb ständig immunisiert und bekamen monatlich Pe-
nicillin gespritzt.

Lagerterror

Nach acht Monaten war die Zahl der *marielitos* in Fort
Indiantown Gap auf 125 000 angestiegen, und die Regierung entschied, alle Flüchtlinge auf den Militärstützpunkt
Fort Chaffee in Arkansas zu verlegen. Der damalige
Staatsgouverneur Bill Clinton stimmte zu. Das war eine
mutige und sehr umstrittene Entscheidung, denn keiner
wusste, wie man mit den unzähligen Flüchtlingen fertig
werden sollte.

Das Lager in Fort Chaffee war größer als das in Fort
Indiantown Gap. Und wärmer war es in Arkansas auch.
Die Bewachung teilten sich die Lagerpolizei, die Bundes-
polizei und mehrere Einheiten der 82. Luftlandedivision.
Die meisten Beamten waren mit den Problemen der zu-
sammengepferchten Kubaner jedoch völlig überfordert.

Ich wurde für die Kubaner zum Mädchen für alles. Sie
vertrauten mir, weil sich herumgesprochen hatte, dass ich

ihre Vorstellungswelt und ihre Kultur kannte. Die meisten Flüchtlinge hatten sich ihr Leben lang loyal zur Revolutionsregierung verhalten und fanden sich nun in einem Land wieder, von dem sie geglaubt hatten, dass in ihm unbegrenzte Freiheit herrsche.

Stattdessen vegetierten sie in einem überfüllten Lager hinter Stacheldraht vor sich hin, ohne Beschäftigungs-, Freizeit- oder Weiterbildungsmöglichkeiten. Normale Menschen wurden zusammen mit Psychopathen und Gewalttätern eingesperrt. Immer häufiger kam es dazu, dass Internierte durchdrehten, weil sie die Langeweile und die Hoffnungslosigkeit nicht länger ertragen konnten.

Im Lager bildeten sich mit der Zeit auch verschiedene Gruppen: Menschen, die aus bestimmten Regionen stammten, schlossen sich zu Banden zusammen und kämpften aus Langeweile gegen Kubaner anderer regionaler Herkunft. Streitereien zwischen den unterschiedlichen Religionsgruppen standen bald auf der Tagesordnung.

Wenn es Konflikte gab, schickte die Lagerleitung immer mich vor, um sie zu lösen, bevor sie zu Krawallen eskalierten.

Viele Flüchtlinge waren *Yoruba* und praktizierten die *Santeria,* eine Mischung aus katholischem Glauben und afrikanischer Waldreligion, bei der auch Tiere geopfert werden. Vor den Pritschen der Flüchtlinge waren meistens kleine Altäre mit den Figuren verschiedener Gottheiten wie Yemayá, Obatalá oder Eleguá aufgebaut, daneben ein Marienbild mit Kind und allerlei Devotionalien. Das konnte ebenso gut ein Foto Fidels sein wie die leere Zahnpastatube vom Roten Kreuz. Auf den Altären lagen auch Blumen und Speisen für die Götter, meist Kekse und Orangen.

In den Baracken herrschte militärische Ordnung. Jede war mit 24 oder mehr Menschen belegt. Meistens war alles sauber, aber die Wachen störten sich an den Privataltä-

Marcos Pérez Jiménez wird deportiert *(Foto: Corbis-Bettmann/Picture Press)*

Marita beobachtet die Deportation *(Foto: Corbis-Bettmann/Picture Press)*

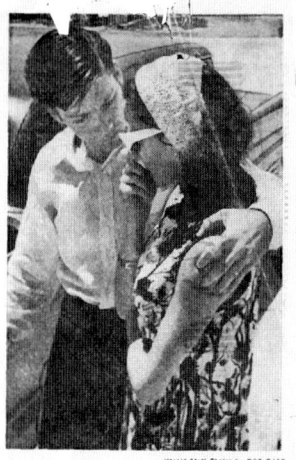

—Herald Staff Photos by BOB EAST

Illona Lorenz Missed Takeoff
... she filed a support case

Perez' Daughter Arrived Too Late
... comforted by husband Lee Brook

Perez Jimenez 'Home' --Left With One Shirt

Iceland Beauty Tops All

From Page 1

rimmed sunglasses, he walked between a double row of 30 U.S. and Venezuelan guards. There was no break in the line between the marshal's car and the white, DC8B Avensa jet waiting for him.

They let him walk up the plane ramp alone. One knee buckled as he reached the top step, perhaps from apprehension at approaching a verdict which he considers certain death. But he then stepped briskly into the plane and was gone from sight.

The plane door closed, locking PJ in with 12 Venezuelan detectives and a doctor and nurse to care for him in case he got sick or attempted suicide en route. Then the four-engine jet rolled down the taxiway to the takeoff runway.

Security continued right on to the runway run. Before the plane rolled a Dade Port Authority car, two Metro police flashing

—Associated Press Photo

Smile Leaving Jail
... Perez stayed calm

that PJ fought with all his millions through a fistful of courts to avoid.

He wasn't entirely ready to go. A bodyguard arrived too late with his luggage and he took off with nothing but the clothes on his back — practically prison attire for PJ, who

in the words of his attorney, David Walters. But his farewell words were bitter.

"I told him maybe someday I would go down and visit him," said another of his attorneys, Edward Moore.

"Yes," Moore said PJ replied, "if I live long enough."

From a black limousine, PJ's eldest daughter, Margott, who married against his wishes two months ago, watched him fly away.

Another woman in the life of the five-foot five-inch strongman, Ilona Marita Lorenz, drove up dressed in black. But the attractive strawberry blonde, whose support suit against "PJ" helped stall his extradition in recent days, arrived too late to wave him farewell.

In the ex-dictator's $400,000 mansion at 4609 Pine Tree Dr., Miami Beach, his wife Flor was given sedation and ordered to bed. Neither she nor her other three daughters watched the dreaded departure.

The last bell began tolling for the barrel-chested little general at 10 a.m. day in a Supreme Court rence soon in Wa

Iceland Beauty Tops All

LONG BEACH, C. (AP) — Miss Iceland, a slim blonde from Keflavik, named Miss Internation. Beauty Friday night at the International Beauty Congress.

She's Gudrun Bjarnadott 20, a college student, measures 38-23-38.

Runners-up in order, Miss England, Diana Westl 19, of Derbyshire; Miss Aus Xenia Doppler, 19, of Vien Miss American Beauty, Joyce Bryan, 19, of Miami; Miss Korea, Yoo-mi Choi, 20, of Soon Chun City.

Miss Bjarnadottir blinked back tears as she stepped forward to accept the winner's trophy and the $10,000 check which goes with it.

She is 5 feet 8, has blue which almost close whe smiles broadly, and midway between 6 auburn

Der *Miami Herald* berichtet über den Ex-Diktator Venezuelas

Mónica: das Kind des Diktators

Marita in New York mit den Kindern Mónica und Mark, 1972

1972, im Spionageapartment

1978: Maritas Waffenarsenal
(Foto: Escouroux/Gamma/Studio X)

Sohn Mark mit Mutters
Handwerkszeug

Monica Mercedes

Mónica Pérez Jiménez, Schauspielerin

Mónica als Jugendliche: »Miss Fitness«
der USA

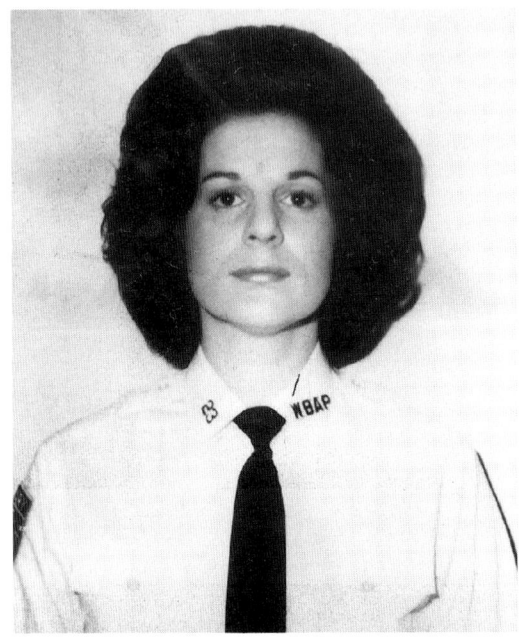

Marita 1974 als Hilfspolizistin

Al Chestone, Maritas FBI-Führungsoffizier

UNITED STATES DEPARTMENT OF JUSTICE

FEDERAL BUREAU OF INVESTIGATION

New York, New York

October 29, 1971

In Reply, Please Refer to
File No.

Personal and Confidential

Mrs. Louis Yurasits
250 East 87th Street
New York, New York

Dear Mrs. Yurasits: (ILONA MARITA LORENZ)

It has recently been brought to my attention
that assistance being given by you has been of extreme
value to the United States Government and the operation
of this Bureau in particular.

Your cooperation, devotion, and sincerity are
most appreciated by this Bureau and matters of a security
and criminal nature are now being handled in a more
thorough manner because of your unselfish desire to
assist.

I wanted you to know that on behalf of this
Bureau I am extremely pleased with your outstanding
attitude and conscientious devotion and wish to
personally thank you for your efforts.

Sincerely yours,

John F. Malone

JOHN F. MALONE
Assistant Director in Charge

Das FBI dankt Marita für Spitzeldienste

We drove all night, along the coast and nobody spoke much. Frank drove I sat in the back seat and slept. It was hot & crowded and I sat next to a Cuban. We drove through the city of Dallas to the outskirts to a drive-in motel. I remember a particul. street, wide, very clean with groomed plants & flowers in the center. I also remember a big Texas steer restaurant with a huge steer on it's roof. "The biggest steaks in the State of Texas".
There was talk of "drive within the speed limit, — "don't get a blasted ticket". I remember a sign reading "Leaving city Limits, (DALLAS), until we backed up into a gravel parking lot of a motel outside the city. Frank and Pedro registered - we had two rooms, I'm sure, a door to the other large room, — each room had 2 double beds. Ozzie brought in a newspaper and everybody read it.
Dressed, I fell asleep ontop of one of the beds, Frank brought in

Maritas *Grünes Buch:* mit Oswald nach Dallas

WANTED

Exhibit-4

FOR

TREASON

THIS MAN is wanted for treasonous activities against the United States:

1. Betraying the Constitution (which he swore to uphold):
   He is turning the sovereignty of the U.S. over to the communist controlled United Nations.
   He is betraying our friends (Cuba, Katanga, Portugal) and befriending our enemies (Russia, Yugoslavia, Poland).

2. He has been WRONG on innumerable issues affecting the security of the U.S. (United Nations-Berlin wall-Missle removal-Cuba-Wheat deals-Test Ban Treaty, etc.)

3. He has been lax in enforcing Communist Registration laws.

4. He has given support and encouragement to the Communist inspired racial riots.

5. He has illegally invaded a sovereign State with federal troops.

6. He has consistantly appointed Anti-Christians to Federal office: Upholds the Supreme Court in its Anti-Christian rulings.
   Aliens and known Communists abound in Federal offices.

7. He has been caught in fantastic LIES to the American people (including personal ones like his previous marraige and divorce).

Hetze gegen J. F. Kennedy, verteilt in Dallas am 22. 11. 1963

Lee Harvey Oswald, wenige Tage vor dem Attentat
(Foto: Keystone)

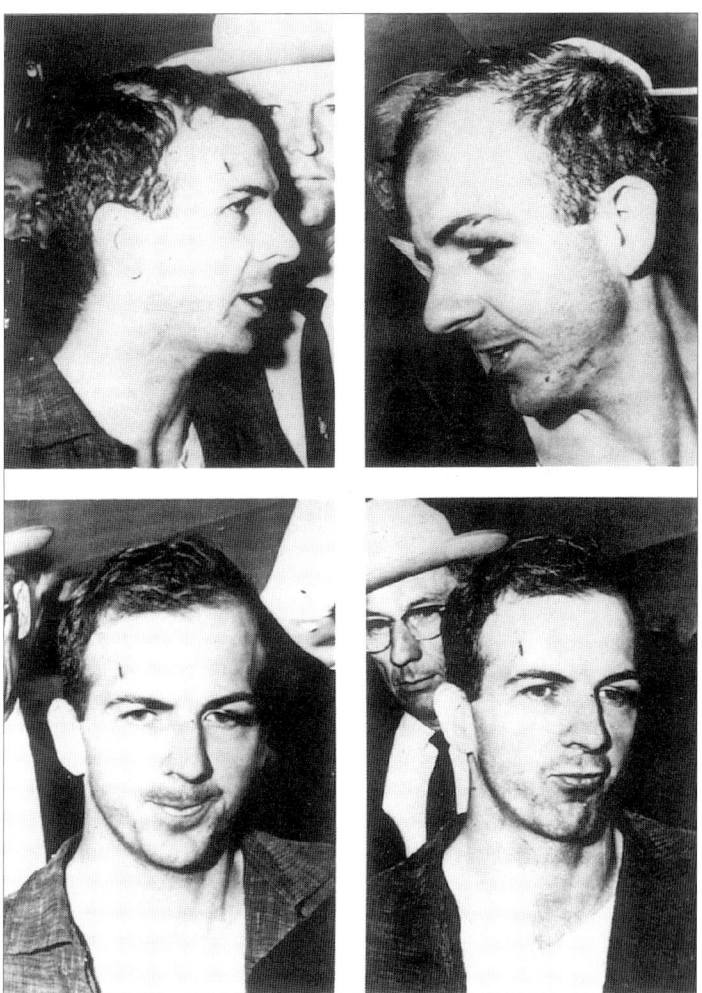

Lee Harvey Oswald bei seiner Verhaftung, 22.11.1963

Marita und ihr CIA-Pate Frank Sturgis

James Hosty, FBI, zuständig für Oswald

UNITED STATES DISTRICT COURT
FOR THE DISTRICT OF COLUMBIA

FILED

MAY - 1 1978

JAMES F. DAVEY, Clerk

In the Matter of the Application of

UNITED STATES HOUSE OF REPRESENTATIVES
SELECT COMMITTEE ON ASSASSINATIONS

Misc. No. 78-0134

ORDER
CONFERRING IMMUNITY UPON AND
COMPELLING TESTIMONY OF MERITA LORENZ

The United States House of Representatives Select
Committee on Assassinations having made written application,
pursuant to Title 18, United States Code, Sections 6002 and
6005, for an order conferring immunity upon Merita Lorenz
_____ _____ __ _____ _____ ___ possible other information
before the Subcommittee on the assassination of John F. Kennedy
of the Select Committee on Assassinations, and the court
finding that all procedures specified by § 6005 have been
duly followed, it is hereby, this 1st of May
1978,

ORDERED, that Merita Lorenz in accordance with
the provisions of Title 18, United States Code, Sections
6002 and 6005, shall not be excused from testifying or pro-
viding other information before the Subcommittee on the
Assassination of John F. Kennedy of the Select Committee on
Assassinations on the grounds that the testimony or other
information sought may tend to incriminate her.

Marita Lorenz erhält Immunität, 1978

ORDERED FURTHER, that   Marita Lorenz   appear
when subpoenaed by said Subcommittee and testify and provide
such other information that is sought with respect to matters
under inquiry by said Subcommittee.

AND IT IS FURTHER ORDERED that no testimony or other
information compelled under this order (or any information
directly or indirectly derived from such testimony or other
information) may be used against Marita Lorenz
in any criminal case, except a prosecution for perjury,
giving a false statement or otherwise failing to comply
with this ORDER.

United States District Judge

Francis L. Elliott

Zweite Seite der Immunitätsurkunde

ren. Bei Razzien oder Appellen pflegten sie diese mit ihren Stöcken zu zertrümmern, zum großen Kummer der *marielitos*. Die Stimmung wurde dann bedrohlich, und Krawalle lagen in der Luft.

Einmal pro Woche wurden die Baracken nach Waffen, Drogen und Schwarzmarktwaren durchsucht. Meistens fanden die Razzien in der Nacht statt, wenn die Kubaner schliefen. Ich musste die Soldaten in die Baracken führen und ihre Befehle ins Spanische übersetzen. Um ihre Privatsphäre zu schützen, hatten die Kubaner zwischen die Schlafkojen Betttücher gehängt. Die wurden dann von den Knüppel schwingenden und behelmten Soldaten rücksichtslos niedergerissen. Wenn die Kubaner nicht schnell genug aufstanden, schlugen die außer Rand und Band geratenen Soldaten sie mit ihren Gummiknüppeln, die mit Blei gefüllt waren.

Ich rief ihnen auf Spanisch zu, sich nicht zu widersetzen. Das sei in ihrem eigenen Interesse. Das bisschen an persönlicher Habe, das sie hatten, wurde bei diesen Razzien meist zerstört.

Einmal wurde ich von den Wachen, die kein Spanisch sprachen, gerufen, weil sie nicht wussten, was sie mit einem psychisch sehr angeschlagenen Kubaner machen sollten, der unter Depressionen litt. Er war schon bei mehreren Fluchtversuchen geschnappt worden und wollte sich nun umbringen. Zuerst fragte ich nach, was der Mann eigentlich wollte. Er weinte und sagte, er sei das Opfer eines Irrtums. Er habe Kuba nie verlassen wollen und sei ein treuer Anhänger Fidels. Castro sei wie sein Vater. Außerdem warteten Frau und Kinder in Kuba auf ihn. Um ihn zu trösten, log ich und versprach, ihm zur Rückkehr zu verhelfen. Bis dahin wäre es für ihn das Beste, sich psychiatrisch behandeln zu lassen.

Ich schrieb meinen Bericht über ihn mit der Anmerkung, dass er weder auf Kuba noch in den USA Gesetzesverstöße begangen habe. Ich wusste natürlich, dass ihm das nichts nützte. Aber ich wollte seine Hoffnungen nicht zerstören, bevor sein Aufnahmeverfahren nicht endgültig entschieden war.

Als ich einige Zeit später nach dem Mann sah, fand ich ihn in der psychiatrischen Abteilung der Lagerklinik in einer Zwangsjacke und obendrein an Händen und Füssen gefesselt. Täglich bekam er Injektionen mit dem starken Beruhigungsmittel Thorazin. Bei dieser Gelegenheit erfuhr ich, dass diese Praxis an Hunderten von heimwehkranken, protestierenden und fluchtverdächtigen Kubanern angewendet wurde.

Lebensretterin

Einmal wurde ich in eine Baracke mit männlichen Singles gerufen. Dort war ein Junge schwer verletzt auf dem Boden des Badezimmers gefunden worden, ein Opfer einer homosexuellen Vergewaltigung. Über Sprechfunk erfuhr ich, dass er Verletzungen an den Händen und eine Unterleibswunde hatte, die von einer Machete stammten. Er war blutüberströmt und lag im Sterben.

Gegen die Vorschrift ging ich alleine in die Baracke, weil mein Kollege sich weigerte, sie ohne Rückendeckung zu betreten. Ich hatte keine Angst. Die Kubaner kannten mich, und ich genoss ihr Vertrauen.

Einige junge Männer hielten den Täter, einen älteren Mann, fest, und ich legte ihm als Erstes Handschellen an.

Das Opfer, Raúl, lag noch immer in seinem Blut, Todesangst in den Augen. Ich versuchte, ihn zu beruhigen, und bat ihn, wegzusehen, als ich ihm die herausgequollenen Eingeweide zurück in den Bauch stopfte. Dem Opfer waren mit der Machete, die der Täter sich aus einem Bettpfosten gebastelt hatte, auch die vorderen Glieder von drei Fingern abgetrennt worden. Als ich sie fand, steckte ich sie in eine Plastiktüte, in der Hoffnung, dass sie wieder angenäht werden könnten. Die offene Unterleibswunde behandelte ich mit einem sterilen Verband aus meinem Erste-Hilfe-Koffer.

Der Junge hatte schon viel Blut verloren und stöhnte: »*Ayudame!*« Ich sagte ihm, gleich würde Hilfe kommen, aber niemand kam – kein Rettungswagen antwortete auf unsere Hilferufe. Am nächsten Tag fand ich heraus, dass die Sanitäter wahrscheinlich auf einer Party gewesen waren, schon zu betrunken oder high, um zu arbeiten.

Mir blieb nichts anderes übrig, als den schwer verletzten Jungen mit Hilfe meines Partners, einem Dolmetscher aus Mexiko, zu unserem Streifenwagen zu tragen. Im Wagen hielt ich Raúl auf meinem Schoß. Er schluchzte: »Marita, *ayudame*, Santa Maria.«

Ich sagte dem Fahrer, er solle nach Fort Smith fahren. Das Krankenhaus dort war besser ausgestattet als unseres, das nicht einmal über einen Operationsraum verfügte. Der Junge überlebte dank der hervorragenden Ärzte im Krankenhaus von Fort Smith.

Ich dagegen handelte mir eine Menge Ärger ein, denn es gab eine ausdrückliche Anordnung, nach der man das Fort Chaffee ohne Sondergenehmigung unter keinen Umständen mit einem Lagerfahrzeug verlassen durfte.

Ich wurde von zwei FBI-Offizieren vernommen. Sie warfen mir vor, das ganze System durcheinander gebracht zu haben. Ich sei ein »blödes, herzblutendes und liberales Kommunisten-Arschloch«. Ich bekam ein Disziplinarverfahren. Das Leben des Jungen interessierte niemanden. Den beiden FBI-Beamten, die mich vernahmen, gab ich in allen Punkten Recht und sagte: »Jawohl, Sirs, beim nächsten Mal lasse ich den Flüchtling einfach sterben.«

Der Täter wurde des Mordversuches angeklagt und als

Erstes im Gefängnis des Lagers eingesperrt. Später kam er in das Bundesgefängnis nach Atlanta, wohin alle Gewaltverbrecher geschickt wurden.

Als Raúl wieder auf den Beinen war, schrieb er mir einen Brief voller Dankbarkeit, den ich bis heute aufbewahrt habe. Er hätte überhaupt niemals im Bereich »männliche Singles« untergebracht werden dürfen, sondern in der Unterkunft für unbegleitete Kinder. Leider ein kleines bürokratisches Versehen.

Fidels Kinder

Am Tag nach meiner Belehrung durch das FBI fand ich mich in einer neuen Einheit wieder und wurde als Hilfsmarschall vereidigt. Ab sofort war ich verantwortlich für die Kinderbaracken.

Das traurigste Kapitel ist das der Kinder im Lager. Wir hatten 600 Kinder und Jugendliche, zumeist Waisen oder von ihren Eltern verlassene und im Geist der Revolution erzogene Jungen und Mädchen. Niemand hatte sie gefragt, ob sie aus Kuba ausreisen wollten.

Nicht selten, wenn ich abends an den Baracken vorbeiging, hörte ich, wie sich Kinder mit den Worten in den Schlaf weinten: »Fidel, hilf mir.«

Für all diese Kinder gab es nur einen einzigen Lehrer, der ihnen die Grundzüge der amerikanischen Lebensart und die Grundbegriffe der englischen Sprache beibringen sollte. Sie hatten alle Heimweh nach Kuba und Angst vor dem Unbekannten, das sie in diesem fremden Land erwartete. Niemand kümmerte sich um sie oder hörte ihnen zu.

Völlig klar, dass es zu Wutausbrüchen, Aufsässigkeit und Rebellion kam. Sie mussten doch irgendwie auf sich aufmerksam machen. Aber anders als normale Kinder wurden sie dafür verprügelt oder mit Thorazin ruhig gestellt.

Eines Tages nahm einer der Bundespolizisten ein hübsches, 15-jähriges Mädchen unter dem Vorwand, sie benötige eine spezielle medizinische Behandlung, mit zu sich nach Hause. In Wahrheit hat er sie vergewaltigt. Als ich entdeckte, dass sie schwanger war, half ich ihr und konnte sie samt Baby in einem Waisenhaus in Atlanta unterbringen. Sie taufte ihr Kind auf den Namen »Marita«. Den Vergewaltiger stellte ich zur Rede und brachte ihn vor Gericht.

Einige der 600 Kinder fanden eine Pflegefamilie, aber die meisten endeten in Waisenhäusern und wurden so über das ganze Land verstreut. Es brach mir fast das Herz: all diese verlorenen menschlichen Seelen. Sie waren »*Displaced Persons*«, wie es sie auch in Deutschland nach dem Krieg zu Tausenden gegeben hat.

Ich dachte an Fidel, wie verletzt und empört er gewesen sein musste, als Hunderte seiner Leute die ausländischen Botschaften in Havanna stürmten, um aus dem Land flüchten zu können. Ich wünschte mir sehr, mit ihm zu sprechen, sofort. Ich hätte ihm gesagt: »Fidel, hat dir die Flucht der 125 000 so wehgetan, dass du die Gelegenheit genutzt hast, alle loszuwerden, die dich nicht liebten? Hast du deshalb die Gefängnisse geöffnet und auch noch 600 Kinder, kubanische Waisen, abgeschoben. Deine Kinder? Warum? Ich verlange eine Erklärung. Hast du die Revolution nicht eigentlich für die Kinder gemacht?« Ich würde ihm erzählen, dass ich drei Baracken voll mit kubanischen Kindern betreute und dass der Tag nicht genug Stunden hatte, um für sie alle zu sorgen und sie vor den Schlägen der grausamen Wärter zu beschützen.

Wenn ich die Misshandlungen der Kinder in der Lagerleitung ansprach, hieß es immer nur, ich sei eine liberale »Heulsuse«, eine »Arschküsserin« und »Negerlieb-haberin«.

Ich war wütend auf Fidel, ich wollte ihn ausschimpfen, ihn durchschütteln und ihm die Hölle heiß machen.

Mein Sohn Mark war inzwischen zehn Jahre alt und wohnte außerhalb des Lagers in der Stadt. Morgens um fünf frühstückten wir gemeinsam in der Personalkantine. Das waren oft die einzigen Minuten, die wir miteinander verbringen konnten. Wenn es Unruhen im Lager gab, war ich oft bis zu 24 Stunden im Dienst.

Das Lager war besser organisiert als das in Fort Indiantown Gap. Es gab Sportplätze, einen Laden für Handwerksbedarf, Musikveranstaltungen und sogar ein Kino. Die Mehrzahl der Flüchtlinge versuchte, das Beste aus ihrer Lage zu machen. Viele Kubaner legten sich einen eigenen Garten an und baten um Sämereien. Sie stellten kunsthandwerkliche Produkte her oder brannten Schnaps, um ihrem Leben einen Sinn zu verleihen. Sie schrieben ihren Familien in Kuba oder auch ihrem Staatschef Fidel Castro.

Natürlich kam es auch zu Schwangerschaften und Geburten. Die Neugeborenen waren automatisch US-Staatsbürger. Bei sieben Geburten war ich als Hebamme dabei, weil das medizinische Personal nicht rechtzeitig vor Ort war. Vier im Lager geborene Mädchen erhielten den Namen »Marita«. Zwei Jungen, denen ich auf die Welt half, wurden »Fidel« genannt.

Wenn es Proteste gab, hingen an einigen Baracken Spruchbänder mit Aufschriften wie: »FIDEL IST MEIN VATER«, oder »ICH HÄTTE AUF DICH HÖREN SOLLEN«. Die Lagerleitung wollte nicht, dass irgendwelche Journalisten diese Transparente zu sehen bekamen, und schickte – mal wieder – mich vor.

Ich musste den Kubanern dann erklären, dass ihre Transparente vom künstlerischen Standpunkt aus großartig seien und dass sie auf alle Fälle weitermachen sollten. Aber statt ihre Kraft zu verschwenden und die Spruchbänder draußen Wind und Regen auszusetzen, sollten sie sie doch lieber in den Baracken aufhängen. Die Lagerinsassen fühlten sich geehrt und rollten ihre Spruchbänder wieder ein.

Ku-Klux-Klan

Die Menschen in der Gegend um Fort Chaffee hatten anfangs nichts gegen ihre neuen kubanischen Nachbarn einzuwenden. Doch das änderte sich schnell, als es zu vereinzelten Verbrechen durch freigelassene Kubaner kam.

Zwei von ihnen ermordeten zum Beispiel bei einem Ladendiebstahl in Arkansas einen Sheriff. Wenn es zu Verbrechen durch Kubaner kam, dann fielen sie in der Regel durch ihre außerordentliche Brutalität auf. Unmerklich drehte sich die Stimmung, und die Kubaner wurden zum Opfer einer allgemeinen Feindseligkeit.

In der kleinen weißen Gemeinde der Stadt Fort Chaffee kursierten die wildesten Gerüchte, die sich irgendwann zu einer allgemeinen Hysterie steigerten. Wie eine Infektionskrankheit breitete sich die Furcht aus, eines Tages würden 125 000 Ausländer die Zäune des Lagers einreißen und über die braven Bürger der Stadt herfallen. Die Menschen fühlten sich von den Behörden im Stich gelassen. Auch ein Blitzbesuch von Gouverneur Bill Clinton konnte die fast ausschließlich weißen Bürger nicht beruhigen.

Das war die Stunde des Ku-Klux-Klan. Dieser rassistische Geheimbund gewann damals in der Stadt und um das Lager herum rasch an Einfluss. Nachts brannten rundum Kreuze, die sogar vom Lager aus zu sehen waren.

Die Ritter des Ku-Klux-Klan von Metarie in Louisiana

gaben ein Flugblatt heraus, das der Klan in Fort Chaffee unter die Leute brachte. Es war überschrieben mit: »Erstes jährliches Kubanerschießen – für Steuerzahler«.

Für das Abschießen eines einfachen Kubaners gab es fünf Punkte, war er geschlechtskrank, verdoppelte sich die Punktzahl. Spione brachten 25 Punkte. Als Preise waren Erdnusspakete und Sechserpacks Billy-Bier ausgeschrieben. Aus dem makabren Scherz wurde Ernst, wenn es doch einmal einem Flüchtling gelang, über die Umzäunung zu klettern und zu fliehen. Wurde er von Ortsbewohnern geschnappt, brachten sie ihn um und warfen die Leiche in den nahe gelegenen Fluss oder verscharrten sie. Das haben Klan-Mitglieder mir selbst berichtet.

Ein Polizeibeamter aus dem Ort erzählte mir eines Tages, dass seine Freunde aus dem Klan vorhätten, Molotow-Cocktails in die Baracken zu werfen. Ich sorgte dafür, dass sie von einem Insider Falschinformationen erhielten, und prompt warfen sie ihre Brandbomben in leer stehende Baracken, sodass niemand verletzt wurde.

Mörder in Uniform

Unter den Wachen und Soldaten gab es eine Reihe von Sympathisanten des Klans. Ich wurde Zeugin eines bis heute vertuschten Verbrechens, das von Soldaten der US-Armee verübt wurde: Eines Nachts war ich mit zwei diensthabenden Offizieren auf Kontrollfahrt. Wir beobachteten das Lager von einem kleinen Hügel hinter der Gefängnisbaracke aus.

Das Lager hatte sehr hohe Zäune, die von einem mit Rasierklingen bewehrten Stacheldraht gekrönt wurden. Es sah aus wie ein Konzentrationslager. In den Wachtürmen saßen Soldaten der 82. Luftlandedivision mit Nachtsichtgeräten und Gewehren.

Meine Kollegen tranken ihr Bier aus Cola-Dosen, ich beobachtete den strahlenden Mond. In der Ferne beleuchtete eine orangefarbene Flamme geisterhaft den Himmel, und es roch nach verbranntem Holz.

Einer der beiden schwarzen Offiziere brüllte auf einmal: »Verdammt, siehst du das?«

Jetzt konnte ich es auch erkennen: ein riesiges, brennendes Kreuz. Die Offiziere wurden blass und flüsterten sich etwas ins Ohr. Ich als weiße Frau aus New York konnte es kaum fassen. Das hier war tatsächlich der Ku-Klux-Klan in Aktion! Der Hass kochte über.

Meine Kollegen taten mir Leid. Sie hatten Angst und das aus gutem Grund. Sie waren beide wirklich feine Kerle. Wir wurden ganz ruhig und verständigten uns darauf, abzuhauen, sollte das brennende Kreuz näher kommen.

Ein Knall zerstörte die Stille dieser schwarzblauen Mondnacht.

»Das war ein Schuss!«, rief C. C. Mein erster Gedanke war, jemand könnte Selbstmord begangen haben.

Wir starteten den Jeep und fuhren am Zaun entlang in die Richtung, aus der der Schuss gekommen war. Außerhalb des Zaunes war nichts zu sehen, aber innen, etwa zehn Meter vom Stacheldrahtzaun enfernt, lag ein junger Mann mit dem Gesicht zur Erde.

Wir jagten durch das Tor und rannten zu dem Jungen hin: ein schmales und unglaublich junges Kerlchen! Vom Wachturm her hörten wir Stimmen und Rockmusik. Wir fragten die Soldaten schreiend, was denn los gewesen sei.

Sie brüllten zurück, der Junge hätte zu fliehen versucht. Nachdem sie auf ihn geschossen hatten, kümmerten sie sich nicht weiter um ihn. Sie standen offensichtlich unter Drogeneinfluss. Wir verlangten nach einem Krankenwagen.

Ich untersuchte den Jungen und sah, dass sein Billy-

Joel-T-Shirt mit Blut vollgesogen war. Ein Schuss hatte ihn in den Rücken getroffen.

Es dauerte eine Ewigkeit, bis der Wagen vom Roten Kreuz kam. Solange drückte ich die Wunde des Jungen mit einer Kompresse ab. Er atmete unregelmäßig, und sein Gesicht, auf das er gefallen war, war schlammverkrustet. Während ich ihm den Dreck abwischte, weinte ich. Er war nicht mehr zu retten und hauchte sein Leben in meinen Armen aus. Danach wurde es ganz still.

Meine beiden Kollegen waren außer sich und wandten sich an die Soldaten auf dem Wachturm: »Ihr habt ihn ermordet, er war unbewaffnet.«

Als der Junge auf der Tragbahre lag, fiel ihm ein kleines silberfarbenes Transistorradio aus der Hand. Sein Tod wurde weder untersucht noch dokumentiert. Er wurde heimlich in der Nähe des Hügels begraben, und alle Beweise für die Tat wurden vernichtet: sein Ausländerpass ebenso wie seine persönlichen Unterlagen.

Auch sein Bett wurde entfernt, und wenn jemand nach ihm fragte, hieß es, dass ihn eine gute Pflegefamilie in einem anderen Bundesstaat adoptiert habe. Irgendwo auf Kuba gibt es eine Mutter, die vielleicht immer noch auf ihn wartet.

Empört über diese Vorgehensweise schlug ich Krach und verlangte eine polizeiliche Ermittlung, da es sich in meinen Augen um ein offenes und feiges Tötungsdelikt handelte. Meine Vorgesetzten rieten mir, die Geschichte zu vergessen. Als ich weiter nachbohrte, kamen zwei Mitarbeiter des FBI vorbei und gaben mir den Befehl, die Fragerei einzustellen, ansonsten würde man mich einsperren.

Die beiden Offiziere, die in dieser schrecklichen Nacht mit mir auf Streife waren, verabschiedeten sich bald darauf und wurden zurück ins Pentagon nach Washington D. C. geschickt.

Wir durften den Bewohnern der umliegenden Städte

nichts von dem erzählen, was im Lager vor sich ging. Wenn ich mal mit Mark nach Barling zum Abendessen fuhr, musste ich mir immer das gehässige Gerede der Leute anhören. Die meisten hier waren Ku-Klux-Klan-Mitglieder und konnten mich nicht ausstehen, weil ich als weiße Frau mit »Negern, Tunten und Verbrechern« arbeitete. Das gehörte sich ihrer Ansicht nach nicht.

Eines Tages ging ich in den Waffenladen von Barling und kaufte mir eine kleine 6-mm-Pistole, die man bequem im Stiefel oder im Gürtel verstecken kann. Beim Hinausgehen griff ich ein Antragsformular auf Mitgliedschaft im Ku-Klux-Klan und flirtete dabei mit dem Sheriff des Ortes, R. J., einem ansehnlichen Teufel. Er war groß, trug Cowboystiefel und hatte einen sexy Schnurrbart. Ich kannte ihn, weil er sich tagsüber, wenn ich im Lager zu tun hatte, um Mark kümmerte. Er passte auf, dass mein Sohn zur Schule ging, und nahm ihn zum »Junior-Klan« mit, der Jugendorganisation des Ku-Klux-Klan. Dort lernte Mark schießen.

Noch beim Abendessen mit Mark füllte ich den Antrag aus und legte ihn im Waffenshop zusammen mit dem Mitgliedsbeitrag von 25 Dollar zurück auf den Tresen.

Wenige Tage später wurde mir ein Mitgliedsausweis unter der Tür hindurchgeschoben, unterschrieben vom obersten Hexenmeister des Klan, der sich zufälligerweise als mein ansehnlicher Sheriff R. J. entpuppte.

Er sah aus wie ein Wildwest-Cowboy aus dem 19. Jahrhundert, und ich zog ihn ein wenig auf, indem ich sagte, der Klan sei für die nationale Sicherheit und für den Wilden Westen gleichermaßen wichtig.

An einem meiner seltenen freien Tage, weitab vom Lärm des Lagers, verließ mich mein gesunder Menschenverstand, und ich ritt mit dem Wildwest-Cowboy durch die Wälder. Am Ufer eines Flusses machte ich Liebe mit dem Feind. Es reizte mich, ihn zu erobern und herauszubekommen, wie er tickte. Danach veranstalteten wir Schießübungen mit verschiedenen Waffen – Pistolen und Gewehren. Das Einzige, was in dem Stillleben mit Sheriff noch fehlte, waren ein Planwagen und eine Horde Indianer. Aber die waren ja schon längst ausgerottet, und so blieben den Klan-Mitgliedern nur die Kubaner, auf die sie schießen konnten.

Leichentuch für Fidel

In den Nächten musste ich oft an Fidel denken. Ich nahm mir vor, nach Kuba zurückzukehren und ihm von der Hölle hier zu erzählen: Von den schrecklichen Tagen mit den *marielitos*, von den Lagerunruhen, den Messerstechereien und den homosexuellen Flüchtlingen. Ihnen fühlte ich mich am ehesten verbunden, denn sie wurden am schlechtesten behandelt und litten am meisten. Ich brachte ihnen Lippenstifte und Modezeitschriften, aus denen sie sich dann die Bilder ausschnitten. Ich tat alles, um sie glücklich zu machen.

Wenn meine Kollegen wieder mal gehässige Bemerkungen machten, sagte ich nur: »Es kostet mich nichts, nett zu sein, also haltet die Klappe.«

Über Funk erhielten wir eines Nachts die Meldung aus der Einsatzzentrale, dass es einen Selbstmord gegeben habe. Wir machten uns auf die Suche nach dem Toten und fanden ihn schließlich an einem der drei Bäume, die den Boulevard des Lagers säumten: ein junger Mann, barfuß, eingewickelt in ein Betttuch.

Keiner hatte den Mut, auf den Baum zu klettern und ihn abzuschneiden. Diese faulen und herzlosen Bastarde! Sie sprangen hoch, um seine Füße zu greifen und ihn herunterzuziehen. Ich schalt sie, weil sie ihm so den Kopf abreißen würden. Kurz entschlossen kletterte ich auf das

Dach des Jeeps, von da aus auf die Schultern meines Kollegen und dann auf den Baum. Es war stockdunkel, und mit meinem Mag-Light zwischen den Zähnen kletterte ich auf den Ast, an dem er die Schlinge befestigt hatte. Jetzt konnte ich sein Gesicht erkennen: still, feierlich und mausetot. Ich schnitt die Wäscheleine durch und ließ ihn fallen. Meine Kollegen rollten den Körper in den Leichensack.

Das Betttuch, in das er gehüllt war, hatte er mit Zeichnungen und Sätzen vollgekritzelt. Es enthielt Grüße an seine Mutter in Kuba, an Fidel und an die Regierung der USA. Ich bewahrte das Betttuch auf, um es eines Tages Fidel zu geben.

Nach eineinhalb Jahren unter kubanischen Flüchtlingen kehrte ich im Sommer 1981 nach New York zurück. Ich fühlte mich, als wäre ich aus einem Krieg heimgekehrt. Fort Chaffee war mein persönliches Vietnam.

Im September desselben Jahres entschloss ich mich, auf eigene Faust nach Kuba zu fliegen. Fidel wusste Bescheid, denn ich hatte ihm vorher einen Brief geschrieben, den ich in der kubanischen UN-Mission in der Lexington Avenue in New York abgegeben hatte. Wie jedes Mal, wenn ich an dem Polizeiposten vorbei war und den Eingang der Mission betrat, durchlebte ich einen Moment der Angst; denn ich wusste, dass jeder Besucher von einer FBI-Kamera, die in dem Gebäude gegenüber versteckt ist, fotografiert wird.

Andrés lebt!

Mónica wollte mich nach Kuba begleiten, aber sie bekam kein Visum und war sehr enttäuscht über Fidels Verhalten. Schließlich kann sie nichts dafür, dass ihr Vater Pérez Jiménez heißt.

Im Flughafen von Havanna wurde ich durch den Diplomatenausgang geschleust und musste in einem Zimmer Platz nehmen. Mein Gepäck und ich wurden gründlich durchsucht, dann musste ich wieder warten. Zwei junge Soldaten mit Maschinenpistolen auf dem Schoß bewachten mich.

Als ich fragte, ob ich verhaftet sei, antworteten sie mit keinem Wort. Für die kubanische Staatssicherheit musste die Situation extrem komisch sein: Nach 21 Jahren kehrt die Attentäterin zurück, um ihr Opfer zu besuchen. Würden sie mich ins Cabaña-Gefängnis werfen? Ich hatte keine Ahnung. Saß nur da und wartete.

Endlich kam ein höherer Offizier in Uniform herein und begrüßte mich mit den Worten: »Willkommen in Kuba.« Ich wusste jetzt, dass Fidel mich empfangen würde. Der Offizier geleitete mich zu einem Wolga und fuhr mit mir den altbekannten Weg nach Havanna hinein.

Als ich den Jasmin roch, fühlte ich mich wieder zu Hause. Alles war dunkel, und die wenigen Straßenlaternen spendeten nur ein schwaches gelbliches Licht. Um Strom zu sparen, war in einigen Stadtteilen das Licht sogar ganz abgeschaltet worden.

In Miramar fuhren wir durch ein von Soldaten bewachtes Tor auf den Hof einer alten kubanischen Stadtvilla inmitten eines prächtigen Gartens. Es war offenbar ein Gästehaus der Regierung. Von einem alten Mann mit einem Holzbein wurde ich die Marmortreppe hinauf in mein Zimmer geführt. Dort wartete ich wieder, bewacht von einem schweigenden Soldaten, der sich nicht von der Stelle rührte. Nicht einmal umziehen konnte ich mich unter diesen Umständen.

Irgendwann hörte ich draußen Fidels Stimme und seine mir vertrauten Schritte. Er kam herein, lächelte, als er mich sah, und begrüßte mich. Er umarmte mich sogar, allerdings ein wenig distanziert, so als handele es sich um eine diplomatische Pflichtübung. Er war irgendwie sow-jetischer geworden seit unserem letzten Treffen.

Ich bat ihn, seine Begleiter hinauszuschicken, weil ich mit ihm alleine sprechen wollte. Als wir unter uns waren, fing ich an, ihm von meinen Erfahrungen in Fort Chaffee zu erzählen, und übergab ihm das mit Blut beschriebene Bettlaken des Selbstmörders. Er sagte nur wenig dazu, war aber ganz offensichtlich schockiert.

Fidel wirkte ruhig und nachdenklich, als ich ihm eine Reihe persönlicher Habseligkeiten von toten Kubanern übergab, unabhängig davon, ob sie gute oder schlechte Revolutionäre gewesen waren. Er hörte mir aufmerksam zu. Sein Gemütszustand schwankte zwischen Ärger, Mit-gefühl und Scham. Ich hatte nichts zu verlieren und woll-te, dass er sich schlecht fühlte.

Er war kurz angebunden und wollte nicht länger über das Thema sprechen. Er sagte, unten würden zwei Offi-ziere auf mich warten, um meinen Bericht über Fort Chaf-fee zu Protokoll zu nehmen.

Dann traute ich mich, ihn auf unser Kind anzuspre-chen. Ich wollte von ihm endlich die Wahrheit wissen. War unser Kind tot, war es ein Phantom, lebte es? Er sag-te: »Dein Sohn lebt, aber du wirst ihn nicht sehen. Nach all dem, was du getan hast, gehört er mir und Kuba.«

Ich weinte und flehte ihn an: »Fidel, 20 Jahre lang ha-be ich mit der Ungewissheit gelebt, lass ihn mich ein ein-ziges Mal sehen. Dann gehe ich. Ich werde keinerlei An-sprüche auf ihn stellen.«

Als ich in der kubanischen Botschaft in Montreal ge-wesen war, hatte ich bereits schriftlich auf alle Rechte an Andrés verzichtet. Ich drohte ihm an, so lange zu bleiben, bis ich meinen Sohn gesehen hatte: »Du bist doch nicht so grausam, du bist ein guter Mann, ein Mann mit Ehre«, schmeichelte ich.

Mit diesem Argument ließ er sich erweichen und sagte:

»Ich bringe dir einen Jungen.« Er sagte tatsächlich »einen«, nicht »deinen« oder »unseren«. Das habe ich sofort registriert, und es hat mich verunsichert. Er ging hinaus und klopfte an eine Tür, die nur wenige Schritte entfernt lag. Offensichtlich war schon alles für diesen Moment vorbereitet worden, oder aber der Junge wohnte hier im Haus.

Als der Junge hinter ihm hereinkam, sah ich sofort, dass er eine jüngere Kopie von Fidel war: ungefähr 20 Jahre alt, schwarze, gelockte Haare, weiße Haut und Fidels Nase.

Seine Augen sahen hingegen aus wie meine: groß, rund und dunkel. Der Mund war auch ein bisschen wie meiner. Das Kinngrübchen hatte er eindeutig von Fidel. Er war groß und kräftig gebaut, wie Mark, und hätte sein Bruder sein können.

Fidel sagte: »Das ist der Junge, Andrés.«

Ich hielt seine Hand. »Bist du mein Junge?«, fragte ich dann.

Auf Englisch antwortete er: »*Yeah*«, und lachte. Wir umarmten uns, und ich strich ihm mit den Fingern durchs Haar.

»Fidel, er ist wunderschön, ist das unser Kind?«

Ohne eine Mine zu verziehen, erwiderte Fidel: »*Sí.*«

Andrés fragte mich, ob er Geschwister habe. Ich zeigte ihm Fotos von Mark und Mónica. Er war begeistert von Mónicas Aussehen.

Dann begann ich, meinen Koffer voller Geschenke auszupacken. Ich gab ihm Reebok-Laufschuhe und Fidel eine Polaroid-Kamera mit durchsichtigem Gehäuse für 800 Dollar, dazu 15 Filme – jeder zum Preis von 12 Dollar. Der Commandante sprang vor Begeisterung in die Luft und fing sofort an, mit der Kamera zu spielen. Alles andere interessierte ihn nicht mehr.

Dem Jungen schenkte ich noch einen Gürtel, zwei Paar

Jeans, einen Schreibblock, Stifte und einen Kassettenrecorder.

Fidel bekam noch einen Rubix-Würfel, Spielzeugpanzer und eine Tube Astronautennahrung. Er liebt solches Spielzeug noch genauso wie 1959.

Etwa zwanzig Minuten lang beschäftigten sich die beiden ganz versunken mit ihren Geschenken. Das waren für mich seit langem die glücklichsten Momente. Dabei beobachtete ich die ganze Zeit den Jungen und kam zu der Überzeugung, dass er mein Kind sein musste. Oder hatte Fidel das alles nur inszeniert, um mich loszuwerden?

Das wäre ein sehr grausamer Scherz gewesen, unvorstellbar, dass Fidel mir das antun könnte! Die Zweifel sind geblieben. Am liebsten würde ich einen DNA-Test machen lassen.

Aus den Röntgenaufnahmen, die Dr. Anwar Hanania 1960 in der Roosevelt-Klinik gemacht hat, geht hervor, dass ich 1959 keine Abtreibung hatte, sondern eine mit wehenfördernden Mitteln eingeleitete Frühgeburt. Der Fötus war nach meiner Rechnung sieben Monate alt und hatte deshalb gewisse Überlebenschancen. Aber bis zu dem Moment, in dem ich Andrés sehen durfte, habe ich nicht wirklich geglaubt, dass er die Frühgeburt überlebt hat. Diese zwei Stunden mit Fidel und Andrés haben ein Loch in meinem Herzen geschlossen.

Fidel war ganz offensichtlich mehr an seiner Kamera interessiert als an mir, und ich nutzte die Zeit, um Andrés auszufragen. Er studierte Medizin und wollte als Kinderarzt nach Nicaragua gehen, um dort in der Karl-Marx-Klinik als Internationalist beim Aufbau des sandinistischen Gesundheitssystems zu helfen.

1989, acht Jahre nach meinem Treffen mit Andrés, bin ich mit Mónica zu einer Umweltkonferenz nach Nicaragua geflogen. Jeden Tag ging ich in das Karl-Marx-Krankenhaus, um meinen Sohn zu suchen. Er war nicht mehr da. Aber die DDR-Ärzte, die dort arbeiteten, konnten sich gut an ihn erinnern: Er holte schwer verwundete Kinder ab, die in Havanna operiert werden sollten. Sie identifizierten ihn anhand meiner Beschreibung, ohne zu wissen, dass es sich um Fidels Sohn handelte. Er nannte sich Andrés Vásquez.

Ich habe ihn nie wieder gesehen.

Nachdem wir im Gästehaus in Miramar ungefähr zwei Stunden zusammen gewesen waren, stand Andrés auf und sagte, dass er jetzt für die Universität lernen müsse. Wir umarmten uns zum Abschied, und er sah mich liebevoll und lächelnd an. Das konnte nicht gespielt sein! Je länger ich ihn betrachtete, desto mehr erkannte ich mich selbst in ihm.

Als er weg war, starrte Fidel mich erwartungsvoll an und war erleichtert, als ich sagte: »Er ist wundervoll und wird für die Entwicklung der Menschheit einen großen Beitrag leisten.«

Wir redeten noch ein bisschen über die alten Zeiten: über Fidelito, den wir 1959 im Krankenhaus besucht hatten, nachdem er einen schweren Unfall hatte, über unseren Ausflug in die Ciénaga de Zapata, über Varadero und die Insel der Jugend.

Ich wollte wissen, warum er Jesús Yanez Pelletier ins Gefängnis geworfen hatte, aber ich traute mich nicht, ihm diese Frage zu stellen. Ich hatte zu viel Respekt vor Fidel und brachte lediglich heraus: »Ich liebe Kuba.«

Er schlug mir vor, mit meinen Kindern nach Kuba umzusiedeln und hier zu heiraten. »Wen denn«, fragte ich verdutzt, »dich vielleicht?«

Wir standen am offenen Fenster, und der betäubende Geruch von Jasmin drang mir in die Nase: »Erinnerst du dich, Fidel?« Wortlos schloss er das Fenster. Ich gab noch nicht auf: »Weißt du überhaupt, was ich deinetwegen alles durchgemacht habe?«

Seine Antwort: »Vergiss nicht, dass du damals gekommen bist, um mich zu ermorden.«

»Aber ich habe es nicht getan, Fidel.«

Als wir nebeneinander saßen, legte ich den Arm um seine Schulter. Wie vor 22 Jahren. Er war mir noch immer sehr vertraut. Dann musste auch er gehen, und mir war klar, dass ich ihn vielleicht nie wieder sehen würde.

Fidel verabschiedete sich, nicht ohne mich vorher noch für einen politischen Auftrag einzuspannen: Er wollte mit der neu gewählten Reagan-Regierung ins Gespräch kommen und fragte mich, ob es jemanden in Washington gebe, mit dem man reden könne. Al Haig, der neue Außenminister, hatte nämlich den Gesprächsfaden mit Kuba abreißen lassen. Sein Ziel war Castros totale Isolation.

Ich sagte zu Fidel, Howard Baker wäre der richtige Mann. Baker war inzwischen zum Sprecher der republikanischen Mehrheitsfraktion aufgestiegen und damit nach Reagan der zweitmächtigste Mann der USA.

Da mein Bruder Joe inzwischen in seinem Büro als Leiter der Öffentlichkeitsabteilung arbeitete, hatte ich einen relativ kurzen Draht zu Baker. Fidel gab mir für ihn eine handgeschriebe Botschaft mit, die ich Baker im Capitol überreichte. Meinem Bruder blieb vor Schreck der Mund offen stehen, als er mich bei Howard Baker auf dem Sofa sitzen sah.

Nach dem Gespräch empfahl Baker dem Leiter der Lateinamerika-Abteilung des Außenministeriums, Thomas Enders, Fidels Gesprächsangebot anzunehmen. Enders ist dann auch tatsächlich zu einer geheim gehaltenen Reise nach Kuba aufgebrochen. Der Besuch führte zu nichts, denn außer Enders wollte in der Reagan-Regierung niemand etwas vom Dialog mit dem »Stalin der Karibik« hören.

Nachdem Fidel gegangen war, aß ich in der Küche gemeinsam mit dem alten Ehepaar, das Andrés großgezogen hatte. Ich fühlte mich den beiden gegenüber schuldig und dankte ihnen für alles, was sie für mein Kind getan hatten. Der Alte mit dem Holzbein war Fidels Lehrer an der Belén-Schule gewesen.

Das Essen war einfach und erinnerte mit nichts mehr an die kubanische Küche, die ich 1959 kennen gelernt hatte. Der Reis schmeckte wie Kerosin, das Fleisch sah aus wie Hundefutter und die Bohnen waren ohne jeden Geschmack. Kein Glacé-Eis, kein Knoblauch, kein Salat, keine Mango, keine Mamey.

Mit uns aß ein hoch gewachsener und ernster Schwarzer, ein Nordamerikaner. Es stellte sich heraus, daß er Fidels Notfallpilot war. Sollten die Amerikaner Kuba angreifen, war es seine Aufgabe, Fidel zu retten. Er lebte mit dem Commandante im selben Haus.

Als ich mir am nächsten Morgen Havanna ansehen wollte, sagte der diensthabende Offizier: »Das geht leider nicht. Der Chef hat es untersagt. Er möchte nicht, dass die Russen von Ihrem Besuch erfahren.«

Mit einer Eskorte von fünf Offizieren wurde ich zum Flughafen zurückgebracht. Nach dem Start sah ich wehmütig auf die Insel hinunter: riesige Weiden mit Königspalmen und Milchfarmen, die eine von Fidels Leidenschaften waren.

Fidel hatte mir ganz stolz von seiner Lieblingskuh *Ubre Blanca,* Weißeuter, erzählt und davon, dass sie täglich 90 Liter Milch gab, so viel wie keine andere auf der Welt. Später, als *Ubre Blanca* aufgrund ihres Alters keine Milch mehr gab, bekam sie einen Ehrenplatz im Zoo von Havanna. Nach ihrem Tod errichtete man ihr auf Befehl von Fidel ein Denkmal.

9. Kaputt

Im Jahre 1982 kehrte ich nach Florida, dieses giftige Paradies, zurück. Das Land ist heiß, feucht und künstlich angelegt, damit der Mensch sich die Sümpfe der Everglades mit den Krokodilen teilen kann. Es gibt warme tropische Brisen, Hurrikane und Palmen, die nach jedem Sturm neu angepflanzt werden müssen.

Viele Rentner ziehen nach Florida, um dort ihren Lebensabend zu verbringen. Sie spielen Golf und Canasta, sitzen in der Sonne, reden über ihre Krankheiten und warten auf den Tod. Das Geschäft mit dem Tod boomt.

Neben den Alten ist Miami der Tummelplatz für alle Leute geworden, die irgendwie »in« sind. Eine Metropole voller Highways, die sich wie Spaghetti durch die ultramodernen, mit Drogengeldern gebauten Wolkenkratzer der Banken schlängeln.

Noch heute ist Florida die Heimat für Piraten und Banditen aller Art oder die Nachfahren der Gangster, die in den vierziger Jahren auf der Flucht vor dem Gesetz aus dem Norden hängen geblieben sind. Auch zahlreiche Flüchtlinge aus Lateinamerika ließen sich hier nieder. Nicht selten mussten sie ihre Heimat verlassen, weil es politische Unruhen gab oder wieder irgendein Diktator die

Macht ergriffen hatte. Schließlich gibt es auch noch die eingeborenen Floridaner, weiße Leute, die durchgehalten haben, das Land bearbeiten und *crackers* genannt werden.

In Florida waren meine alten Trampelpfade, hier verbrachte ich die wilden CIA-Zeiten. Völlig unerwartet wurde Florida im Jahr 1982 noch einmal für kurze Zeit mein Zuhause.

Meine Schwester Valerie war nach Zentralflorida gezogen, genauer gesagt nach Eagle in der Nähe von Winter Haven. Ich sollte nach meiner Rückkehr von der Karibikinsel eigentlich einen neuen Job als Kuba-Expertin für die NSA (Nationale Sicherheitsagentur) antreten, doch stattdessen entschied ich mich, einen CIA-Wagen, den ich benutzt hatte, zu stehlen und damit nach Winter Haven zu fahren.

Ich brauchte dringend eine Pause und fühlte mich außerstande, schon wieder eine Mission zu übernehmen. Ich nahm Mark mit und zeigte ihm einiges von dem Land, in dem er aufwuchs und das er eigentlich noch gar nicht kannte.

Die CIA hatte mich bald ausfindig gemacht und verlangte das Auto zurück. Ich willigte ein – und versenkte den Wagen im Eagle-See.

Ich hatte viel Spaß, als sie zum Haus meiner Schwester kamen und ich sie zu der Stelle führte, an der das Auto gesunken war. Ich sagte ihnen, dass ich die Fenster vorsichtshalber hochgekurbelt hätte und dass der Wagen Benzin bräuchte.

Meine Schwester jammerte mir die Ohren voll, wie ich so etwas Gemeines tun könne. Ich erinnerte sie daran, dass ich eine Kreatur der CIA war und dass ich mit ihnen alles machen könne, was mir passte: »Ich geb einen feuchten Dreck auf ihr abgesoffenes Auto – sie schulden mir etwas.«

Ich brauchte also einen neuen Wagen, um irgendwie in

die Zivilisation zurückzukehren. Bei einem Spaziergang entdeckte ich am Straßenrand einen verlassenen Wagen mit ein paar Einschusslöchern.

Ich schloss ihn kurz, und das verdammte Ding sprang wahrhaftig an. Nur wenig später fuhr ich durch eine kleine Stadt namens Eloise, die von der Zivilisation offensichtlich vor ungefähr hundert Jahren vergessen worden war.

Eine Soda wird hier immer noch »Pop« genannt, und die Leute sprechen mit einem südlichen Akzent. Sie mustern einen verächtlich von oben bis unten, weil sie wissen, dass du nur ein dummer Yankee bist.

Ich fuhr über einen Viadukt und kam an Orangenhainen, Hütten und Wohnwagen vorbei. Am Rande der unbefestigten Straßen saßen die Einheimischen auf ihren Veranden, tranken Bier oder rauchten eine Maiskolbenpfeife.

Bald war ich in einem Meer aus Mango- und Orangenfeldern verloren und sehnte mich verzweifelt nach einer *Parliament*-Zigarette.

Unter Kühen

Als ich auf einer Wiese eine Kuh bemerkte und sie etwas zu lange ansah, fuhr ich mit einem sanften Stoß auf einen Cadillac auf. Ein bärtiger, sechs Fuß großer Cowboy mit schicken Stiefeln, einem Hut so groß wie zehn Gallonen und im Gürtel eine Pistole, schlenderte langsam auf meinen Wagen zu. Er sah sehr verärgert aus.

Die Hände in die Hüften gestemmt, sagte er: »Okay, junge Frau, zeigen Sie mir mal Ihren Führerschein und Ihre Versicherungsnummer.«

Mir blieb nichts anderes übrig, als ihm die Wahrheit zu sagen: dass ich nichts bei mir trug außer meinem Revolver.

Er sah aus, als wäre er einem alten Gemälde über den Wilden Westen entsprungen, und war offensichtlich ganz nett. Er hieß Alton Lymon Kirkland, und ihm gehörte der ganze Ort namens Eloise: »Alles, so weit Sie sehen können«, verkündete er nicht ohne Stolz.

Als er mich davon in Kenntnis setzte, dass er mich verhaften lassen könne, erklärte ich: »In Ordnung, im Knast krieg ich wenigstens eine Zigarette.«

Mr. Kirkland wurde nicht recht schlau aus mir und befahl mir mitzukommen. Er verschwand in einem Laden und schlenderte mit sechs Packungen *Parliament* und einer Kiste Natural-Light-Bier wieder heraus.

Dann setzte er mir auseinander, dass er von meiner Verhaftung absehen würde, wenn ich heute Abend mit ihm essen ginge. So fing alles an. Ich mochte Alton und dachte darüber nach, wie es wohl wäre, mit ihm zusammenzuleben. Das wäre ein Zeitsprung von 300 Jahren – zurück in die Gründerzeit.

Er war Gerichtsbürge und Besitzer der Transportfirma Kirkland Transfer Trucking Co. Außerdem gehörten ihm Orangenpflanzungen, Ländereien, Kühe, Schweine und Ziegen. Seine Reputation war ebenso wild wie meine.

225 Pfund Mann – »ein Genuss für jede Frau: lecker, wohlgenährt, fleißig«, so schätzte er sich selbst ein. Alle Frauen liebten ihn, und seine 39 Truckfahrer fürchteten ihn.

Seine Farm lag abseits und isoliert, seine Felder waren weit und seine Kühe liebenswert. Nach drei Wochen Liebe und Kennenlernen dachte ich, es könnte klappen, und heiratete ihn am ersten Januar 1983 im Polk County Courthouse.

Ich fragte mich, ob ich so normal leben könnte wie alle anderen auch, und fand es wundervoll, dass Alton von mir lediglich erwartete, dass ich zu Hause blieb, kochte, sauber machte und den Garten pflegte.

Als meine Schwester mich fragte, wann ich meine nächste Mission antreten würde, war sie ziemlich verblüfft, als ich ihr erklärte, dass ich stattdessen heiraten würde.

Während meiner Zeit in Fort Chaffee hatte sie ohne mein Wissen ein Verhältnis mit Pino Fagiano angefangen, meinem Duellgegner von der Brooklyn-Mafia. So brachte sie ihn in mein Leben zurück.

Obwohl Valerie wusste, dass Pino mein Feind war, hatte sie Kontakt zu ihm aufgenommen. Sie schrieb damals ihre Doktorarbeit über die Psychologie der Spielsucht und hatte sich Fagiano als Studienobjekt ausgesucht. Als ich von Valerie erfuhr, dass sie sich mit diesem Widerling eingelassen hatte, war ich zutiefst schockiert und verließ sofort ihr Haus, um zu Kirkland zu ziehen.

Zur Heirat ließ ich einen Priester kommen, und Alton steckte mir einen wundervollen Ring an. Als Hochzeitsgeschenk überreichte er mir ein Kochbuch und ein seltenes Gewehr – ein Sammlerstück. Auch meine Schwester Valerie und Giuseppe Pino Fagiano erschienen zu der Hochzeit.

Das Leben als Farmersfrau war wundervoll. Ich tat alles, um Alton glücklich zu machen. Selbst die Alteingesessenen akzeptierten mich nach einer Weile und standen mir bei meinen Alltagsproblemen mit Rat und Tat zur Seite.

Manchmal gingen Alton Kirkland und ich auch tanzen, und der größte Stolz war mein eigener Garten. Ich merkte erst jetzt, wie viele Dinge mir in meinem bisherigen Leben gefehlt hatten. Ich begann sogar, das in dieser Region verbreitete Natural-Light-Bier zu trinken. Mir gefielen die kühlen Morgenstunden mit ihren Geräuschen: dem Pfeifen der Züge und dem Krähen der Hähne. Wenn ich den Kaffee aufsetzte, kam mein Lieblingskalb Grits von der Weide, steckte die Schnauze durchs Fenster, und ich küsste es jedes Mal. Meine Ziege Billy folgte mir auf Schritt und Tritt.

Nach und nach erzählte ich Alton ein wenig über mich – alles nur grundlegende Dinge: wo ich geboren bin, Familiengeschichten, von Deutschland, mehr nicht. Das war auch nicht nötig, denn er liebte mich um meiner selbst willen.

Doch meine Schwester konnte den Mund nicht halten und erzählte ihm eines Tages von meiner Affäre mit Fidel. Kirkland nahm es mit Humor.

Eine Falle für Pino

Als Valerie Pino Fagiano mit zu unserer Hochzeit brachte, fraß mein Mann gleich einen Narren an ihm. Die beiden mochten sich, und Alton war fasziniert von dem Gedanken, einen »richtigen« Mafioso aus New York zum Freund zu haben.

Pino hing oft auf unserer Farm herum, betrank sich mit Alton und brachte ihm das Koksen bei. Irgendwann ließ sich Alton überreden, Pino bei seinen »Geschäften« zu helfen: Drogentransporte über den Highway 95. Alton stellte dafür seine Lastwagen zur Verfügung, später auch für den Transport von Waffen. Meine Warnungen wollte er nicht hören, er tat sie meist mit den Worten ab: »Ich bin die Dixieland-Mafia und gehe mit der New Yorker Mafia ein Bündnis ein.«

Am liebsten wäre ich nachts mit meinem Gewehr auf den Hof gegangen, um Pino aufzulauern und ihn zu erschießen.

In einer ruhigen Stunde fragte ich ihn einmal, warum er so grausam sei. Daraufhin erzählte er mir, dass er der unerwünschte Sohn eines sizilianischen Auswanderers in Libyen sei. Sein Vater habe ihn jeden Tag verprügelt und an den Strand geschickt, um Touristen auszurauben.

Eines Tages – ich kochte gerade Okra mit Knödeln und

bereitete eine Süßkartoffelpastete zu – klopfte es am Vordereingang. Das war ungewöhnlich, denn Alton benutzte stets die Hintertür.

Das Herz rutschte mir in die Hose, als ich zwei sehr offiziell aussehende Herren in Anzügen erblickte. Sie wirkten hier ziemlich deplatziert, denn in Eloise trugen alle Jeans und Stiefel und bewegten sich auf Traktoren oder Pferden fort. Die beiden Männer waren in einem schwarzen Wagen mit getönten Scheiben gekommen. Am Zaun lehnten zwei weitere Typen, die genauso aussahen.

Noch während ich über den Flur rief: »Was wollen Sie hier?«, griff ich instinktiv nach meiner Pistole, die ich immer bei mir trug, und dachte: »Jetzt kann ich einpacken, wie haben sie mich bloß gefunden? Ich habe doch niemandem etwas erzählt?«

Sie sagten, sie seien von der Sonderermittlungseinheit der FDLE (Florida Department of Law Enforcement) und beauftragt, einen Doppelmord in Dania aufzuklären. Dabei erwähnten sie Pino Fagiano und sagten, sie müssten dringend mit mir sprechen.

Ich entschloss mich, mit ihnen zusammenzuarbeiten, um Pino, der sich in dieser Zeit David Ring nannte, hinter Gitter zu bringen. Also schleuste ich einen Undercoveragenten bei uns zu Hause ein, den ich als alten Kumpel aus Söldnerzeiten in den Everglades vorstellte. Er zeigte sich an Waffen und Drogen interessiert und kam bald mit Pino ins Geschäft. So sammelte die Polizei Beweise gegen ihn.

Wir verwanzten das ganze Haus, und eines Tages ging Pino uns in die Falle, als er am Telefon einen neuen Auftrag annahm. Er wurde kurz darauf verhaftet und Alton gleich mit ihm.

Ich musste meine Ehe opfern, um diesem Verbrecher das Handwerk zu legen. Alton kam wegen Beihilfe zu illegalem Waffen- und Drogenhandel für ein Jahr ins Gefängnis. Pino musste nur ein paar Jahre seiner Strafe absitzen, weil er im Gefängnis irgendeinen Deal mit dem FBI schloss.

Mit den Kindern nahm ich wieder für 18 Monate an einem Zeugenschutzprogramm teil, weil die Polizei befürchtete, Pinos Freunde könnten sich an mir rächen.

Bei dem Prozess gegen Pino, der als »Drogenprozess von Polk« in die Justizgeschichte einging, kamen noch einige andere Dinge ans Tageslicht, von denen ich nichts gewusst hatte: Bei dem Doppelmord in Dania hatte Pino eines von Kirklands Autos benutzt, um die beiden Leichen wegzuschaffen.

Auch mein Sohn Mark war zeitweilig unter Mordverdacht geraten, weil die Polizei seine Fingerabdrücke auf den Plastiksäcken gefunden hatte, in denen die Leichen eingewickelt waren. Pino hatte meinen Sohn gebeten, ihm Plastiksäcke und Klebeband aus der Werkstatt zu holen.

Als Alton Kirkland aus dem Gefängnis entlassen wurde, dachte ich, wir könnten unsere insgesamt doch angenehme Ehe weiterführen, aber er wollte nicht mehr. Er konnte mir nicht verzeihen, und so wurden wir 1985 geschieden.

Vor ein paar Jahren ließ er sich für 25 000 Dollar eine neue Niere implantieren, trank danach jedoch mehrere Sixpack Bier auf einmal und war tot. Er war ein guter Kerl, aber leider dumm.

Überleben in New York

Auf meiner Rückreise nach New York machte ich in Washington Halt, um meinen CIA-Kontaktmann um etwas Geld zu bitten. Er gab mir 5000 Dollar, von denen ich mir ein neues Leben aufbauen wollte.

Mark und ich zogen nach Queens in den Northern Boulevard und mieteten für das Geld eine unmöblierte Wohnung.

Ich rief Frank X. an und bat ihn, mir zu helfen. Er besorgte mir einen Job am La-Guardia-Flughafen als Sicherheitsangestellte bei den United Airlines. Zum ersten Mal in meinem Leben musste ich auf eigenen Füßen stehen, wie ein normaler Mensch zur Arbeit gehen, meine Miete und Steuern zahlen und mich um alles selber kümmern.

Meine Arbeit bestand darin, mit Drogenhunden das Gepäck der Passagiere zu durchsuchen. Nach einem Jahr sagte ich zu Frank: »Ich hab keine Lust mehr, in der Unterwäsche anderer Leute herumzuwühlen, das ist unter meiner Würde.«

Ich wollte wieder als Agentin arbeiten, das Einzige, was ich wirklich konnte.

Eine private Sicherheitsfirma, die für das FBI arbeitete, stellte mich ein und schickte mich als Undercover-Schnüfflerin in eine Diamantenschatzkammer der Regierung. Die Angestellten standen im Verdacht, Diamanten im Wert von mehreren Millionen Dollar gestohlen zu haben. Als ich herausfand, dass einige der Angestellten beim Sortieren Diamanten in ihren Cola-Dosen verschwinden ließen, wurde ich befördert.

Zur Belohnung wollte mich meine Sicherheitsfirma nach Alaska schicken, um eine Ölpipeline gegen Sabotageanschläge zu schützen. Aber da Mark und ich keine Lust auf die Kälte hatten, bewarb ich mich stattdessen um die Stelle als Leiterin eines katholischen Fürsorgeheims für schwer erziehbare Teenager.

Als Nächstes arbeitete ich für eine Krankenversicherung, die mich als Undercover-Ermittlerin in Fällen von Versicherungsbetrug einsetzte.

Meine letzte Stelle trat ich als Tierpflegerin in einem Tierheim in Queens an. Ich lebte zu der Zeit sehr zurückgezogen und isoliert. Es gab für mich nur die Arbeit und

Mark. Mónica war von zu Hause weggelaufen und lebte mit anderen Leuten zusammen. Einmal die Woche traf ich mich weiterhin mit Polizeichef Frank X. im *Mariott*-Hotel.

Ausstieg aus der CIA

Eines Tages fuhren Mark und ich mit dem Fahrrad durch die 34. Straße in Queens, als wir an einem Baum ein Plakat entdeckten, das zu einer Solidaritätskundgebung mit Nicaragua einlud. Sprecher auf der Veranstaltung sollte Philip Agee sein, ein ausgestiegener CIA-Agent.

Mark schleppte mich zu dem Solidaritätsabend, der in einer Kirche stattfand, und ich war erschüttert: Eine Frau zeigte Dias mit Aufnahmen von Verwundeten und verstümmelten Kindern. Sie waren alle Opfer von Waffen, welche die CIA der Contra geliefert hatte. Es war alles noch genauso wie zu meinen Zeiten in den Everglades! Die CIA hatte sich nicht gebessert.

Philip Agee war an dem Abend nicht da, aber sein Buch »*On the ran*«, in dem er die Geschichte seines dramatischen Ausstiegs aus dem Geheimdienst erzählt, wurde verkauft.

Ich las es durch, durchlitt es, sog es in mich auf wie ein Schwamm. Auch ich wollte aussteigen, aber wie?

Von Zeit zu Zeit bekam ich Besuch von CIA-Agenten, damit ich nicht vergaß, dass ich zu ihnen gehörte. Sie wollten mich wieder einspannen und drohten mir mit der Steuerfahndung, damit ich spurte. Meine Absetzbewegungen ins Zivilleben gefielen ihnen ganz und gar nicht.

In Philips Buch war die Adresse des Christic-Institutes in Washington angegeben, das sich dafür einsetzte, die Intervention der USA in Nicaragua zu Gunsten der Contra zu beenden. Ich nahm mir ein Herz, rief dort an und fragte, ob sie mir helfen könnten. David MacMichael war am Apparat, ein ehemaliger CIA-Analyst mit dem Schwerpunkt Zentralamerika.

Ich nannte ihm meine CIA-Nummer und die Nummer meines Immunitätsbescheides. Er sagte: »Warten Sie ab, ich rufe zurück.«

Er meldete sich tatsächlich, also schrieb ich ihm und Philip Agee, der sich nach Hamburg abgesetzt hatte, einen Brief über meine Geschichte.

David fragte mich, ob ich Hilfe brauchte. Ich sagte ja, denn ich war inzwischen arbeitslos. Er schickte mir Geld für die Miete.

Wir gründeten eine Art Bruderschaft ehemaliger CIA-Agenten mit 15 Mitgliedern. Um uns zu schützen, gingen wir an die Öffentlichkeit. Unsere Pressekonferenz fand 1988 in Washington statt. Es war brechend voll, und alle wichtigen Nachrichtenagenturen der Welt waren vertreten. Jetzt gab es für mich keinen Weg mehr zurück. Wir hatten eine unsichtbare Grenze überschritten. So etwas hatte es in Amerika noch nie gegeben.

Wir hatten alle 15 für die CIA Drecksarbeit geleistet und gehörten zu den wenigen »bad guys« mit schlechtem Gewissen. Colonel Philip Roettinger war der Dienstälteste von uns: Er hatte 1954 im Auftrag der CIA die demokratische Regierung Arbenz in Guatemala gestürzt und dabei geholfen, eine Militärdiktatur zu errichten. Phil Agee musste nach Deutschland emigrieren, nachdem er als erster CIA-Agent der Geschichte sein Insiderwissen in dem Buch »Inside the company« veröffentlicht hatte. Er war in Mexiko und Südamerika stationiert und hatte dort gegenrevolutionäre Bewegungen aufgebaut. Außer mir gab es noch eine Frau in der Gruppe, Mary Embree. Sie war in der Forschungsabteilung der CIA beschäftigt und entwickelte nicht nachweisbare Gifte, mit denen unliebsame ausländische Politiker ermordet werden sollten. Sie bekam moralische Skrupel, nachdem sie streng geheime Papiere eingesehen hatte, in denen detailliert die Möglichkeiten des Giftmordes an Menschen beschrieben wurden.

Bei der Pressekonferenz saßen auch einige FBI- und CIA-Offiziere im Publikum, um herauszukriegen, wie viel wir von unserem Wissen preisgeben würden. Für mich war es damals sehr hart, ihnen in die Augen sehen zu müssen.

Oliver Stone

Nachem wir uns geoutet hatten, war Hollywood auf uns neugierig geworden. Ein reicher Produzent lud uns in seine Villa in den Hollywood Hills ein, zu einem Treffen mit etwa 300 Produzenten, Regisseuren und Schauspielern, die ganz wild darauf waren, einmal echte Spione kennen zu lernen, die dem wahren Leben und nicht einem Drehbuch entsprungen waren.

Ich ging mit Bluejeans und schwarzen Stiefeln hin. Eine Schauspielerin berührte mich ehrfürchtig und sagte sehr affektiert: »Darf ich Sie einmal anfassen? Ich danke Gott, dass Sie Castro nicht ermordet haben. Es wäre eine Tragödie für die Menschheit gewesen, denn er ist so charismatisch. Ich liebe ihn.«

Ich kannte niemanden von den Stars in der Runde und verzog mich in die Küche, um etwas Gutes zu essen. Dort traf ich einen netten Kerl, den ich fragte: »Und was bist du für einer?« Er antwortete: »Ich bin Oliver, *the stone*.«

So lernte ich Oliver Stone kennen. Er war witzig und charmant und kam bald auf die Idee, meine Tochter Mónica heiraten zu wollen. Ich sagte ihm, Mónica könne ihn nicht ausstehen, außerdem sei ich die Frau seines Lebens.

Er wollte von mir wissen, was ich jetzt, nach meinem Ausstieg aus der »Firma«, zu tun gedenke. Ich antworte-

Marita Kirkland mit Ehemann Alton, 1982

Zu Gast bei Kirkland: Mafia-Killer Pino Fagiano

OATH OF OFFICE
(See reverse side for instructions)

DEPUTY UNITED STATES MARSHAL

WESTERN District of ARKANSAS

I, ILONA MARITA LORENZ, do solemnly swear (or affirm) that I will faithfully execute all lawful precepts directed to the United States marshal for the WESTERN district of ARKANSAS under the authority of the United States, make true returns, take only lawful fees, and in all things well and truly, and without malice or partiality, perform the duties of the office of SPECIAL deputy United (chief, special, part-time, temporary, all others—leave blank) States marshal during my continuance in office. So help me God.

Ilona Marita Lorenz
(Signature of appointee)

Marita wird zum Hilfsmarschall ernannt, 1981

In Fort Chaffee, 1981

Marita mit Sohn Mark in New York
(Foto: Ute Langkafel)

Frühjahr 2000: Marita schreibt an Fidel Castro
(Foto: Willi Huismann © by SUR Films)

März 2000: Auf nach Havanna!
(Foto: Ute Langkafel)

Auf der Überfahrt

Zurück in Kuba
(Foto: Ute Langkafel)

Stifte für die Schüler
(Foto: Ute Langkafel)

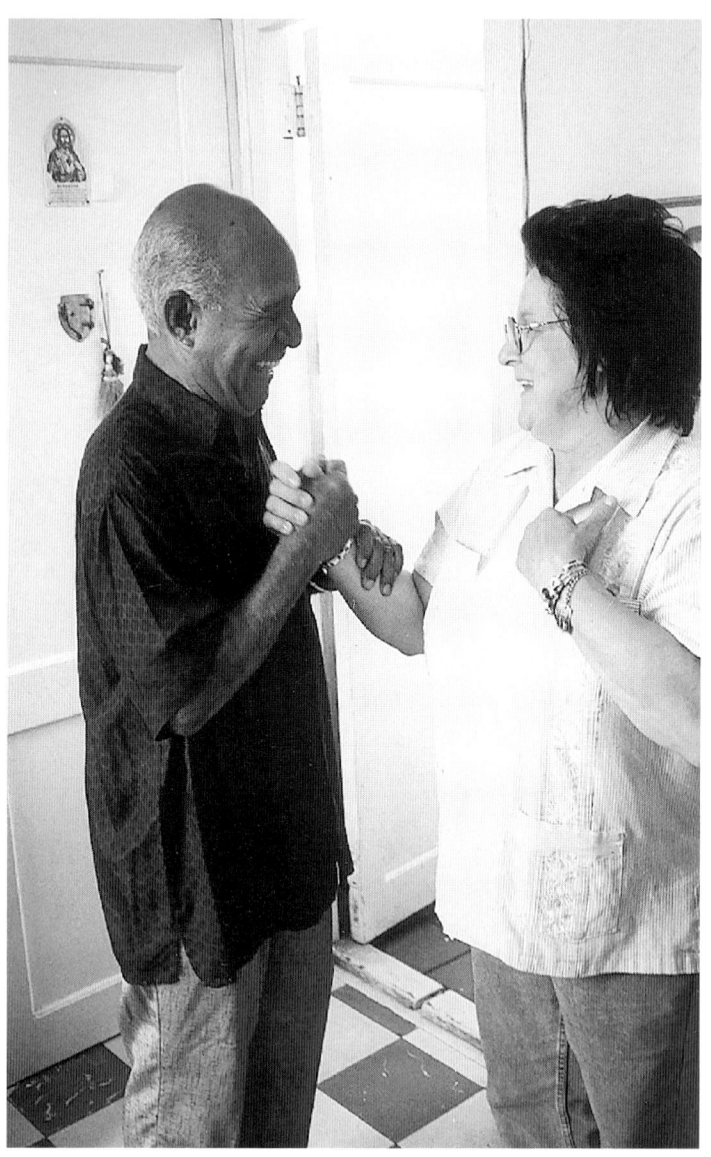

Wiedersehen mit Jesús Yanez Pelletier, Dissident
(Foto: Wilfried Huismann)

Marita Lorenz und Wilfried Huismann
(Foto: Marci Beckerman, © by SUR Films)

Havanna: Warten auf Fidel im Hotelzimmer
(Foto: Ute Langkafel)

In Maritas Wohnung
(Foto: Ute Langkafel, © by SUR Films)

te: »Gar nichts, ich habe nämlich die falsche Ausbildung: Ich kann zwar deine Jacht in die Luft sprengen, dich umbringen, dein Haus in die Luft jagen oder komplett verwanzen, aber sonst kann ich nichts.«

Ich war wie von einem anderen Stern für Oliver.

Hollywood hatte Mitleid mit mir, und die Partygäste gründeten spontan einen Hilfsfonds für mich, aus dem sie mir zwei Jahre lang jeden Monat 3000 Dollar überwiesen, um mir den Übergang ins bürgerliche Leben zu ermöglichen.

Darüber hinaus wollte Oliver Stone meine Geschichte verfilmen und forderte mich auf, sie aufzuschreiben, »von Anfang an«. Ich sagte, dass sich bestimmt niemand für meine lausige Story interessieren würde und daß ich nicht einmal wüsste, was in den ersten sieben Jahren meines Lebens wirklich passiert sei.

»Na und«, entgegnete er, »hier sind 10 000 Dollar, flieg nach Deutschland und recherchiere.«

So bin ich das erste Mal nach vielen Jahren wieder nach Deutschland gereist und habe mich auf Spurensuche gemacht: in Bad Münster am Stein, in Bergen-Belsen und in Bremen.

Dann erwarb Stone eine Filmoption auf meine Geschichte, aber leider ist bislang nichts daraus geworden. Wir haben uns gestritten, denn es gab Ärger mit einer deutschen Firma namens »Fidel«, die mich erpresste, weil ich bei meinem Besuch in Bremen ohne nachzudenken einen Vertrag mit ihr unterschrieben hatte.

Mit dem Vertrag, den ich nicht einmal lesen konnte, habe ich angeblich alle Rechte an meiner Lebensgeschichte für 40 Jahre an diese Halsabschneider abgetreten. Sie hatten mir alles Mögliche versprochen und versichert, dass ihr Engagement keine Auswirkungen auf mein Projekt mit Oliver Stone haben würde. Nun kam es aber doch zu einem Rechtsstreit, und Oliver zahlte diese Leute aus.

Er hatte erst einmal die Nase voll von mir und drehte seinen Film »JFK«, bei dem ich ihm dennoch als Beraterin half. Heute ist der Streit längst vergessen, wir sind wieder Freunde und schreiben einander nette Briefe.

Weil Stones Filmprojekt nicht verwirklicht wurde, saß ich wieder ohne einen Cent da und nahm in meiner Not das Angebot meiner Schwester Valerie an, nach Baltimore zu kommen und in ihrer Klinik als Verwaltungsangestellte zu arbeiten.

Ich arbeitete hart und finanzierte mit den mir verbliebenen 25 000 Dollar aus dem Vertrag mit Oliver die Anzahlung für ein Haus, das ich kaufen wollte. Aber ich habe es nicht geschafft, die fälligen Raten zusammenzukriegen, und mein Versuch, endlich einmal Wurzeln zu schlagen, scheiterte kläglich.

Bis 1998 arbeitete ich in Baltimore, für 100 Dollar die Woche. Meine Schwester war der Meinung, das sei genug für mich. Dabei war es nicht einmal genug, um mir ausreichend zu essen zu kaufen. Auch in die Kranken- und Sozialversicherung zahlte sie nichts für mich ein.

Dann wurde ich arbeitsunfähig, weil mein Hüftgelenk gebrochen war. Ich ging an Krücken, und mir blieb nichts anderes übrig, als beim Sozialamt anzuklopfen. Die Behörden ermittelten sechs Monate lang, ob ich nicht doch irgendwo noch ein verborgenes Vermögen haben könnte, bevor ich endlich den Invalidenbescheid bekam. Erst dann wurden mir 3000 Dollar Sozialhilfe rückwirkend ausgezahlt.

Als ich das Geld hatte, rief ich sofort Mark in New York an: »Komm und hol mich hier raus.«

Am Ende

Mark mietete einen Truck und kam noch in derselben Nacht nach Baltimore. Seitdem lebe ich in meiner kleinen Wohnung in Queens, von 411 Dollar Sozialhilfe – und das bei 750 Dollar Miete im Monat. Die Miete musste ich mir selbst verdienen: Mit meinen Krücken ging oder vielmehr kroch ich über die Straße auf der Suche nach weggeworfenen Möbeln. Zu Hause habe ich diese Möbel restauriert und dann verkauft. Irgendwann konnte ich überhaupt nicht mehr laufen, und die Schmerzen wurden unerträglich. Auf die Operation musste ich jedoch warten, denn ich war noch nicht in dem Alter, in dem die Krankenversicherung 100 Prozent der Kosten übernimmt.

Den Eigenanteil von 3000 Dollar für die Hüftoperation konnte ich unmöglich aufbringen. Ich war ein gebrochener Mensch, alleine, gepeinigt von Schmerzen und oft auch hungrig.

Im Herbst 1998 kam es noch schlimmer: Da ich einige Monate lang meine Miete nicht bezahlt hatte, stand eines Tages der Marshall mit dem Räumungsbefehl vor der Tür. Die Vorstellung, dass meine Fotoalben, die ganzen Kartons voller Erinnerungen an meine Eltern, an die Schiffe und an Fidel auf der Straße liegen würden, brachte mich zum Weinen. So erbärmlich sollte also mein Abenteurerleben enden!

Ich dachte an Selbstmord, eine Pistole war mir noch geblieben. Ich habe es nur deshalb nicht getan, weil ich Mitleid mit Mark hatte, den ich nicht alleine zurücklassen wollte.

Mein Verhältnis zu Mónica war zu der Zeit so schlecht, dass sie mir noch nicht einmal einen Dollar leihen wollte, obwohl sie steinreich war. Inzwischen haben wir uns wieder versöhnt.

Mark bat die jüdische Gemeinde in Queens um Hilfe,

und der New Yorker »Rat für jüdische Armut«, eine Wohlfahrtsorganisation, schickte mir einen Scheck über 2500 Dollar, obwohl ich keine Jüdin bin, lediglich eine Überlebende des Holocaust. Das hat mich gerettet.

Mit dem Geld der Juden bezahlte ich die Miete, und mit den ersten Honorarzahlungen des Westdeutschen Rundfunks, die ich für meine Mitarbeit an dem Dokumentarfilm »Lieber Fidel« erhielt, konnte ich 1999 endlich meine Hüfte operieren lassen.

Meine Pistole verkaufte ich für 150 Dollar an einen Nachbarn, um nicht wieder in Versuchung zu kommen.

Ende 1999 erhielt ich dann zu meiner großen Überraschung eine Entschädigungszahlung der deutschen Bundesregierung für die Haftzeit in Bergen-Belsen, 10 000 Dollar für jeden Monat Konzentrationslager. Das war mir allerdings sehr unangenehm, weil Deutschland meine Heimat ist und ich den Deutschen nicht auf der Tasche liegen möchte.

Der Washingtoner Anwalt Herman Marks hatte mich aufgespürt. Er sorgte gemeinsam mit dem Justizministerium dafür, dass etwa 250 Überlebende des Holocaust mit amerikanischer Staatsbürgerschaft eine Entschädigung bekamen. Ich wollte das Geld – insgesamt 70 000 Dollar – für meine Alterssicherung anlegen, aber – aus diesem schönen Traum wird nichts, denn die US-Behörden stufen mich jetzt als »vermögend« ein. Die Sozialhilfe ist gestrichen, die Essensmarken ebenso, und auch meine Medikamente muss ich jetzt selbst bezahlen – das sind über 200 Dollar im Monat.

Dieses Land lässt mich einfach nicht in Ruhe leben und alt werden. Ich muss hier weg. Am liebsten würde ich nach Deutschland zurückkehren. Das ist meine Heimat, trotz Bergen-Belsen. Obwohl ich eine schwere Arthritis habe und meine Hände langsam verkrüppeln, kann ich noch ein paar Jahre arbeiten und produktiv sein.

Rückblick

Ich war ein kleines Mädchen in einer kalten und bösen Welt, das gelernt hat, zurückzuschlagen und zu überleben. Mein wahres Ich habe ich dabei jedoch nicht gefunden.

Ich habe mich oft angepasst, wie einst in Bergen-Belsen, aber ich habe mich auch für die Schmerzen, die man mir zugefügt hat, gerächt. Wirklich erwachsen geworden bin ich nie, immer war und ist mein Leben von fremden Mächten und starken Männern bestimmt worden.

Oft habe ich das Gefühl, ich sei ein kleines Hündchen geblieben, das seine Schwäche und seine Angst mit Stärke überspielt, immer auf der Flucht vor dem großen Loch, das ich seit meiner Kindheit in mir fühle. Ich bin und bleibe ein Kriegskind.

Andererseits bin ich für mein Leben dankbar. Denn ich habe die Welt gesehen und gespürt. Mein Leben war durchweg unstabil, zerbrechlich, aber ich kann wenigstens sagen, ich habe gelebt. Die Unrast wohnt tief in mir drin. Ich bin ein Seemann von Natur aus.

Viele Menschen sitzen ein Leben lang in ihrer Wohnung oder kommen nie aus ihrer Stadt heraus. Die tun mir Leid, weil sie außerhalb ihrer kleinen engstirnigen Welt nichts sehen, riechen und fühlen.

Dank meines Vaters bin ich viel herumgekommen und Teil der menschlichen Familie geworden. Mir kann keiner mehr etwas vormachen. Natürlich hatte auch ich Grenzen, innere und äußere: Aufträge, die ich ausführen musste, die Kinder.

Aber trotz des Zwanges zur Anpassung bin ich mein eigener Boss geblieben. Ich habe für mich alleine gearbeitet und dabei meine moralischen Werte beibehalten. Das ist nicht einfach, wenn man ständig mit Psychopathen und Killern zusammen ist.

Gute Menschen verstecken sich, die Bösen findet man

leicht. Ich habe mir die Menschen nicht ausgesucht, die ich in meinem Leben getroffen habe. Die Bösen haben mich immer angezogen. Ich wollte wissen, wie sie ticken. Sie haben geglaubt, ich sei zu allem fähig und könne alle meine Gefühle abtöten, weil ich schon als Kind mit Leichen gelebt hatte. Aber es hat nicht funktioniert.

Ich war zu menschlich für die CIA – deswegen kam es auch immer wieder zu Situationen, in denen ich den Gehorsam verweigert habe. Um am Leben zu bleiben, musste ich viele gefährliche Situationen meistern und Prüfungen bestehen.

Ich habe mir dieses gefährliche Leben nicht ausgesucht, die Verhältnisse waren so: Bergen-Belsen, Krieg, Vergewaltigung, CIA-Psychopathen, Mafia, gefangen im Regenwald.

Seit meiner Begegnung mit Fidel ist mein Leben wie auf einer rasanten Flugbahn verlaufen, die ich nicht mehr verlassen konnte, selbst wenn ich gewollt hätte. Ein Abenteuer führte zwangsläufig zum nächsten. Deswegen sage ich manchmal: »Fidel hat mein ganzes Leben versaut.«

Er hat es nicht gewollt, aber er ist der Grund dafür, dass ich in das Mahlwerk des jetzt schon über 40 Jahre dauernden Krieges der USA gegen Kuba und die »kommunistische Subversion« geraten bin.

Ich bin eine Überlebenskünstlerin. Immer, wenn ich mit dem Rücken zur Wand stand, kamen mir die Orchideen mitten im Urwald von Venezuela in den Sinn. Oder das kleine Gänseblümchen, das ich eines Tages am Zaun in Bergen-Belsen entdeckte. Wenn ich diese Blume vor mir sehe, weiß ich: Egal, was geschieht, es gibt immer eine Hoffnung.

10. Lieber Fidel …

An einem kalten Tag im Januar 2000 haben wir unsere Kamera für die Dreharbeiten zu »Lieber Fidel« vor der kubanischen Botschaft in New York aufgebaut. Gleich wird Marita Lorenz auftauchen und den Brief abgeben, den sie an Fidel Castro geschrieben hat. Sie hat sich entschlossen, mit uns nach Kuba, an den Ort ihrer großen Liebe, zurückzukehren.

Den Brief unter dem Arm, stapft Marita mit einer riesigen russischen Fellmütze auf dem Kopf und eingeschnürt in eine blauweiße Nylonsteppjacke die Lexington Avenue hinauf.

Die mit Zäunen und Absperrungen gut gesicherte kubanische Botschaft in einem alten Backsteingebäude wirkt wie der Außenposten einer feindlichen Macht.

Marita ist ungewöhnlich angespannt und nervös. Bevor wir alle Einstellungen im Kasten haben, müssen wir die Dreharbeiten abbrechen: Marita hat eine Angina pectoris und muss eine Kapsel Nitroglyzerin schlucken.

Nach diesem Erlebnis bin ich davon überzeugt, dass Marita die geplante Drehreise nach Kuba nicht mitmachen wird, obwohl sie es versprochen hat. Sie würde die

Begegnung mit den Erinnerungen an ihre unglückliche Liebe nicht aushalten.

Die Angst vor der Konfrontation mit der Wahrheit dürfte zu groß und gefährlich werden. Der süße Traum von einem Happy End mit Fidel und von einem Wiedersehen mit ihrem Sohn Andrés könnte sich vor aller Augen als Wahnidee entpuppen, an die sie sich klammert wie eine Schiffbrüchige.

Marita sticht in See

Doch wie so oft habe ich mich in Marita getäuscht. Als wir im März 2000 nach Cancún in Mexiko fliegen, um das Schiff nach Havanna zu besteigen, ist sie tatsächlich mit von der Partie, bestens gelaunt und begierig darauf, endlich wieder Schiffsplanken unter den Füßen zu spüren.

Unser Schiff ist die *Valtur Prima*, eines der ältesten noch fahrenden Kreuzfahrtschiffe der Welt. 1948 in Schweden gebaut, wurde es im Jahr 1956 unter dem Namen *Stockholm* als Schrecken der Weltmeere berühmt, als es nach einem Zusammenstoß auf dem Atlantik die *Andrea Doria* versenkte.

Die *Berlin* war mit Marita und ihrem Vater an Bord damals in der Nähe. Kapitän Lorenz drehte bei und wollte zur Unglücksstelle fahren, um Schiffbrüchige aufzunehmen. Aber er kam zu spät. Marita erinnert sich, dass sie ihren Vater zum ersten Mal weinen sah.

Im Januar 1960 kaufte die DDR-Regierung das Unglücksschiff und überließ es dem Freien Deutschen Gewerkschaftsbund. Der nannte das Schiff *Völkerfreundschaft* und schickte es bis 1985 auf Kreuzfahrt – an Bord ausschließlich »verdiente Werktätige«.

Nach einem Zwischenleben als Wohnschiff für Asylbewerber in Oslo wurde die betagte Schiffsdame 1990 in Genua komplett umgebaut und modernisiert.

Marita ist von der Schönheit des alten Schiffes überwältigt; kein so eckiges Monster wie viele der modernen Kreuzfahrtschiffe, sondern schlank und schnittig.

Die *Valtur Prima* genießt schon deshalb ihre Sympathie, weil sie das Embargo der US-Regierung durchbricht und als einziges Kreuzfahrtschiff der Welt Kuba ansteuert.

Rastlos begutachtet Marita alle fünf Stockwerke des Schiffes und rekelt sich schließlich glücklich in einem zusammengerollten Tau auf dem Achterdeck. Dann wieder steht sie auf der Brücke, um mit dem italienischen Kapitän, der schon 50 Jahre zur See fährt, Seemannsgeschichten aus den guten alten Zeiten der Kreuzschifffahrt auszutauschen.

In ihrer Kabine packt sie die Geschenke aus: für Fidel ein Leatherman Universalwerkzeug, weil er doch so gerne angeln und jagen geht, und für seine Untertanen Plastiktüten voller Bleistifte, Gemüsesamen, Verbandszeug, Lockenwickler, Socken, Sandalen, Zucker, Babycreme, Nagellack, Kämme, Äpfel, Aspirin, Multivitamintabletten, Waschlappen, Deodorants und Seifen.

Viele der Sanitärartikel tragen die Namenszüge von Hotels, in denen wir auf unserer Drehreise in den USA untergebracht waren. Ohne dass wir es bemerkt haben, hat Marita fleißig abgeräumt. Für sie ist das kein Diebstahl, sonden eine gerechte Umverteilung der Ressourcen zugunsten der Dritten Welt.

Bei einem Zwischenstop in Montego Bay auf Jamaica vervollständigt sie ihren Proviant mit Rasta-T-Shirts, Ganja-Kuchen, Bier auf Marihuana-Basis, Duftkerzen und Marihuana-Seife. Ihre Kabine verwandelt sich allmählich in einen orientalisch anmutenden Basar.

Sie probiert den Ganja-Kuchen auch gleich selbst,

liegt danach mit verzückter Miene auf dem Bett und spielt Seemannslieder auf ihrer Mundharmonika.

Neben dem Bett steht der alte Kosmetikkoffer der Marke American Traveller, in dem sie 1960 die Giftkapseln für Fidel Castro nach Kuba brachte.

Auch die speckig gewordene olivgrüne Kommandantenmütze, die ihr Fidel 1959 geschenkt hat, ist mit auf die Reise gegangen. Traurig sagt Marita: »Sie ist das Einzige, was von meiner zerstörten Liebe noch übrig geblieben ist.«

Ihr Sohn Mark freut sich während der Reise vor allem darauf, seinen kubanischen Halbbruder zu treffen. Er glaubt seiner Mutter und ist sich »zu 90 Prozent sicher«, dass ihr Sohn mit Fidel Castro keine Traumgestalt ist, sondern tatsächlich existiert. Warum der Zweifel von 10 Prozent?, will ich von ihm wissen. Er antwortet sofort: »Ich kenne Marita jetzt seit 30 Jahren und habe ihre Geschichte erforscht. Aber ich weiß noch längst nicht alles über sie, und jeden Tag gibt es eine neue Überraschung.«

Was wird geschehen, wenn wir in Havanna einlaufen? Seit Monaten warten wir auf eine Drehgenehmigung vom kubanischen Ministerium für das Filmwesen (ICAIC). Noch ist ungewiss, ob wir tatsächlich von Bord gehen können.

Die letzte Nachricht, die ich von meiner Produzentin Yvonne Ruocco erhalten habe, besagt, dass das Filmprojekt seit einigen Monaten in verschiedenen Ministerien hin- und hergewälzt wird.

Filmminister Alfredo Guevara, ein alter Mitkämpfer und Freund Fidel Castros, hat sich persönlich mit dem Projekt beschäftigt. Er findet es »hochinterssant«, könne aber leider darüber nicht entscheiden, weil das Filmthema »zu politisch« sei. Er müsse erst Fidel fragen.

Und Papa Fidel hat dann doch noch ja gesagt, denn am 5.3.2000 können wir ohne Probleme am Passagierterminal von Havanna ausschiffen. Das Interview mit Fidel Castro allerdings, das wir beantragt haben, wird ohne Begründung abgelehnt.

Die nächste Hürde ist Jesús Yanez Pelletier. Sollen wir es wagen, den »Staatsfeind« zu kontaktieren und damit die Ausweisung und den Verlust des gesamten auf Kuba gedrehten Filmmaterials zu riskieren?

Wir entscheiden uns trotz dieser Gefahr dafür, den aufrechten Mann aufzusuchen. Eines Abends schlüpfe ich unbemerkt in seine Wohnung in der Calle Humboldt, um mit ihm zu sprechen. Er ist sofort von der Idee begeistert, Marita zu treffen. Wir vereinbaren für den nächsten Tag eine heimliche Zusammenkunft der beiden, nur wo?

Alle Restaurants und Hotels wimmeln von Geheimpolizisten, auch seine Wohnung wird durchgehend observiert. Wir kommen auf die Idee, es am hellichten Tag auf einem belebten Platz in Zentralhavanna zu versuchen, an der Einkaufsstraße San Rafael, Ecke Galiano.

Am nächsten Tag kommt Yanez Pelletier mit einem Taxi zum verabredeten Treffpunkt. Kameramann Reinhard Gossmann steht scheinbar unbeteiligt in der gegenüberliegenden Ecke des Platzes und holt Yanez Pelletier mit Hilfe einer langen Brennweite unauffällig ins Bild. Pelletier setzt sich auf eine Parkbank, wischt sich den Schweiß mit einem karierten Handtuch aus der Stirn und sieht sich suchend um. Die verabredete Zeit verstreicht – Marita kommt nicht.

Doch so leicht lässt sich Yanez Pelletier nicht versetzen. Allen Regeln der Konspiration zum Trotz fordert er mich auf, sie im Hotel anzurufen. Yanez bittet Marita am Telefon, zu kommen. Fast flehend sagt er: »Das, was damals passiert ist, können wir nicht mehr rückgängig machen. Es spielt keine Rolle mehr, was du getan hast. Ich will dich sehen und umarmen.«

Er ist enttäuscht über Maritas Verhalten: »Ich hätte nicht gedacht, dass sie so feige ist.«

Ich frage ihn, was er heute für seinen ehemaligen Kampfgefährten Fidel Castro empfindet.

»Keinen Hass, nur Wehmut über den Verlust einer tiefen Freundschaft, und Bitterkeit«, antwortet er.

Fidel habe das Leben seiner Mutter zerstört. Sie sei vor Kummer gestorben, als er im Gefängnis saß. Das könne er Castro nie verzeihen. Und auch nicht die Tatsache, dass der Commandante die Ideale der Revolution »verraten« habe, um seine persönliche Diktatur über das Land zu errichten. Fidel behandele Kuba wie seinen Privatbesitz.

Nach all den Jahren im Gefängnis habe er ihm noch einmal geschrieben: »Ich wollte, dass wir wie in alten Zeiten über die Probleme des Landes offen reden, aber er hat nicht einmal geantwortet.«

Wenn er heute noch einmal die Gelegenheit hätte, Fidel zu vergiften? Er würde es, wie damals im Jahr 1953, nicht tun: »Nur Gott kann über ihn richten – und sein eigenes Gewissen.«

An diesem Abend ist Marita wütend auf mich: Ich wolle sie mit allen möglichen Tricks zu einem Treffen mit Yanez Pelletier nötigen, aber da könne ich lange warten: »Er ist ein Staatsfeind – und ich stehe auf Fidels Seite.«

Marita zieht sich schmollend zurück und schreibt einen Brief an Fidel. Mit mir will sie vorläufig nichts mehr zu tun haben. Ich sei vermutlich auch nur ein Agent der CIA, der sie gegen Fidel ausspielen soll.

Mein armes Havanna

Als wir mit der *Valtur Prima* in den Hafen von Havanna einliefen, stand ich mit Mark auf der Brücke und dachte voller Wehmut an die Einfahrt der *Berlin* im Februar 1959 zurück – vor fast 50 Jahren! Was denkt wohl Fidel? Dass ich zurückkomme – und schon wieder mit einem Schiff?

Vom Meer aus hat sich Havanna nicht verändert: die prachtvollen Kuppeln des Kapitols und der Oper, der *Malecon* voller Verliebter und Angler, dahinter die Arkadengänge vor den alten spanischen Häusern. Hoch über dem Stadtteil *Vedado* ragt der Turm des *Habana Libre*, in dem ich meine schönste Zeit mit Fidel verbrachte.

Damals waren die Straßen voll hektischer Betriebsamkeit: überall bärtige Revolutionäre und Jeeps, jetzt sind die Straßen nahezu menschenleer. Die prächtigen Häuser, einst der Stolz der Nation, sind die gleichen wie damals, nur verblasst und grau. Sie verfallen, und viele müssen mit Stützbalken vor dem Einsturz bewahrt werden. Der erbärmliche Zustand der Häuser geht auf die jahrelange Vernachlässigung, die tropischen Stürme und den Angriff der Wellen zurück, die immer wieder über die Uferbefestigung schlagen und den Häusern mit ihren salzigen Schaumkronen Stück für Stück des Mauerwerks entreißen.

Havanna ist gleich geblieben und doch anders geworden. Bei meinen langen Spaziergängen durch Alt- und Zentralhavanna entdeckte ich viele vertraute Straßen wieder.

Auch die Menschen kamen mir sehr vertraut vor: Sie waren höflich, neugierig und stolz. Stolz auf ihre Leistungen, die sie trotz der jahrelangen tödlichen Bedrohung durch die USA hervorgebracht haben, vor allem im Gesundheits- und Bildungswesen.

Die Mafiosi und Gangster, die Havanna einst beherrschten, sind verschwunden – der alte Glanz der Stadt aber auch.

Der revolutionäre Geist lebt noch, aber er schwebt hoch über der Stadt. Die Romanze ist vorbei. Die Menschen sind freudlos und schleichen bedrückt durch die Straßen. Früher waren die Straßen voller Musik und Tanz. Das hier ist nicht mehr das Kuba, das ich kenne.

Havanna ist alt geworden, so wie Fidel. Keiner sagt etwas Schlechtes über ihn. Aber nur, weil die Leute Angst haben, den Mund aufzumachen. Sie winden sich und sagen: »Na ja, es wird schon wieder werden. Wir leben in einer *período especial*. Das Problem ist nur, dass diese »spezielle Periode« schon fast 40 Jahre andauert.

Es mangelt an allem: Speiseöl, Fleisch, Obst, Seife, Klopapier, Aspirin. Es gibt so gut wie nichts, außer man hat das Glück, Dollars zu besitzen. Dann kann man in den Devisenshops für Touristen und Diplomaten kaufen, was das Herz begehrt. Das ist unfair und deprimierend.

Fidel kümmert sich jedoch nicht darum. Er vertritt die Haltung: Wem es hier nicht gefällt, der kann ja abhauen! Aber das ist nicht so einfach, immerhin ist Kuba eine Insel. Hunderte sind schon ertrunken oder von Haien gefressen worden, als sie versuchten, in selbst gezimmerten kleinen Booten oder auf Reifen nach Miami zu schwimmen. Früher wollten alle zu Fidel, heute wollen sie weg von ihm.

Was mich am meisten schockiert hat, ist der Mangel an Energie. Die Menschen bewegen sich langsam oder sitzen träge und ausgebrannt herum. Sie sind längst zu müde, um zu kämpfen. Sie warten, ohne zu wissen, worauf.

Mark und ich haben oft in der Cafeteria des *Habana Libre* gefrühstückt und das Leben auf der Straße beobachtet. Was ich gesehen habe, hat mich traurig gemacht: junge Mädchen, fast noch Kinder, die mit kanadischen Geschäftsleuten ins Hotel gingen, und Menschen, die Touristen anbettelten, damit sie etwas zu essen bekamen.

Direkt vor dem Fenster tauchte plötzlich eine Frau in meinem Alter auf, mager und verhärmt. 1959 war sie bestimmt eine schöne und leidenschaftliche Revolutionärin. Mir wurde ganz kalt ums Herz, und ich musste unwillkürlich an Bergen-Belsen zurückdenken, als sich unsere Blicke für Sekunden trafen: Sie hatte Hunger. Ich wollte sie zu einem Hamburger einladen und schickte Mark los, um sie hereinzuholen. Sie war halb drinnen, als auf einmal ein Sicherheitsbediensteter in Zivil auftauchte, sie am Arm packte und hinausbeförderte, wortlos und unglaublich professionell. Ich ging dazwischen und versuchte ihr zu helfen. Womöglich wäre sie sonst noch wegen »Bettelei« im Gefängnis gelandet.

Ich sagte dem herzlosen Mann: »So etwas kannst du in Fidels Kuba nicht machen, du bist kein Revolutionär, die *barbudos* waren anders.«

Ich konnte den ganzen Tag nichts mehr essen und dachte mir: Was ist das nur für ein Land, in dem man einer armen alten Frau nicht einmal einen Hamburger schenken darf?

Die Leute sterben auf der Straße, weil es kein Asthma-Spray zu kaufen gibt; außer gegen harte Devisen in den Touristenapotheken.

Wenn ich in Kuba leben müsste, würde ich gegen so viel Ungerechtigkeit protestieren. Wahrscheinlich wäre ich schon längst im Gefängnis. Es wimmelt von Polizisten. Überall sind Augen, die einen beobachten.

Die Revolution ist kalt geworden. Ich habe nicht geglaubt, dass Fidel so wenig Herz für die Menschen hat. Am liebsten hätte ich die alte, hungrige Frau am Arm genommen, wäre mit ihr zu Fidel gegangen und hätte ihm die Leviten gelesen.

Die Menschen haben nichts, und er hat alles: Hamburger, Kabelfernsehen, einige schöne große Häuser, einen Hund, alles, was er will.

Die Leute auf der Straße erzählten mir, dass es langsam wieder aufwärts gehe. Die schlimmste Zeit sei 1992/1993 gewesen. Da gab es nichts mehr, selbst die Katzen waren von Havannas Straßen verschwunden, weil die Menschen sie aufgegessen hatten.

Kuba hat fruchtbare Böden, Sonne und Wasser. Warum gibt man nicht jedem Kubaner einen kleinen Garten und eine Schachtel mit Samen, damit die Menschen selbst Gemüse anbauen? Es müsste so viel geändert werden!

Gegenüber vom Hotel *Habana Libre* ist eine Grundschule. Ich ging hinein, kam mit den Schülern ins Gespräch und schenkte ihnen Sämereien und Bleistifte. Sie waren so dankbar dafür! Die Schule ist so arm, dass die Kinder einer ganzen Schulklasse sich einen einzigen Stift teilen müssen. Trotz der Armut waren die Kinder wundervoll, nicht so aggressiv und egoistisch wie in den USA. Sie teilen alles, sind respektvoll, ernsthaft und wissbegierig. Fidel kann wirklich stolz auf sie sein.

Die Menschen in Kuba erkennen an, was Fidel für sie getan hat. Er und sein Volk werden überleben, trotz des Embargos.

Wenn ich früher in Kuba war, 1959 und 1981, lebte ich wie im Elfenbeinturm, entweder im Luxushotel oder im Gästehaus der Regierung. Auf dieser Reise habe ich Kuba von unten kennen gelernt und mir in Dutzenden von Gesprächen ein eigenes Bild über die Lage gemacht. Ich habe Kuba neu kennen und lieben gelernt und werde alles dafür tun, dass das Embargo der US-Regierung gegen Kuba endlich aufgehoben wird.

Warten auf Fidel

Ich wollte Yanez Pelletier nicht treffen, weil Fidel für mich wichtiger ist. Yanez hat ihm das Leben gerettet, genauso wie ich, und Fidel ist uns beiden gegenüber undankbar und gewissenlos. Aber solange die Hoffnung besteht, dass Fidel mich treffen wird, darf ich nicht zu Yanez Pelletier gehen. Der Commandante würde mir das nie verzeihen.

Niemand traut sich, Fidel die Wahrheit zu sagen. Er kapselt sich immer mehr von der Realität ab. Ich weiß, dass er oft stundenlang im Schaukelstuhl auf der Terrasse seines Hauses in Cojimar sitzt, alleine, nur mit seinem Hund *Guardia,* einem deutschen Schäferhund. Er sieht aufs Meer und träumt. Es ist Zeit für ihn, fischen zu gehen und die Politik anderen zu überlassen.

Fidel weiß, dass seine Zeit begrenzt ist. Er bräuchte noch gut 200 Jahre, um all seine Versprechungen an das Volk einzulösen. Er weiß, dass seine Ära sich dem Ende zuneigt. Darüber ist er traurig, und ich sehe die Hoffnungslosigkeit in seinen Augen.

Er traut niemandem mehr, nur noch seinem Hund, seinem Bruder Raúl und Ramiro Valdés. Fidel ist der einsamste Mensch der Welt. Die alten Kampfgefährten sind fast alle tot, und er sehnt sich nach den glorreichen und unschuldigen ersten Jahren seiner Revolution. Das halbe Land hat er in ein Revolutionsmuseum verwandelt.

Ich glaube, dass ihn sein Gewissen quält. Er hat so viele Menschen zerstört, um seine Ziele durchzusetzen, und dabei auch seine besten Freunde nicht verschont.

Einer der letzten aus der alten Garde war General Arnaldo Ochoa, den er 1989 hinrichten ließ. Um Fidels Haut zu retten, hatte Ochoa in einem Schauprozess die Verantwortung für die Drogengeschäfte übernommen, die kubanische Regierungsstellen gemeinsam mit der kolumbianischen Drogenmafia abgewickelt hatten. Ochoa wurde zum Sündenbock gemacht.

Das ist, als hätte Fidel sich einen Finger seiner eigenen Hand abgerissen. Mit der Hinrichtung Ochoas hat er sich selbst zerstört.

Ich war felsenfest davon überzeugt, dass Fidel mich empfangen würde, und wartete darauf, dass er mir jemanden ins Hotel schickte. Er wusste, dass ich im Lande war. Sein Geheimdienst sieht alles. Aber er ließ mich in Havanna fünf Tage wie eine Touristin herumlaufen und rührte sich nicht. Ich fühlte mich sehr verloren.

Am 8. März sah ich ihn im Fernsehen. Er hielt die Rede zum Frauentag und sah sehr müde und grau aus, hatte dunkle Ringe unter den Augen. Seine Stimme klang schleppend und monoton. Er hatte ständig Aussetzer und brachte die Manuskriptblätter durcheinander.

Die Frauen im Kongreßsaal schwiegen betreten. Niemand stand auf, um ihm zu helfen. Er tut mir schrecklich Leid, er ist ausgebrannt und ratlos. Aber er wird nicht aufgeben, bis zum letzten Atemzug wird er weiterkämpfen.

Im Staatsrat

Meine Geduld war zu Ende. Ich wollte ihn sehen und fuhr mit Mark zusammen in einem Taxi zum Platz der Revolution, hinter dem sich die Gebäude des Zentralkomitees und des Staatsrates befinden. Der Taxifahrer wurde nervös, als ich ihm sagte, er solle die Auffahrt zum Staatsrat nehmen.

An einem Wachhäuschen wurden wir von Soldaten gestoppt. Ich erklärte ihnen, dass ich zu Fidel wolle, und sie rannten zum Telefon. Zum Erstaunen des Taxifahrers erhielten sie den Befehl, uns durchzulassen.

Wir fuhren durch einen unterirdischen Tunnel, um zu Fidels Büro zu kommen. Er lebt streng abgeschirmt wie in einer Festung, weil er immer noch einen Mordanschlag der CIA befürchtet.

In seinem Vorzimmer wurde ich sehr freundlich von zwei seiner Sekretärinnen empfangen. Sie hatten offenbar mit meinem Besuch gerechnet und baten mich, auf Chomy zu warten. Chomy ist Fidels Privatsekretär und hat die gleichen Aufgaben, die früher Celia Sánchez wahrnahm.

Als Chomy hereinkam, umarmte er mich wie seine Schwester. Er hielt mich an beiden Händen und überbrachte mir die Grüße Fidels. Der Commandante könne mich leider nicht treffen, weil er zu sehr mit dem Fall Elián beschäftigt sei.

Elián González ist der kleine kubanische Junge, den seine Mutter mit auf ein Schlauchboot nahm, als sie nach Miami flüchtete. Die Mutter ertrank, aber Elian wurde von einem Fischer aus Florida gerettet und von seinem exilkubanischen Onkel in Miami aufgenommen. Fidel organisierte wochenlang gigantische Aufmärsche in Kuba, um die US-Regierung dazu zu zwingen, Elián an Kuba zurückzugeben.

Ich fühlte Fidels Nähe und konnte ganz undeutlich seine Stimme hören. Er saß wahrscheinlich im Raum nebenan, und ich war mir sicher, dass er und Chomy vorher über mich gesprochen hatten. Einen Moment lang hatte ich das Gefühl, er schaue durch die Vorhänge.

Ich übergab Chomy meinen Brief an Fidel und die Geschenke. Er dankte mit großer Herzlichkeit, und ich verabschiedete mich.

Dann ging ich mit gemischten Gefühlen weg: Einerseits war ich traurig, dass er sich nicht mal eine Minute Zeit genommen hat, um mir guten Tag zu sagen, andererseits ist mir durch den freundlichen Empfang klar geworden, dass Fidel mich nicht vergessen hat und mich auf alle Fälle noch ein kleines bisschen liebt. Schließlich bin ich seine Lieblingsattentäterin, und er verdankt mir sein Leben. Ich werde wiederkommen, wenn er mehr Zeit hat.

Mark und ich packten gerade die Koffer und wollten das Hotel verlassen, als wir vor der Tür eine Band hörten, die für uns zum Abschied ein Lied spielte: *Volver*, von Carlos Gardel.

Ein trauriges Lied von der Vergänglichkeit der Liebe. Ich musste vor Rührung weinen, denn in diesen Strophen liegt mein ganzes Leben:

> *Zurück – Schon faltig die Stirn*
> *Und vom Schnee der Zeit*
> *Die Schläfen gebleicht.*
> *Fühlen – das Leben ist nur ein Hauch.*
> *Ich wollte nicht kommen.*
> *Aber immer kehrt man zur ersten Liebe zurück.*
> *Leben – Die Seele geklammert an eine süße Erinnerung.*

Abschied von Jesús Yanez Pelletier

Auf dem Weg zum Flughafen änderte ich meine Meinung und beschloss, Jesús Yanez Pelletier doch noch kurz zu besuchen. Sonst wäre ich mir feige vorgekommen. Er war mein Freund, und wir teilen das gemeinsame Schicksal, dass Fidel uns verraten hat.

Er entdeckte mich schon vom Balkon aus, und als ich die Stufen zu seiner Wohnung hinaufgestiegen war, hörte ich eine vertraute Sinfonie von Beethoven. Er hatte schnell die Platte aufgelegt und spielte sie mit voller Lautstärke ab, wohl auch, um die Mikrofone der Staatssicherheit zu übertönen.

Wir hatten diese Musik auch früher gemeinsam gehört. Es war ein sehr bewegender Moment, als wir uns in die Arme fielen. Ich hielt sein Gesicht zwischen meinen Händen und konnte nur sagen: »Yanez, wie schön du bist, alt, aber schön.«

Ein halbes Jahrhundert hatten wir uns nicht mehr gesehen und waren uns doch so nahe.

In den wenigen Minuten, die wir hatten, sprachen wir über alles Mögliche: über Fidel, seine Kinder, seine neue Frau, die er angeblich seit einigen Jahren hat, und über Yanez' Jahre im Gefängnis.

Ich fragte ihn, ob er meinetwegen ins Gefängnis gekommen sei. Ich hatte irgendwann einmal gelesen, er habe die 4000 Dollar für sich behalten, die Fidel ihm 1960 nach New York für meine Mutter mitgegeben hatte, damit sie meine Nachbehandlung im Roosevelt-Krankenhaus bezahlen konnte.

Yanez antwortete, das sei alles nur CIA-Propaganda, nicht einmal die kubanischen Militärstaatsanwälte hätten ihm diesen Vorwurf gemacht. Die Antwort erleichterte mich.

Ich wollte wissen, ob er auch nach seiner Entlassung aus dem Gefängnis noch Probleme mit der Staatssicherheit gehabt habe. Seine Antwort hat mich sehr erschüttert:

1990, als er schon 75 Jahre alt war, ist er auf der Straße von Agenten der Staatssicherheit überfallen und zusammengeschlagen worden, weil er die Organisation »Bewegung für Menschenrechte« mitgegründet hatte. Als er auf dem Trottoir lag, haben sie mit Stiefeln auf ihn eingetreten.

Wie gemein und niederträchtig Fidel sein kann! Diesen gutherzigen alten Mann schlagen zu lassen. Fidel hat Angst vor ihm. Er hat vor allen Angst, die sich nicht vor ihm in den Staub werfen, und er ist ein Feigling.

Yanez und ich nahmen uns in den Arm und weinten. Ich versprach ihm, Fidel ein paar passende Worte zu schreiben und ihm, sollte ich ihn doch noch einmal treffen, kräftig in den Hintern zu treten.

Auf dem Weg zum Flughafen war ich sehr glücklich, dass ich den Mut hatte, Yanez zu besuchen. Ich habe es keine Sekunde lang bereut. Er ist ein paar Monate später, am 18. September 2000 gestorben. Sein Ende wurde in den kubanischen Zeitungen genauso totgeschwiegen wie sein Leben. Nicht einmal zur Beerdigung ist Fidel gegangen.

Der Tod meines alten Weggefährten hat mich sehr traurig gemacht. Wir wollten uns wieder treffen und in Ruhe über alles reden, was damals geschehen ist. Fidel sollte ihm vergeben und ihn rehabilitieren, damit alle Kubaner wieder auf den Namen Pelletier stolz sein können. Ohne ihn hätte es Fidel schon seit 1953 nicht mehr gegeben – und die Revolution auch nicht.

Er wird kommen

Fidel ist ein schwieriger Charakter. Alle, die ihn kennen, lieben und hassen ihn gleichzeitig.

Wenn er tot ist, werde ich sehr einsam sein. Er ist ein Teil meines Lebens. Wenn er krank wird und mich ruft, werde ich zu ihm gehen. Ich würde ihn auch pflegen, wenn er zum Beispiel einen Schlaganfall bekommen sollte.

Wer sonst würde sich um ihn kümmern, wenn seine Stunde gekommen ist? Alle werden ihn verlassen wie die Ratten das sinkende Schiff.

Ich werde ihn noch einmal sehen, das weiß ich ganz sicher. Immerhin habe ich mit ihm noch ein paar Dinge zu regeln. Er wird mich nur treffen, wenn ich alleine komme und kein Aufsehen errege. Ich muss ihm nur Bescheid geben, in welchem Hotel oder Haus ich auf ihn warte.

Es ist gut möglich, dass er mich sechs Monate warten lässt. Schließlich ist er der König, und alle müssen auf ihn warten. Schon aus Neugier wird er kommen. Es spielt auch keine Rolle mehr, wie ich aussehe. Die wilden Zeiten sind vorbei. Wir sind beide alt.

Er weiß, dass ich eine Hüftoperation hatte und einen Herzinfarkt. Er weiß auch, dass ich ihn immer noch liebe.

Wir sprechen dann bestimmt über die alten Zeiten im Havanna des Jahres 1959. Das wird ihm gut tun, denn ich bin einer seiner letzten Freunde. Selbst seine Kinder haben ihn verlassen und leben in alle Welt verstreut. Sein Erstgeborener, Fidelito, ist nach Spanien ausgewandert, weil sein Vater so schrecklich anspruchsvoll ist und ihn sein ganzes Leben lang herumkommandieren möchte. Fidel ist ein Kontroll-Freak.

Wenn ich ihn treffe, werde ich ihn auch endlich fragen, warum er Jesús Yanez Pelletier so lange eingesperrt hat und nicht einmal auf seiner Beerdigung war.

Ich glaube, Fidel wird weinen, wenn ich ihm all das sage, was ich denke und fühle. Er braucht das, und es würde ihm helfen, aus seiner Isolierung herauszukommen.

Ich würde ihm aber auch sagen, dass er seine Sache gut gemacht hat, dass er alles versucht hat, das Böse zu bekämpfen. Aber das Böse war stärker, es ist zurückgekehrt: die Korruption, die Prostitution, die Armut und die Polizei. Wie hat er Batistas Polizisten gehasst! Und jetzt hat er genau so einen Polizeistaat geschaffen wie sein ehemaliger Todfeind.

Ach Fidel, weißt du noch, als wir im April 1959 in New York waren? Du bist mit mir im Zoo gewesen, hast die Hand durch das Gitter des Löwenkäfigs gesteckt und den Löwen gestreichelt, damit jeder sieht, dass du vor nichts Angst hast.

Hinterher im Hotel hast du mir stolz deine Hand, die immer noch nach Löwe stank, unter die Nase gehalten und gesagt: »Nie wird es mir so gehen wie diesem Löwen. Niemand kann mir die Freiheit nehmen.«

Jetzt hast du dich selbst eingesperrt und bist ein Löwe hinter Gittern.

Wenn ich lange genug warte, wird Fidel kommen. Wahrscheinlich im Morgengrauen in seinem Jeep. Er wird durch die Hintertür eintreten, sich neben mich setzen, meine Hand nehmen und sagen: »*Alemanita*, wie geht es dir?« Und ich werde vor Glück weinen. Fidel ist in meiner Seele eingebrannt, genauso wie Bergen-Belsen.

Mit Anfang Vierzig beschließt
Denise Zintgraff, ihr Leben
grundlegend zu ändern:
Ein Harem in Riad wird für
zwei Jahre ihr Zuhause.
Unglaublicher Luxus prägen
das Leben innerhalb der
Palastmauern. Doch er hat
seinen Preis: die persönliche
Freiheit. Die Frau aus
Tausendundeiner Nacht gewährt
einen faszinierenden Einblick
in die geheimnisvolle
Welt des Orients.

Denise Zintgraff

Die Frau aus Tausendundeiner Nacht
Mein Leben in einem Harem

Econ | **ULLSTEIN** | List

Annette Rexrodt von Fircks war 35 und Mutter von drei kleinen Kindern, als sie die Diagnose Brustkrebs erhielt. Sie verlor beide Brüste und man gab ihr nicht mehr viel Zeit zu leben. Doch sie kämpfte, verschlang Bücher über Atemtherapie und Positives Denken. Sie baute sich Bilder auf, die selbst Chemotherapie und Bestrahlung zu Freunden machten, die den Krebs besiegen können. Heute geht es ihr gut.

»Sie besiegte die Krankheit – und macht jetzt mit ihrem Buch anderen Frauen Mut.«
WELT AM SONNTAG

»Wie ein Wunder.«
BILD DER FRAU

Annette Rexrodt von Fir

... und flüstere mir vo Leben

Wie ich den Krebs überwan

Econ | **ULLSTEIN** | List

Als weiße Frau in Afrika leben, die Anziehungskraft einer fremden Kultur spüren, hin und her gerissen sein zwischen westlichem Rationalismus und afrikanischer Spiritualität – dies sind die Erfahrungen von Ilona Maria Hilliges in Nigeria. Sie taucht ein in die mystische Welt des Schwarzen Kontinents – und trifft den Mann ihres Lebens. Doch ein mächtiger Clanchef bedroht sie mit Schwarzer Magie. Sie wehrt sich mit den Waffen ihres Gegners und unterwirft sich einem magischen Ritus: Sie wird zur »weißen Hexe«.

Der authentische Lebensbericht einer weißen Frau in der spirituellen Welt Afrikas.

Ilona Maria Hilliges

Die weiße Hexe
Meine Abenteuer in Afrika

Mit zahlreichen Abbildungen

Econ | ULLSTEIN | List

Als kleines Kind überlebt
Liliane die Schrecken des
Konzentrationslagers. Doch
das Leben hält weitere Schicksals-
schläge für sie bereit: Sie heiratet
den Algerier Mohammed. Er nimmt
sie mit in seine Heimat – und hält
sie dort gefangen. 32 Jahre lang
muss Liliane in einem entlegenen
Bergdorf leben, einsam und von
der fremden Familie unterdrückt.
Das bewegende Zeugnis einer Frau,
die trotz allem Leid den Glauben an
das Leben nie verloren hat.

Liliane Amri

Einmal frei sein!
Meine 32 Jahre in einem islami-
schen Dorf
Deutsche Erstausgabe

Econ | **ULLSTEIN** | **List**